海派

第 1 辑

上海大学出版社

图书在版编目（CIP）数据

海派.第1辑/陈子善，张伟主编.—上海：上海大学出版社，2021.8

ISBN 978-7-5671-4292-3

Ⅰ.①海… Ⅱ.①陈… ②张… Ⅲ.①海派文化-文集 Ⅳ.① G127.51-53

中国版本图书馆CIP数据核字(2021)第138181号

主　编
陈子善　张　伟

编　委（以姓氏笔画为序）
王金声　汤惟杰　朱　枫　沈飞德　邢建榕
李天纲　张　伟　林丽成　罗宏才　周立民
邹振环　陆　灏　陈子善　陈思和　陈建华
钱乃荣　黄晓彦　薛理勇

封面供图　荀道勇
责任编辑　黄晓彦
整体设计　缪炎栩
技术编辑　金　鑫　钱宇坤

出版支持
老城厢文化传承促进中心
上海大学海派文化研究中心
（"310与沪有约——海派文化传习活动"项目）

海派（第1辑）

出版发行	上海大学出版社
地　　址	上海市上大路99号
邮政编码	200444
网　　址	www.shupress.cn
发行热线	021-66135109
出 版 人	戴骏豪
印　　刷	江阴市机关印刷服务有限公司
经　　销	各地新华书店
开　　本	787mm×960mm　1/16
印　　张	14
字　　数	280千
版　　次	2021年8月第1版
印　　次	2021年8月第1次
书　　号	ISBN 978-7-5671-4292-3/G·3363
定　　价	68.00元

版权所有　侵权必究
如发现本书有印装质量问题请与印刷厂质量科联系
联系电话：0510-86688678

目 录

评　论
李天纲　公共性：城市更新的回顾与思考
　　　　　　——在上海地产集团青年读书会的演讲 /1

日记与书信
郑有慧提供，梁颖整理　郑逸梅日记（1953年12月—1954年1月） /15
丁　夏　周璇致我祖父丁悚的几封信 /39

人物丛谈
沈西城　醉街文士方龙骧
　　　　　　——香港海派作家系列之一 /46
周立民　一位上海作家的家庭生活
　　　　　　——票据呈现出的巴金家收支情况 /52
邢建榕　晚年黄金荣、杜月笙与逃港上海银行家 /68
张　伟　土山湾人物三题：王安德、范殷儒、邱子昂 /86

书画漫话
谢其章　海派漫画刊物、漫画家举隅 /101
柯卫东　温源宁文集《不够知己》的原稿 /108
胡桂林　浮天沧海远
　　　　　　——《海上名人画稿》及其他 /114
读史老张　闻所未闻的历史碎片
　　　　　　——读《复旦同学会会刊》 /119

严洁琼　女子解放还是女色消费？
　　　　　——早期人体摄影中的中国女性 /132

图像志
王金声　胡适与章士钊 /140
微　硕　时代女性肖像画 /142

影剧圈
汤惟杰　《阎瑞生》：中国首部故事长片 /150
李圣恺　爱普庐影戏院里的上海默片时代 /160
龚伟强　民国学人舒新城和他的私家电影 /165

逛马路
祝淳翔　逝去的风景
　　　　——记1930年创建的消夏胜地丽娃栗妲村 /172
食砚无田　静安寺路庙弄忆往录 /184
孙　莺　因创造社引发的沪上咖啡店疑案（上）/190

座谈与讨论
海派文学的后起之秀
　　——李君维文学创作研讨会记录 /200

封　面
周錬霞　春困图

公共性：城市更新的回顾与思考
——在上海地产集团青年读书会的演讲

李天纲

上海有文化

今天在这里讲上海的"城市更新"，是在正确的地点、正确的时间，讲正确的题目。地产集团是上海最大的"地主"，是决定市政建设的关键机构。20 世纪 30 年代，上海租界最大的地主是沙逊、哈同，他们的建筑决定了当时外滩、南京路的面貌。土地持有者对市政最有发言权，全世界都是这个样子，在这里讲城市未来就对了。正确的时间，是这两年"城市更新"节奏加快，城市改造中的"公共空间"问题越加凸显。以前是复旦做哲学、做历史的人谈，现在同济做规划、做建筑的人也谈"公共性"了，论域延伸了！

研究上海，需要把上海看作一个城市主体，了解它的本质。同时，还要和其他城市作比较，看它的特征。这个城市本质是什么？上海源于海港，我 20 世纪 90 年代初就提出："以港兴市"铸就了它的早期特征。然后比较它的特点，我们常常说上海是"东方的巴黎"，或者"西方的纽约"。后面这个比较少提，是 1925 年英文《上海指南》上说的，上海在时区上处在纽约的西面。上海和"纽巴伦"这些城市的能级是相当的，完全可以比较，不须攀附。上海当然有自己的身份特征，其在 700 多年的发展中，跟中国其他的城市都不一样，当然也和巴黎、纽约很不一样。但是我们还是喜欢对标，喜欢比较，因为需要。现在是把上海作北、上、广、深的比较，我和周振鹤教授当初的意见一致，深圳不可以跟上海比，我们指的是比文化。改革开放之前，深圳确实是个小渔村，但说上海在开埠之前是小渔村，我们不同意。1842 年，上海已经是一座都邑城市。市政格局虽不能比拟苏州、杭州，"上有天堂，下有苏杭"，这是宋代定了的，《马可波罗游记》里转述了。上海经济在万历年间登峰造极，19 世纪初的上海已是"南吴壮县""东南都会"。这个可以用"十六铺"来证明，可惜十多年前已经

2 海派

拆光了，只留下了一片"老码头"，现在又要靠纸上掌故来证明了。上海也是一座有文化底蕴的城市，说上海本来没有文化，这个错误说法一定要纠正。现在讲"海派文化"之前还有"江南文化"是对的。纠正过来，我们才可以正确的方式讲文化遗产保护，讲城市文化的"公共性"。

与生俱来的公共性

一般都讲西方城市有公共性，中国城市缺乏公共性，这是对的。中国大部分的城市起源于都、府、州、县、卫、所，宫殿、衙门和营房都是封闭机构，缺乏公共性。但是，像上海这样"以港兴市"的城市，航运、贸易、商业、手工业、金融业、娱乐业，都是开放产业，天然地具有"公共性"，另当别论。2008年，外滩改造完成，防汛墙外拓，过境车辆走隧道。空间大开，眼睛一亮，伍江教授、陈丹燕作家和报道记者称其为城市"会客厅"，是很恰当的。最近北外滩拆除扬子江码头，说要建造"世界会客厅"，我们焦急地期待。

上海城市的公共性一直比较强，需要坚守和保护。现在提公共性，也提文化遗产保护，城市更新要有延续性，10年、20年前都不大愿意听。住新房子不好吗？老百姓也要拆！好在现在大家有了共识，城市更新应该是有序的，文化遗产其实是上海最可保护的东西。上海在很多领域，都不具有绝对的优势，有的连相对优势都没有。上海在工业、商业、科技、教育、医疗领域的巨大优势完全没有了。还有的是什么呢？就是生活方式、文化品位、消费习惯、社会风俗等，这些东西都附着在城市建筑、传统街区和制度习俗，即所谓城市文化遗产上！旅游、演艺、消费、房产、创意文化产业都要靠它们了。

现在不是单讲发展"硬道理"，也开始讲一些文化"软实力"了。上海的文化遗产就是城市的软实力，拆了不但可惜，而且令我们丧失竞争力。其实，软实力有时候是很过硬的，我遇见不少朋友，中外都有，近年来离开北京，定居上海，都是说胡同拆光以后，没有"北京味儿"了，上海的"海派文化""江南文化"还有保存。"公共空间"和"公共性"，涉及哲学、历史学、社会学、城市规划和建筑等许多领域。

3
Shanghai style

有时候和同济的老师在一起谈，郑时龄院士和伍江校长也和我们持相同的看法。不同学科之间的一个聚焦，就是"城市"。

20 世纪七八十年代以后，社会学家对美国新英格兰、中西部大城市的衰退现象注意研究，但市政当局的"城市更新"却束手无策，任由其郊区化，老市区状况急剧恶化。今天美国的"锈带"如底特律、密尔沃基、哥伦布等城市的很多社区是鬼城。大城市市区的衰退问题，在最近两次大选中暴露无遗。欧洲面临一样的情况，但因为有文化遗产支撑，巴黎、伦敦、汉堡的情况看上去好很多。这几年的"市区重建"和"城市更新"，纽约、芝加哥、匹兹堡、巴尔的摩等城市已经慢慢好起来了，办法就是利用文化遗产资源，重振房地、创意和文旅产业。"郊区化"不能解决城市病，更不能消除大城市内部的社会矛盾，它造成的最大问题就是市中心生活失去"公共性"的同时，郊区生活陷入了封闭性。美国哈佛大学帕特南教授有一篇著名论文《孤独的保龄球》（Bowling Alone），讲的就是郊区化以后，社区崩溃，公共交往减少后，市民社会质量下降。非常遗憾的是，上海 90 年代以来的郊区化也产生了同样的问题。上海中环以外建造的小区楼盘，一个个都很大，封闭式的，公共设施缺乏，即使有也是集中在 Mall 里面，小区的社会生活的公共性比市区生活差很多。小区大就不容易交流，设施少更没有公共性。为什么大家喜欢去欧洲旅游，欧洲的老市区更新较好。在罗马看得到两千年前的遗址，但室内的空调、抽水马桶都有。米兰的 DOMO 大教堂是中世纪的，大商场 Galleria 是 19 世纪的，日常生活的大部分功能还保存在市中心的大楼、街区中运转。很多老的建筑、街道、社区，靠旅游业维持下来，看上去确实很美。巴黎是现代高速节奏和传统休闲生活结合得最好的城市，塞纳河边上可以飙车，也有古老的旧书摊。这个城市既有中世纪，也有 19 世纪，也有 20 世纪如蒙巴纳斯塔、蓬皮杜中心，城市的延续性非常好。

中国城市的公共性原来就不够，"六大古都"都是按照军事要塞和行政中心的职能建立的。行政中心是自上而下的，不是雅典、罗马，是为了商业、贸易、航海，为了自由民生活，按照市民制度来布置的。中国现在的大城市，大多是在古代的都、府、县三个等级城市基础上建立的，都起源于行政城市。要么是军事堡垒，北京在元代之前是一个军事要塞。都城、要塞的公共性很差，唐代长安都城里的街巷禁开窗户。宋

4

海派

代开封、临安好很多，才有"清明上河图""西湖繁胜录"。直到清朝的北京胡同，都城生活都关在四合院、王府里，社区本身是封闭的，和上海19世纪福州路、张园、徐园、愚园的马路生活完全是两个世界。

中国行政城市最重要的空间都集中在衙门附近，"衙前街""学前街""校场路"，"学前街"是文庙前，校场是练兵场。上海也有县衙、学宫、校场，一样是森严空间。但是，上海城市的重心不在城里，而是在城东门外面。清代"十六铺"远比城中"虹桥"繁荣。从730年前建县开始，上海其实是一个老百姓的城市，这一点很可贵。"上海"是什么？上海镇，在宋代的市舶务，相当于今天的海关税务机构，向通海的商人收税，看中的是码头。我们定性上海"以港兴市"，先有港口，后有上海。这个海港不是从鸦片战争以后才开始的，宋代上海通江达海，南至福建、广东，北至天津、山东，交往范围数千里。上海从码头、贸易、商业、加工业发展起来，而不是从衙门起源的。上海有民间性、商业性、交往性，这些特性加起来，就是"公共性"。

"以港兴市"带来了"五方杂处"。各地商人聚居在十六铺，自发组织，由此产生了一种重要的"公共性"，即同乡、同业会馆。生意人聚在一起谈论问题，讨论规矩，判谁对谁错，该奖该罚。这些职能在西方是法院，在中国很多就在会馆。上海保留下来的好几个大院子，如福建人的三山会馆、山东人的商船会馆、苏州人的钱业会馆，都在最近十几年里作为文物保留和修复了。钱业会馆移建到豫园的东北角，但拆掉的很多，如广肇公所、四明公所，非常可惜。打个不恰当的比喻，钱业会馆相当于乾隆年间的金融俱乐部，商船会馆是当时的航运交易所，三山会馆是福建人商会，广肇会馆是广东人俱乐部。后面这两个会馆还在上海闹出异常"小刀会"，很有纪念意义，干嘛拆了？上海有那么多宁波人，西藏路市百一店北边的四明公所新会所，是一幢很坚固的西式大楼，也有百年历史了。虞洽卿、王正廷、孙中山多少名人在里面开会演讲，它的公共性是很强的，干吗要拆？

上海公共性的起源除了本土之外，还有另外一个更重要的来源，即存在了一百多年的租界。对租界的认识，一说就是殖民地，实际情况远比大批判要复杂。上海城市的主体是租界，"北市"超过了"南市"。但是，我一直试图讲租界不是殖民地，租界就是租界，它们是清政府租借给外侨的完全自治区。民国的时候，"华董"也参加

5

Shanghai style

到这个自治体内，法律上的工部局就是一个华洋合体的区级自治政府。浦东开发的时候，陆家嘴搞土地批发，有批评说是搞租界。我说陆家嘴连租界都不是，何来殖民地？苏州新加坡工业园区有点像租界，因为它有部分行政管理权。

上海租界不是殖民地，但上海确实像曾经的殖民地香港一样，引进了一套英国法，比有些殖民地还完备，独立运作了一百多年。英国在维多利亚时代向全世界各大城市输出了现代市政制度，像上海的银行制度，就是从英格兰、苏格兰式的簿记制度过来的。这些是上海"公共性"的重要来源。维多利亚时代，英国、美国输出了基督教，上海的教堂很多。各教派建造的大学、中学、医院、出版社、报馆、博物馆、图书馆建筑更是不计其数。有一个大约的数字，上海房地产代为经租的大楼、公寓、新村，绝大部分都是教区资产。上海的涉教建筑不计其数，现在留下来的还有很多。我们知道，教会的公共性是很强的，西方市政制度中的公共建筑，大多是教会的。

另外，现代市政制度就是围绕公共性建立的，上海福州路的工部局大楼是典型的Civic Hall，是市民代表议政的地方，具有公共性。三轮车夫或许不能随便出入，一般体面市民、生意人是可以进去的。接待大厅是按照欧洲市政厅格局来设计的。这幢大楼要改造，十年前听说有方案是做"市民活动中心"，完全正确。这几年就不知道做什么用途了，反正要更新改造。围绕大型公共建筑更新、改造和扩大城市公共空间，总是能够取得很好的效果。我们有正反两方面的例子。如今的"徐家汇源"，以徐家汇大教堂为中心。气象局谦让地拆除次要建筑，腾出空间，世纪集团做一个"徐家汇书院"，边上有主教府、藏书楼、徐汇中学、气象博物馆、徐光启墓，一个完整的文化型公共空间，非常优美地呈现出来，将来会成为上海最好的社区之一。相反，南市董家渡大教堂虽然保留了，但周围附属建筑都拆除了，陆家、朱家、马家、艾家等大家族的遗迹都不见了。孤零零的教堂没有社区感，原来的公共空间反而逆转为封闭式社区了。从外滩源到徐家汇源，上海东西这两源，都是我们争取后定名的，是上海城市文化起源时期两块最重要的公共空间。现在我们把徐家汇源和外滩源作为上海文化的发源地之一，只能说两个都是，一个是天主教，一个是基督教。其实，虹口更是"海派文化"之源，是世俗生活积聚形成的市民文化。北外滩的虹口地区是更早的海派文化发源地，现在上上下下都肯定了海派文化，以前海派文化是不大好讲的，有些确实

6
海派

是糟粕。

然而，海派文化的精华，就是它的市民性、公共性。福州路80年代还被称为"文化街"，现在衰败了，众多的文化遗产已经难以更新和利用了。辛亥革命前后十年里，福州路的公共生活是不得了的。中国所有的重要报馆，如《申报》《新闻报》；中国最重要的出版社，如商务、中华、开明、生活；中国最豪华的餐馆一品香、万家春都在那里。新闻、出版是公共空间，就像今天数字化网络也是一个空间。我们把网络称为虚拟空间，福州路则是一个实体空间，报馆、书局之外，还有茶馆、酒楼、剧院，当然也包括妓院、书寓、堂子。一百年前，这个是上海乃至中国和亚洲最大的市民空间。人们把报业、书局密集的山东路和伦敦"舰队街"相比，这里酝酿和传播了戊戌变法、辛亥革命、新文化等运动。福州路曾经的辉煌无与伦比，但这样搁置、荒废下去，它的文化遗产都要散失光了。清末民初和福州路齐名的公共空间是张园，"五卅运动"时抗议外滩公园所谓"华人与狗不得入内"的歧视，其实华人的公园比外国人公园好玩得多，张园、徐园、愚园、也是园，热闹非凡。静安区政府在修复大中里的时候，也在恢复张园，希望这个参与缔造中华民国的场所能够修复起来，作为"辛亥革命"的纪念地保存给中国人。

哲学家哈贝马斯谈"公共空间"，将它作为"市民社会"的基础。早期资本主义的商业性，能够为近代社会制度提供一种积极因素，像街道、商场、影院、咖啡馆都可以是良性的"公共空间"。我在一本小书《南京路：东方全球主义的诞生》中，把南京路定义为早期全球化和早期资本主义的成功案例。南京路有四大百货公司，先施、永安、新新、大新，都是广东人做的。大家很少提起，前面还有英国人的老四大百货，即福利、惠罗、泰兴（连卡佛）、汇司，既有全球化的"环球百货"，又有地方化的华人自主，是上海人自己的"全球化"。大家喜欢谈南京路的故事，喜欢大马路的氛围，是有这个原因的。这次南京路步行街延伸工程修得很好，东端把河南路到外滩连接起来了，有几处如北面114-142号建于1906年的慈安里，即原福利公司所在大楼，还有东面惠罗公司大楼、南面中央商场的部分立面细节，是按照维多利亚风格来修的。慈安里大楼居然洗出了福开森开办的China Realty Company Limited（中国营业公司）的店招。还有一家The Shanghai Lace Company，也清洗出来，保留下来了，看上去很有历史感。世界上不是每个城市都有这样的文化遗产，维多利亚时代，全世界的城市，包括像旧金山、西雅图、温哥华、悉尼、奥克兰、香港、孟买这些城市，很多大楼看起来和上海的相像，但上海在其中肯定是第一的。旧金山是1849年起来的，上海开埠比它还早几年；芝加哥是1837年建市的，早于上海开埠几年，但经过1871年大火，很多大楼与街区和上海差不多同期建造，有几座教堂、发电厂、百货大楼非常相像，修整得很好。20世纪20年代南京路的建造规模，是超过世界大部分城市的，南京路上新、旧四大公司，这个是其他城市没有的。上海人为什么怀念南京路和20年代的"黄金时代"？因为全国人民，各国侨民，一到上海，就有一种空间上的解放感，一种在"大世界"才有的释放，这就有公共性在起作用。

城市更新的前提是延续性

讲城市的延续性，最好的案例当然还是罗马。我们在地面上就可以看到罗马两千年的脉络，威尼斯宫的建材取自古罗马废墟，有几处墙基下还露出古代红砖，很多人家仍然住在中世纪的房子里。西安也有两千年历史，但在地面上基本看不到，要到陵墓里去看，上面都烧掉了，还好城墙是明代的。中国古人喜欢拆烧前朝建筑，这是根深蒂固的，因为有儒家有"改正朔，易服色"的正统观。嬴政、项羽、刘邦如此，刘彻、王莽、李世民、朱元璋也都差不多。说起来，努尔哈赤、多尔衮反而好一些，他们以"清承明制"的口号，倒是没有拆掉紫禁城，是个例外。中国城市的延续性不好，欧洲比较好，因为城市主体如教会、王朝、家族，后来的城市议会有延续性。以前美国的城市延续性也不好，因为他们搞边疆开拓，从东到西，流动性太大，也是摊大饼扩张，建一块，放弃一块。两百年了，美国城市也慢慢稳定下来，注意用保存文化遗产的方式来保护自己的生活方式，现在美国非常注意建筑遗产保护。

欧洲面临现代化的时候，曾经也想用全面翻新的方式搞城市。19世纪50年代，巴黎有一个城市改造的"奥斯曼计划"，在中世纪蜘蛛网一般的街道里开出了几条大马路和广场，如圣日耳曼大街、圣米歇尔广场等，增加了公共空间。但很快发现这样的剖膛开肚对文化遗产的破坏很大，就适可而止了。于是，我们看到今天巴黎城市的

海派

尺度适宜，新旧互补，既有活力，又有品位。大拆大建效果不好，就停下来慢慢规划，想明白了再改造、更新。今天的巴黎基本上是18、19世纪的建筑，有些16、17世纪的老社区也存了下来，就特别有味道，如东北角的玛黑社区，原来是一个沼泽地，破破烂烂的，现在改造好了，是巴黎最有魅力的时尚地带。

上海在"江南文化"时期留下了很多明清园林、书楼、大宅邸，那是不亚于苏州、杭州的。豫园、文庙、书隐楼、九间楼只是残存下来的极少数。上海在19、20世纪留下的社区遗产，别看今天破破烂烂，当初却代表了"黄金时代"的辉煌。上海结合了东方和西方的，"海派文化"时期的魔都建筑，外滩一线至河南路以东的"万国建筑博览"是基本保存下来了。怎样修复和利用外滩建筑，还是有待解决的问题。现在面向黄浦江的外滩一线大楼都已经有机构入驻，做餐饮、旅游、艺廊、会所都很合适。西区徐汇衡复风貌区的城市更新更加乐观一点，因为这里原是法租界第三次扩张后认真规划、严格管理的新区，别墅、公寓、新式里弄建造较晚，建筑状态较好。还有，20世纪50年代以后，新政权事业机构、干部家属入住后，建筑维护修理也更好，使得如今的保护、转让、开发和利用也更容易进行。不仅是单体建筑修缮，整个社区作为"风貌区"也大致能够保留下来。相反的例子也有，比如南外滩的十六铺，拆得太多了，整整一个区域都推倒了，一段最重要的城市记忆就消失了。这是上海"以港兴市"的源头啊！从南宋开始算，有一千年呢！

城市记忆毁去以后，整个城市的文化品位是下降的。北四川路、乍浦路、海宁路这一带，是上海和中国电影工业的发祥地，那个地方有一连串近十家电影院，当年商务印书馆拍一部胶片，在一百米范围内跑片放映，就产生了中国的电影工业。上海的电影产业和巴黎、纽约、好莱坞是同期的。上海电影业风光不再，是文化地位下降的问题。但是，拆了"雷玛斯"虹口大戏院，海宁路、乍浦路一带被遗弃，一点都不加纪念，那就是文化品位的问题了。

老建筑拆掉以后，新建筑的雷同相似也是一个很要命的问题。现在一、二线城市，北上广深、苏杭宁，都造得差不多。或许将来还会慢慢发展出来自己的特点，但今天看上去基本就是"千篇一律"的样子。建筑设计院用一张图纸，修修改改，东西南北到处造。我发现深圳的一幢大楼，和徐家汇公园东侧的一模一样。最近二十年上海有

9
Shanghai style

"邬达克热"，为什么怀念邬达克？他是当年上海的房地产商从欧洲找来的建筑师。公和洋行等设计事务所设计标准建筑，需要邬达克这样的个人事务所设计一些有个性的建筑。他果然提供了许多意大利、西班牙、拜占庭、英国乡村，以及现代派式样建筑。邬达克的每幢房子都有个性，都是独家设计。当年上海还有很多建筑师，从宾大、哥大，从巴黎、柏林回来，最晚还有德国包豪斯学派的。一百几十年里，上海的建造风格经历了东印度公司式、维多利亚式、仿文艺复兴式、欧洲乡村风格式、美国 Art Deco 式和现代派式样，建筑史学者认为上海是全球城市中式样最丰富的城市。这都大大丰富了上海的建筑文化遗产，应该令我们倍加重视。

外滩源、徐家汇源、新天地、武康路，还有豫园商城的更新改造，都各有成功之处。条件有限，目前能够保存下来就好。有专家教授要求严格保护，现有功能不得转换，这做不到，也不符合"更新"原理。比如说新天地、田子坊原来都是居民区，是住宅的功能，转成商业、休闲、创意产业，我觉得是可以的；"原教旨主义"地保护，那就什么都保不下来。建筑的功能转换经常进行，你看 1948 年的上海老地图，很多街面房子是开店的，50 年代以后才把排门板拆掉，封闭起来。当然，像目前武康路这样，不改变居住功能，保留民国街道风貌，又能成为打卡胜地，就更好了。徐汇区文化局在开发武康路历史文化名街的时候，就有想法，不改变功能。一报上去就批准了，因为武康路的文化遗产实在太丰富了，每一幢房子都是名人故居，楼房和环境又很好，都是三四十年代建造的，外侨离开后，汪伪、国民党高官进去住，后来老干部又进去住，房管所一直是修的，房子的状态很好，现在变成了风貌区一部分。这里是"永不拓宽的马路"，尺度和功能不改变。但是，武康路上的商业化暗中也很厉害，"武康庭"已经不亚于新天地了。大家都希望适可而止，不要再变成一个大的商业区，像衡山路酒吧街一样，一阵网红之后又是一片惨淡。

徐家汇商圈的改造，用连廊贯穿五条马路汇聚的放射圈，是非常好的方案。徐家汇商圈经历繁荣之后，最近十几年陷入困境，公共空间缺乏，马路分隔严重，游客、顾客难以导入，很少逗留。现在的连廊方案，用三层空间连接。地下是地铁通道的串通，中间是路面，上面是连廊，徐家汇就有三层交通空间，是系统的公共空间。徐家汇源中心地带不断整修，远处徐家汇中心建造浦西最高、最大体量建筑。将来的徐家汇立体空间状态，会比以前的单体不交流的商厦空间好很多。很多了解徐家汇的人都认为，如果当年徐家汇商圈挪到万体馆那里建造，留下原来的社区作为文化遗产申报世界级非遗，培育 5A 文旅景区，对上海城市更加有利。然而，木已成舟，往事不可追溯，目前的改进方案，算是对 30 年前草率方案的补救。

好城市是修出来的

经过 170 多年的高速发展，上海在 70 年前已经是一个巨型城市，留下来的社区体量非常大。20 世纪 50 年代就有 500 万人口，光是中山路内环线内的老市区，就存有几亿平方米的老建筑。我们可以用数据树立这样的概念，1845 年开始的早期英租界，外滩到河南路仅 835 亩，后来英侨就在虹口又拿了一块地。1848 年，英租界扩展到泥城桥（西藏路），共 2820 亩；1893 年又拓展到 10000 多亩，至 1899 年公共租界一共获得了 33000 多亩。50 年间增加了 41.7 倍，年均增长是 7.8%。法租界、华界的情况也差不多，只是闸北、南市、吴淞、江湾、五角场被战火摧毁，不然老城市的建筑体量更是惊人。上海的经济动力强，城市建筑面积扩展快，以速率论比今天还要快。19、20 世纪的上海市区，基本上是扩展式发展，因此具有延续性。21 世纪的上海，一边继续扩展蔓延，一边又叠加在老市区之上找空间，对城市文化的延续性造成巨大威胁。

目前的上海市区的各社区，表面混乱，内里其实有着清晰的文脉传承。从十六铺（南外滩）开始，沿着黄浦江往下游延伸，黄浦外滩、虹口北外滩，到提篮桥、杨树浦东外滩，然后到军工路，再出吴淞口，入江入海。当初民国"大上海"顺应"文脉"，选择江湾建造五角场新市区是完全正确的。但是，上海在 20 世纪初便走过了"以港兴市"沿江发展的过程，转而以靠近人口腹地，寻求江南市场，发展内部联系来拓展城市。很多人都没有注意，20 世纪初出现了一股沿"大马路"往西发展的强劲势头，上海往西拓展了！从南京路，加上北京路、九江路、汉口路、福州路、广东路这五六条马路，一起往西扩展。西拓的主力就是南京路，通过静安寺路（南京西路）、愚园路、虹桥路，一直往西。上海沿南京路往西走，让犹太人哈同咸鱼翻身，一度追上了他的老板沙逊。

哈同是南京路、静安寺路的大地主,据说三分之二地皮是他的。上海展览中心苏式大厦,原来是他的"爱俪园",先施、永安、大陆等商厦曾是他的房地产。

这条"西拓"的"文脉",到30年代更加显露出来,"一·二八""八一三"战火摧残之后,沪北、沪南、沪东凋谢,沪西就更加凸显出来了。直到今天,仍然沿着接下去的虹桥、徐泾、赵巷往西发展。可以去查一查,报道中这里就是上海土地拍卖的密集成交区,青浦"大虹桥"的地价、房价远高于南面的松江、北面的嘉定。我一直说,上海的社区发展是"东进"还是"西拓",这是个问题。1900年以后,上海"北上"的动力慢慢消失,一度有"南下"杭州湾的"建市方略",但只是一场空谈。跨江"东进"的浦东开发在90年代高调推行,但上海市区往西发展的势头似乎更加强劲。因为能够连接江苏、浙江的广大腹地,上海"西拓"的动能储备最足。

19世纪的"北上",20世纪的"西拓",在这两条城市文化发展的"文脉"上,上海积累了极其丰富的遗产。文化遗产最主要的载体,就是单体的建筑与整体的社区。上海的近代文化遗产,按其建筑品质来说,大部分都具有延续性的价值,可以修缮利用。在目前产业转移和市场流失的情况下,上海的核心竞争力就剩下城市文化了。不仅是精神层面的"海派文化",还是物质层面的社区文化、建筑文化。城市改造、更新的时候,应该多考虑"文脉"因素,把文化遗产放进去。城市发展的规模是超乎寻常的,但我们面对的留下来的文化遗产也是纷繁复杂、数量众多的。上海原来有很多核心竞争力,比如说上海有中国最早最大的现代航运、贸易、工商、金融、文化、教育、科技事业,这些都有建筑留下。远东的金融中心,中国现代工业发祥地,江南制造局、轮船招商局、怡和纱厂、英美烟草、南洋烟草,都还有遗迹可寻。50年代以后,"支内""外迁""回乡""社队企业",上海巨大的产业规模都跑到江苏、浙江去了,产业优势已经没有了。今天的区域开发,有一块地方我是很赞成的,就是临港重大装备产业区。上海要有产业,东京的强劲,在于它有很多产业。上海两三千万人口,没有繁荣的工商业,这样规模的城市难以维持。

但是,船破有底,上海在生活方式类的文化、医疗、教育、科技上还有地区优势,医院、大学和科研院所还是可以进入Top 10。瑞金、中山、华山、仁济还是好的,复旦、交大、同济也不错。但最具优势的一块,还是城市的综合文化实力,即"公共性"较强的市

12

海派

民形态的生活方式，应该得到维护和加强。上海城市文化具有的国际化、民间性和公共性优势，这方面甚至不比北京差，比深圳、广州、南京、苏州、杭州、武汉、成都、重庆肯定更强。所以，我一直是主张在较强的城市文化公共性、城市生活市民性基础之上，在上海恢复一个代表亚洲的文化大都市，An Asian City of Culture! 在"四个中心"之上，再加一个文化中心。

上海在城市更新方面有不少经验，和国内大城市比还是有长处的。前面提到的"保持城市发展的文脉""永不拓宽的马路""可供行走的城市"等口号，都是上海学者提出来的。口号不一定能落实，但它们至少表达了共识。北京的胡同原来是可以"串"的，现在大部分拆了。没拆的被改造成富豪的深宅大院，公共性反而差了。亲近市民，才是城市"公共性"的要义。北京的马路，大院很大，机关很多，走半小时也找不到24小时便利店，很多有意思的活动都只在封闭空间里进行，对普通市民就不够亲近。上海旧市区的某些马路还可以行走、交流，人们在这里创造新的生活，还有生机。最近由宗明副市长主编、世纪出版集团出版的城市读本《建筑可阅读》传播了一个理念，即城市建筑和社区可以作为文化资源来欣赏，也可以作为文化产业来发展。建筑文化是可以赏玩，可以经营的。芝加哥、纽约有很多建筑都标上建筑师名字，建筑师学会组织专门线路导览。上海也有自己的著名建筑设计师，如邬达克、赉安、墨菲、董大酉、范文照等，都可以做专题游览。疫情以来，不能出国游，很多市民就行走自己的城市，在本市作深度游。江、浙两省乃至全国游客不能出国，不少人就到上海来看外滩"万国建筑"，看徐家汇源文化圈，看武康路民国人物故居，还有各个风貌区的异样风物，算是半出国，小出国。很多人委托我们设计行走路线，一条路线可以走半天，坐下来吃午饭，下午有空再走。外地的游客挑一个如青年会宾馆、国际饭店、扬子江这样的老宾馆住下来，于是发现了很多有意思的城市空间。晚上再听一场上交音乐会，俨然就是完美的"文旅结合"事业了。前几天新闻说上海的咖啡馆已经是全世界各大城市最多的，这个报道我相信。欧美人喝咖啡可以在家里，上海人把喝咖啡当做交往方式，需要在公共空间里喝，有谈话内容地喝。上海的咖啡馆，当年比北京的茶馆多，现在也比深圳、广州的茶餐厅多。一方面是空间特征，一方面是文化传统。铜仁路"上海咖啡馆"消失后，十年前偶尔买到"上海咖啡"，风味依然独特。85度C在上海开首店，说了一句并不得体的话,说要把咖啡文化带给上海,不知本埠的咖啡传统要深厚得多。

说到城市空间的延续性,我们有一个主张,就是说一个好的城市,不单是造出来的,更是修出来的。建造的时候,设计师的设计总是有缺陷,不完善,总有某些部分或与环境不协调,或不符合人性的需求,或与改变了的局势不配合了。但是,一切都可以慢慢地改,用各种不同的方式改,最后就变成了一个好的建筑,好的社区。这个道理上次在思南公馆和伍江教授讨论时提出来,大家都赞成。城市不是翻大饼,不断拆了造,造了拆。从这个角度来讲,徐家汇源比陆家嘴有意思得多,徐家汇街道和商城股份公司弥补当年仓促建设的不足,不断地修改和完善设施,教堂广场、美罗城、港汇商厦、大千美食林、西亚宾馆都经历了修缮和重建,社区活力因此增强。这几年愚园路经过修缮和美化,也逐渐火了,恢复了街道上的生气和活力。《申江服务导报》徐锦江总编对愚园路历史的发掘和整理,推动了愚园路、江苏路街道的修缮工程。文化底蕴深,修出来的样子当然就是很好的。

欧洲一些文化遗产丰富,文旅产业发达的城市,如巴黎、米兰、罗马、那不勒斯的老市区之所以是那种文物辉煌的样子,当然都是因为没有采取推倒重建的方式搞建设,但也不是保守旧物到原封不动的地步。事实上,那些原来简陋、破败的建筑都得到了加固、改造,有的是把窗洞补上石条窗框,装上窗花;有的是把土石累墙刷成巨石贴面,把两三层楼升至七八层楼。从这个角度来讲,"罗马不是一天建成的",此话又有了新的内涵:罗马是慢慢修成的。

从目前的效果看,文化遗产修缮不单是有价值的事业,它还是有效益的产业。一般来说,以文化遗产为依托的文创项目,对老建筑加以修缮以后,社区美化了,新的商业及各行各业入住了,高收入高品位人口也回流了。90年代以来,芝加哥、密尔沃基、圣路易斯的绣带老市区老社区都在重建,像钢铁业城市匹兹堡的"社区重建"和"产业复兴"做得最成功。在城市文化遗产的修缮整理方面,世界各大城市都有已经做得相当成熟的模式,提炼、总结和复制并不困难。

上海还曾经提出一个很好的主张,即"以人为本的城市"。这个口号是世博会以前就说了,以人的尺度、人文价值的尺度建造和改造我们的城市,这是根本的理念。2010年世博会口号"城市,让生活更美好"是"以人为本"的价值体现。十年前的上海世博会利用了浦东、浦西的工业遗产社区，建造了不少场馆，如保留江南造船厂旧址，修缮出一个中国近代工业历史文化地带。如今，上海市政府委托世博集团把世博园旧址修缮整理，还给市民，开发成"世博文化公园"，这将成为与纽约中央公园、旧金山金门公园同等规模的大都市腹心处的公共空间，无疑是全体市民的大福利！自然也会在上海的城市更新历史上写下浓重的一笔。

（作者据记录稿改定）

郑逸梅日记
（1953年12月—1954年1月）

郑有慧提供　梁颖整理

一九五三年十二月十八日　晴　暖

上、下午四课，又批阅作文。课后小组讨论重工业建设，予任记录。

子鹤向财经学院领得毕业证书。

阅《戊戌变法》。

灯下备课。

与邓秋马书，询其邻家高小姐事，因秋马有意为子鹤作媒也。

倚枕阅《石遗室诗话》。

夜半失眠。

十九日　阴　较暖

上午授两课，又参加周会一小时许。

邓秋马来电话，约余叙谈并索余所藏李梅庵、汪精卫札。

下午听普选报告，又小组讨论，四时半返，尚有文娱晚会，予不参加。

致孙筹成书。

《郑逸梅日记》笔记本外观

予检得李梅庵、刘凤诰二札，拟赠秋马，汪精卫札予不多，自留不赠人矣。梅庵札乃致哈少甫者，盖梅庵旧仆蔡福田曾与梅庵同过危城枪林之生活，以病乃托哈（少）甫向红十字医院一言，俾得住院，而蔡亦清真道徒也。刘凤诰致法梧门祭酒甚精，如云：日前奉诣未面，阔绪莫申，怅歉之至。至迩以馆书逼迫又不及过尊斋。昨闻舍亲涂约庄说及厩中有骡一匹需售，诰适用之急而觅之甚难，可否付小价牵回一试并示值若干，以便另覆。谨专泐启，并请日安，不一。上时帆前辈大人。

阅《石遗室诗话》，睡甚迟。

二十日 阴 较暖

今日星期。晨起理笥箧，得金松岑丈遗诗，赠吕诚之、冒鹤亭、高吹万诸前辈稿笺，即以赠诚之前辈者邮寄之。

韩非木来访。

邓秋马为子鹤作媒，持高肖鸿小姐照片来，知肖鸿年廿二岁，杭县人，现在虹口产科医院为助产士。索子鹤照片，即以子鹤近照畀之。予唤子鹤一见秋马。秋马赠予郑大鹤一札，又岭南蔡霜女士画梅小幅，予答以李梅庵、刘凤诰札各一。秋马观予册页。

朱石轩自嘉兴来访，赠予金蓉镜、姚尚志、郑铃、许篑梅、谭复堂、俞晚湖、潘振节、鲁宝清札，予赠以夏敬观、余尧衢、陈伏庐、桂南屏、潘兰史、姚石子诸札，并观予所藏尺牍。予留之午膳，因有他约辞去。

饭后出访李伯琦丈，适丈外出，未值。

访葛士表，彼楼下客堂已收回自用，甚宽畅。

赴国际饭店，沈禹钟、顾醉萸、徐碧波已先至等候。八仙厅有喜事，乃上三楼幸福厅茗谈，并啖牛肉面包、虾仁春卷，计三万九千元，由予作东。禹钟曾作吴游，有《吴门杂诗》，承以见示，凡十余首，知彼赴苏乃探其友江雪塍之病，雪塍画家载曦之尊人也（载曦已故世）。宿天鹤巷卷云楼，观灵璧石、刘彦冲山水、郭频伽之笔筒，许为三绝，成古风三首。又游拙政园，访周瘦鹃，均有诗。醉萸见告，顾颉刚赴北京，闻有《尚书》今译之举；杭州马一浮曾来沪。既而谈及小说，禹钟极推崇林译诸作，谓无一不佳，尤以与魏易和译者为胜，醉萸则认为《块肉余生述》在《茶花女》之上，予则知书名，未之阅读也。谈至傍晚始散。

灯下备课。

又醉萸见示《林庚白诗集》（柳亚子印）。庚白极自负，谓诗以郑孝胥为第一，

《郑逸梅日记》内页

彼居第二。及诗学愈进，遂论古今之诗，谓彼居第一，杜甫第二，至于郑孝胥则卑卑不足道矣。其狂妄有如此，殊可笑也。禹钟论诗，谓诗以不用典为尚，用典则犹之阮囊羞涩而向人借贷也。又谓龚定庵以雄奇胜，学之者众，然得其神髓者千无一焉。

廿一日 上午阴、下午雨 较寒

上午三课，下午辅导一课，批阅作文，五时始返。

今日为冬至夜，寿梅特备丰肴，佐以橘子、花生，大嚼一顿。

阅《玉梨魂》说部。

检得《遽庵所藏尺牍之三：元明诗翰》影印本，有赵孟頫、鲜于枢、高启、解缙、于谦、朱祚、文徵明等三十六家，都四十通，为遽庵藏札之弁冕，其弟景郑所刊印者，拟邮赠巢章甫孟頫。书一绝句：炼得身形似鹤形，千株松下两断经。我来问道无余事，云在青天水在瓶。

廿二日 阴 寒

上、下午四课，又批阅作文。

《大公报》载有《红楼梦》作者曹雪芹小像，乃清王南石绘，雪芹坐竹石旁，微髭，态度洒然，从来所未见也。

学生家中检出咸丰间江西巡抚恽光宸请筹画援师浙江，中述洪杨军之形势，亦太平天国之文献也，予劝其献给公家保存之。

元明诗翰一大册，邮赠天津巢章甫。

李伯琦丈来书，询高吹老居址，盖丈之友人胡囗逵居士欲访之也。胡居士将返杭，甚急迫，丈嘱予径覆北四川路虬江支路七号胡居士，以免周折稽迟也。

啖杜裹菜肉馄饨。

子鹤以公事迟归，予与寿梅先进晚餐。

子鹤脱发，予为之购毛姜擦治。

灯下备课。

领薪金半个月。曩时寿梅入医院治目费用曾借一百万元，每月扣除十万元，兹已扣清，下月份可不扣，亦一快事。

临睡阅《石遗室诗话》及《石屋余渖》。

廿三日 晴 寒

上午三课，又批阅作文。

《戊戌变法》四巨册送学校图书馆。

购《陶渊明传论》及《亡友鲁迅印象记》二书，计九千四百元。

下午旁听初二语文试教。四时后集体往曹家渡业余补校，听叶克平"总任务总路线中教育工作者之责任"演讲，六时半结束。

教育局办教师业余进修学院，语文组由同事章立德去参加，每星期学习五次，每次自下午六时至九时，期限一年，读《文学概论》《语法》《修辞》等三项。

校方定除夕同事聚餐一次，每人约费一万元，又各带礼物一件，互相交换，并有文娱节目。碧波制谜语若干条，大都以同事姓名为谜底。同事有吴师猛，碧波欲以之制一谜面，予曰：勾践被困会稽如何？碧波以为佳。

灯下备课。

忆日前茗叙，与沈禹钟谈诗，禹钟谓龚定庵诗确可当得"雄奇"二字，但殊不易学。南社诸子什九受龚之影响，然之得其面目，却未得其神髓。又谓作诗以不用典为尚，用典犹之自己贫乏而向人借贷以充场面。颇有见解。

晚邓秋马来，高家约于星期日下午二时于邓家会晤。秋马观予藏扇。

拥衾阅《亡友鲁迅印象记》。

夜半又雨。

廿四日 阴 较寒

上、下午三课，又批阅作文及笔记簿。

樊少云师来一明片，约星期日午后二点半至五点前往晤谈，予适有邓秋马之约，乃函覆之。

与碧波谈电影界往事。

同事有与钱基博有乡谊者见告钱所述之笑话：某家子与其妇敦伦，忽脱阳，妇惊惶失措，其姑适睡于隔室，闻知之，即于头上拔一簪，刺子之上唇，一疼而止泄。姑深恐媳妇难于为情也，乃曰：是病与乃翁同，岂亦遗传所致耶？媳妇羞容为解。姑之措词抑何得体乃尔。

　　传说程砚秋中风逝世，尚待征实。

　　灯下阅《亡友鲁迅印象记》。

廿五日　晴　较寒

　　今日上、下午四课均为作文考试，又批阅作文卷。

　　课后讨论，五时半始毕。

　　阅《亡友鲁迅印象记》。

　　灯下备课。

廿六日　晴　较寒

　　上午二课，又周会一小时许。

　　午膳较早，即赴新华影戏院观《普通一兵》影片，盖晋元中学包午场也。观毕访高吹万老人，坐谈约一小时出，适高介子来，知负屋主赁金凡七个月凡二百数十万金，屋主起诉，廿八日法院开庭也。（予以金松岑丈赠吹老诗稿赠吹老。）

　　赴四马路购语文教材一册，计八千元。途晤孙雪泥，欢然握手。

　　在旧书铺购《甲寅杂志》社所印之《名家小说》三册，计一万元。内容如《双枰记》《西泠异简记》《孤云传》《说元室述闻》《闻啁啾漫记》《绛纱记》《焚剑记》《女蜮记》，文笔俱极典丽。

　　巢章甫来书，附赠汪曾武、萧禀原、谢稼厂、周工阜、陈云诰、刘瞻明、路金坡诸札，知予寄赠之法若真诗册已收到，认为真而且精，表示感谢。彼之《海天楼读书图》题咏已得一百八九十家。

　　前闻夏石庵云，南京西路菱花照相馆主善治枸杞，过其门口驻足观之，橱窗中枸杞凡若干盆，果然美茂可喜，即盆盎亦极古雅。

倚枕阅《名家小说》中之《双栌记》，烂柯山人著，实则章行严手笔也。

廿七日 晴 较暖

今日星期，起身较迟。

覆巢章甫函。

倪文宙来访，录示其题章甫《海天楼读书图》云：檐月溶溶漾欲波，隔窗灯影正婆娑。书城灏淼围禅榻，斗柄微茫转古柯。别有乘桴浮海愿，可堪扣角饭牛歌。平生三食神仙字，寒日荒邨老趣多。

内戚郭志林来，在予家午膳，寿梅购物赠之。

饭后偕子鹤同访邓秋马君，予随赠章缦仙一札，秋马即命女佣请高家太太及肖鸿小姐来，盖高家在古岭路一五四号，与邓家相距只四五家也。既而高太太与肖鸿莅止，肖鸿尚娴雅端秀，子鹤与之谈，亦融洽。约坐一小时许，予与子鹤即告别。子鹤先返，予往访钱化佛，蒙以鳗首见饷，予赠彼伪蒋总统受职典礼观礼证，亦他年文献也。

孙筹成来书，附赠廉建中、陈声远二札。

吕诚之前辈来书，谢予寄彼松岑丈遗诗，并录示《重九刘约真邀集中山公园啸筼诗最先告成即次其韵》凡一律。

子鹤曩时女友姜小姐来访，寿梅款以点心，子鹤归时晤面。

灯下备课。

手起冻瘃。

廿八日 上午阴、午后雨 较寒

上午三课，下午辅导一课，又小组学习。

除夕学校同人聚餐，纳费一万元。

巢章甫来信，另邮书札一大束，有柳逸庐、郑舜微、钟刚申、王琴希、廖忏庵、谌斐、郭风惠、孙铮、蔡乃煌、周拜花、李莼及袁宫保上款之官场信。

晚饭后访邓秋马，赠彼廖忏庵、蔡乃煌书，探一昨相亲事，知高家甚洽意。秋马出示郑大鹤书札一册，为谈曩年曾购得邝露、王铎诸尺牍，惜皆让给友人，今则欲购无从矣。

朱其石来书,谓红梅册页拟新年为之,予覆赠王义门、许瘦蝶、姜桂题三札。

廿九日 上午阴、下午晴 较寒

晨起浓雾,丈外不见人。始用手套。

上、下午四课,又批阅作文及测验卷。傍晚又开选举候选人名会议,至七时许始归。

购《语文学习》十二月份一册,二千元。

阅赵东征之《我们的宇宙》一书。

润弟来电话询予近况,知浩荃寒假拟南返一次。

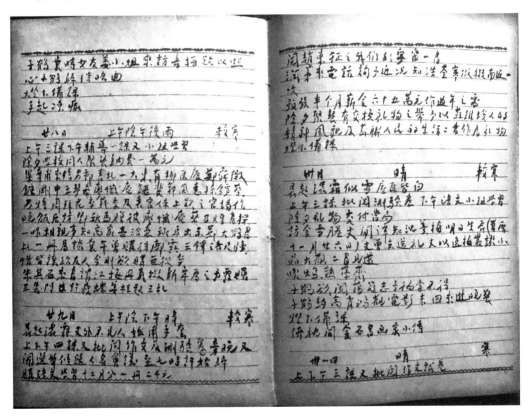

《郑逸梅日记》内页

预发半个月薪金六十五万元，作过年之需。

除夕聚餐，有交换礼物之举，予以《苏维埃人的精神风貌》及《苏联人民的生活》二书作为礼物。

灯下备课。

卅日 晴 较寒

晨起浓霜似雪，屋瓦皆白。

上午三课，批阅测验卷。下午语文小组学习。

除夕礼物交付当局。

访金雪塍丈闲谈，知沈夔梅明日生辰（旧历十一月廿六日），丈曾去送礼，以《逸梅丛谈》《小品大观》二书见送。

啖熟荸荠。

子鹤欲阅《荡寇志》，予遍索不得。

子鹤约高肖鸿观电影，未回来进晚餐。

灯下备课。

倚枕阅《金石书画家小传》。

卅一日 晴 寒

上、下午三课，又批阅作文试卷。

课后探徐碧波病。

访戴果园未值，途遇张聊止，乃同访陆费叔辰，知张公威已进文史馆，秦曼青被否决。北京金息侯入文史馆被叶遐庵反对。又章孤桐夫人吴弱男入上海文史馆。

晚间赴校聚餐，肴不佳。餐毕舞蹈及京剧，女同事熊淑微唱《汾河湾》，颇精采。既而摸彩，予得学习小册二本、国庆明信片十二张。九时归。

庄通百来片，邀明日下午一时在湖北路春风松月楼吃素点心，已约徐哲东、吕诚之、王欣夫诸子。

拥衾阅《石屋余渖》。

一九五四年一月一日 雨 较寒

今日放假一天，起身较迟。

上午撰写语文教材分析，凡十八课，因明人须缴教导处也。予殊不耐烦，甚草率。

钱士青丈寄来《机声灯影园征诗小启》并附素纸。

饭后访华吟水，适全家赴苏。

访戴英士，喉喑多时，尚在服药。彼任五四中学历史课，语文全部摆脱。

访黄药农丈，知蒋孟苹、钱冲甫均入文史馆，苏州蒋崇年不久可来沪谋得一职矣。

访谢闲鸥闲谈。

访费行简丈，体不适，盖日前马一浮来，周孝怀宴之，邀费丈作陪，费丈归，冒风寒，因病卧。文史馆送医药资三十万元，陈市长又送一百万元，敬老崇文有如此。

庄通百约，恐天雨到客不多，故不去。

灯下备课。

临睡阅唐诗。

二日 阴 较寒

上午二课，又周会一小时许。

饭后访戴果园，见示张鲁庵所藏印谱简目蜡印样本，又缪子彬《十二层楼赏月诗》，李释堪、梅鹤孙、陈倦鹤、吴眉孙诸老及果园步韵，凡十馀家，亦拟蜡印。子彬，缪艺风之哲嗣，此次入文史馆被市府所否决。又知田鲁渔已不能作诗，盖脑力衰退矣。

赴新华电影院观"教师节"影片，乃晋元同人集体观阅也。归途遇陈病树丈，闻不久即拟赴鄂度岁。

子鹤约高肖鸿餐叙，故不在家进晚饭。

晚赴晋元校，因学生庆祝元旦联欢也。节目甚多，予稍坐即归。

据戴果园谈，周恩来乃状元周蕴良之子（光绪恩科状元，故名其子为恩来）。

灯下抄寒云《闻罋对酒谭》。

拥衾阅唐诗。

三日 雨 较寒

今日星期，睡眠较迟起。

近日市上无绍酒。

续抄《闻罋对酒谭》，邮寄巢章甫。

购鸡狼毫一枝，三千五百元。

下午购豆酥糖十包，又带学习小册二本、国庆彩色明信片十二帧，赴松雪街访润弟，诸物以贻侄孙者。见浩菁之未婚妻，人尚清秀。润弟仍以流动会计为生活，弟妇则绣枕套借以补助，蒙以绣成之雀梅枕套一对见赠，甚可感也。浩荃赴保定读大学，离家已一年半，寒假拟南返一次，润弟摒挡四十万寄去。

购《中国美术史》一册，计一万二千元，又过扫叶山房购《燕山外史》《南史纪艳诗》各一部，廉值四千元。

子鹤应高肖鸿之约赴其家，肖鸿电来，云子鹤在彼家晚餐，肴馔甚丰。

灯下备课。

倚枕阅《中国美术史》。

四日 上午阴、下午晴 较寒

上午三课，下午辅导一课，又批阅作文考试卷。

灯下备课。

倚枕阅《燕山外史》。

五日 晴 较寒

上、下午四课，又批阅作文考卷，已毕事。

报载余云岫于三日逝世，年七十有五。此君曩与亡友陆士谔笔战甚剧，未免意气用事。

七日 晴 较暖

上、下午三课，又批阅时事测验卷。课后开教导会议，又小组讨论，六时始返，甚感疲劳。

《鲁迅书简》《新疆纪行》均还图书馆。

陆丹林来一名片，知彼夫人卧病旬余，甚为烦闷。又北京提倡书法，已在筹备展览，如此我国特殊艺术又得中兴矣。即覆之。

灯下备课。

拥衾阅《燕山外史》。

八日 小雨 较暖

上、下午四课，甚疲劳。

同事章立达与画家张大壮为表戚，始知俞振飞只能书不能画，均大壮代笔也。

课后学习讨论，五时半始毕。

子鹤傍晚归家，晚饭后又赴北四川路开会。

巢章甫来信，知近又患病，彼托觅张孟劬之《李义山年谱会笺》及《义山诗评》二书。又《寒山词》已寄张伯驹印行，但至今尚无音讯。

灯下录寒云之《鸳鸯局图经》，备寄章甫。

九日 小雨 较暖

上午二课，又周会一小时许。

下午选举投票，即在校中大礼堂举行，盖普陀区第十四组也。到者三百余人。

三时赴文化广场参观波兰物品展览会，过淡井庙，古银杏枯干犹挺立，藤蔓则饶有生气，足以点缀。展览会以观众拥挤，等待甚久，始得入场。布置甚新颖，物品亦应有尽有，且画幅、雕塑甚多。观毕归家，已六时后矣。

巢章甫寄来元常上款及保之上款之尺牍一大束来，有张岱杉、魏铁三、李翰昌、赵叔儒、唐企林、程定夷、叶恭绰、梁公约等。又影印之《旧游情话图》，图中有邵伯冋、项兰生、丁辅之、金篯孙、陈仲恕、陈叔通诸叟。

晚间万若曾来谈。

十日 小雨 较暖

今日虽星期，但因子鹤治事处星期不休息，改为星期二休息，故予仍昧爽起身唤醒子鹤。

邓秋马来访，观予尺牍，予赠以李审言、梁公约札。彼有拟出售印谱，托予一询张鲁庵是否愿购，又便询鲁庵有否《古玉印谱》。又云高肖鸿之母颇欲与寿梅一晤。

蒋崇年来访，盖已任私家会计在申矣。见告范君博已脱离景范中学，且患肺病，甚可虑。崇年即在予家午饭，傍晚始去。

访韩非木闲谈，座头盆梅初放。内侄周丙炎汇二十万元来，托寿梅给苏代扫岳家坟墓之郭家及坟客。

蒋吟秋来信，知彼调任师范学院秘书科长，因工作太忙致身体失健，兹在修养中。其子百康任博习医院医师，其女百敏在沈阳东北建工局技术研究室任研究工作，二人均已结婚。即覆之。

录寒云《三十年闻见行录》并《鸳鸯局图》，径寄巢章甫。

灯下备课。

十一日 雨 寒

上午三课，下午辅导一课。课后批阅笔记，错别字太多，甚为闷损。教研室中初备火钵，燃碳增暖。闻陈葆藩被车碾折一足，不知在何医院中，当探询之。

寿梅雇一女佣在家，将走，佣辞去。

钱青士丈之《机声灯影图》征诗久无以应，乃草廿八字以塞责。如云：妙笔鄱阳旧迹留，鸣机课诵夜悠悠。虚堂四敞萧疏影，宛似当年红雪楼。即作函寄之。

子鹤约高肖鸿观夜场电影。

灯下续录《三十年闻见行录》。

备课。

致函张鲁庵询其有否《古玉印谱》，盖秋马所托也。又秋马之友人拟出让印谱十余种，亦一问鲁庵是否收购。

倚枕阅《半月杂志》。

十二日 雨 寒

今日子鹤休息，赴高家，由高家留饭。

上、下午四课，又批阅笔记簿。

覆周炳炎信。

课后赴玉佛寺参观玉佛，佛大逾人，玉洁于雪，登楼瞻谒，必须脱履，甚为庄重。盖今日为腊八节，照例开放也。

灯下录《三十年闻见行录》。

十三日 雨 寒

上午三课，又批阅笔记。

《历史教学》内容甚佳，以前所出三十六期已无从补购，爰自一九五四第一号购起（即三十七期），每期二千八百元。又购《字的形音义》一书，计二千三百元。

下午出大考题既毕，与周屏侯同赴宏仁医院探陈葆藩病，则折足正施接骨手术，只晤长女，拟缓日再探之。

访钱芥尘，适芥尘有他客在，予稍坐即返。

电灯不亮，唤工匠修之。

灯下录《三十年闻见行录》竟，即寄巢章甫。

十四日 晴 寒

上、下午三课，课文完全结束。又批阅笔记，亦竣毕。

钱士青丈邮来《广德钱孝女征文录》一册。

鲁庵复书，嘱将出让之印谱开一名目。

傍晚赴本弄十号开会，并领户口登记表。

代女佣沈时芳写信，致其丈夫。

录寒云《箪斋杂诗》。

致书王凤琦，拟以文徵明诗笺易彼曹寅尺牍。

十五日 雨 寒

上、下午四课均温书,课后参加学习总结会议,又小组讨论,五时半始归。

初一语文教案悉还碧波。

向学校图书馆借《近代外祸史》一巨册。

钱士青丈来书,知彼此次征文已收到三十余家,尤以瞿兑之作长律五十韵为最难能可贵。

大衣袖口已破敝,由女佣为之修补。

啖慈菇片。

灯下阅《近代外祸史》,内容有无名氏之《中秘日录》、刘名誉之《越事备考案略》、王炳耀之《甲午中心战辑》、李秉信之《庚子传信录》、邹渭三之《榆关纪事》、陈守谦之《燕晋弭兵记》、毕公天之《辱国春秋》、徐珂之《晚清祸乱稗史》等,都六十万言,洵洋洋大观也。

录《筝斋杂诗》。

阅《今传是楼诗话》。

十六日 雨 寒

上午二课,又参加周会,听旧同事曹静波自苏联归来演讲,颇多新奇事物。知苏联当局优待我国参观人员,每人每日之饮食费约合我国人民币四十万元。

下午听校长报告。

访金雪朕丈闲谈。

李伯琦丈偕其弟莼季诗人来访,知莼季诗人居升平街永青里二十八号楼上,盖曩时刘宣阁旧居也。其子家箴原在芜湖安徽大学附中初二班肄业,托予一询晋元中学有否余额可转学。

灯下录《筝斋杂诗》。

倚枕阅《香艳丛书》。

里弄组织要予写大字报,予不能作大字,婉谢之。

十七日 阴 寒

今日星期，起身较迟。

子鹤新制一大衣，价八十万元。

录《䇹斋杂诗》竣，订成一册。

饭后访邓秋马，以鲁庵索阅印谱名目转达之。予赠彼朱纮、钱士青二札并《钱士青年谱》一册，彼贻予蔡寒琼所绘《南豁山景迹》册页，有长题，甚精。彼又出示其新裱之东林八贤和高攀龙、文震孟、赵南星、邹元标、顾宪成等尺牍，又马士英、王守仁札，王札较予所藏者纸质较完整，可贵也。彼又谈及高家亲事，谓高母甚喜子鹤。

访高吹老。吹老本拟出访金巨山丈，见予至，即中止，与予闲谈。知姚鹓雏患胃癌，甚可忧，闻在沪养病，医生劝之割治。

探陈葆藩病于宏仁医院，已由第二院迁至第三院一〇一室，盖二等病室也。其子女均在，葆藩神色尚佳，但接骨后甚感不适，且有时作痛，夜失眠，常服安神药片，恐一时不易痊愈。所伤在右膝下胫骨。

啖糖年糕。

于高吹老处得见钱南铁书札，予与南铁廿年不通音问，即询得其居址，邮书常熟以问候。致书姚鹓雏，介绍顾佛影以土方治癌，俾试为之。

倚枕阅《中国藏书家考略》。

十八日 雨 寒

上午赴校，无事，阅周汝昌《红楼梦新证》，凡八章，内容极丰富。首冠想象图，林黛玉作清代妆，手持团扇，坐竹栏前，秀逸有致。以往红楼人物辄作古装，有乖时代。并知曹寅之《楝亭图》，当时名家题咏殆遍，凡四卷，现藏在张伯驹处。

家用罄乏，向校方借十万元。

中午吃面。

应用新书多，案上添列一书架以安插之。

向校方询问初二班有否余额，即以办理手续函告李莼季。

下午初一班温课，一小时即归。

与同事方冲之闲谈。冲之见告，曩时报上以"烟锁池塘柳"五字征对，及揭晓，第一名为独鹤，对"秋深梵寺钟"五字，亦配合金木水火土也。予已失忆，姑记之于此。

录寒云《舞经》及《怀海上诸友诗》，邮寄章甫。

倚枕阅《香艳丛书》。

夜不寐，思得一春联：无非分想，作如是观，拟倩人书之。

十九日 雨 较暖

上午高二温课两小时。

豆浆已停供。

下学期定二月十五日开学，十八日上课。

所借图书悉还图书馆。

碧波以所借高一教案见还。

下午一时参加第一组总结，五时半始毕。

子鹤今日休息，又应高家之招午饭。

萧士表来作夜话。

临睡阅《香艳丛书》。

二十日 雨 较暖

报载北京新华书店辟古典部售买旧书，想不久上海之新华书局亦有古典部之设立。

上午赴校结算积分，同事周屏侯忽觉头目昏晕，予即代其监试一场。

饭后未赴校。

寿梅参加选举会，代表人有钟吉宇，曩年小型报写稿人之一也。

阅《今传是楼诗话》，有云"六如之殁也，葬玄墓，即今之桃花庵"。据予所知，葬吴门横塘，非玄墓，不知《诗话》作者何所依据。

高吹老来片，见告钱南铸详址，乃常熟书院弄六号。

发甚长，乃付并州一剪。

啖粉衣。

灯下阅《燕山外史》及《词学季刊》。

廿一日　晴　寒

上午监试一场，又结算积分。

下午语文小组总结，四时半结束，发起廿七日聚餐一次，地点天目路均益里廿二号周屏侯家，时间傍晚。闻十二路、十三路、十五路公共车可直达，每人纳餐费二元。

寿梅与女佣掸灰尘，从事扫除工作。

钱南铁覆书，云年里指僵，作字已不便，附寄其自题《三寿作朋图》四绝属和。所谓"三寿"者，一赵辉之，年八十二；一金叔远，年八十一；彼则七十四也。

巢章甫邮来油印钱仲英之《琴衲集》、方地山之《无隅词》、方泽山之《无争词》，惟页数不多，并附四份托转送钱芥尘、金雪膑、边政平、袁安圃，政平、安圃二份，即为邮去。

陆丹林来书，谈及彼之夫人一病兼旬，近稍有起色，然已耗去一百五十余万金。彼近得女画家陈佩秋花鸟册，甚得意。又谈及胡蛮之《中国美术史》初版时俞剑华立斥其谬误，胡答书自认粗率，今虽修订，仍不见佳。予即覆之。

晚上又雨。

子鹤因厂中于晚上开选举大会，故返家甚迟。

倚枕阅国史馆馆刊。

廿二日　雨　寒

上午监试三场，甚矣其惫。下午领半月份下半与月及二月份预发薪金，共一百九十余万元。

结算积分，又批阅考卷。

闻陈葆藩已出院，在家修养。午后又雨，傍晚下霰，气候更寒。

灯下批阅考卷。

方地山、泽山词转交金雪叟。

廿三日 雨 甚寒

上午监试一场，又参加休业式。领合作社配售之年货，计六万余元。

下午赴校批阅考卷。初一班已竣事，即将分数单交级任。

所用教材悉还图书馆。

赴胶州路探访陈葆藩，知接骨后情况尚佳，盖住院每天八万五千元，葆藩不愿多费公家资财，亟于返家修养，思想甚进步也。

前寄山阴路之姚鹓雏书已由邮局退还，批示姚君已赴松江县政府工作矣。

雨中夹雪，未几即止。

灯下批阅考卷。

临睡阅《小说新报》。

廿四日 晴 严寒

今日星期。

气候严寒，积水成冰。

上午批阅考卷。

下午访邓秋马，赠彼崔永安、郭宗仪诗笺。又彼喜阅张恨水小说，因借给《铁血情丝》长篇小说一部，彼出示新裱之文嘉、边贡、祝允明、文徵仲、陈老莲、唐顺之等尺牍。

访钱芥尘前辈，即以章甫寄来之地山、泽山等词交之，并晤沈玉还女士。玉还沈淇泉太史女，亦工书。知文史馆定于廿九日宴诸馆员。

过抛球场九华堂参观书画展览会，购得刘未林、仇炳台、刘其清、朱永璜、汪仲山等书画扇，计五万五千元。

赵芝岩来访谈。

报载朱孔阳讣告，惊我故人之下世，及细察之，乃另一，其人非松江之朱孔阳也。

灯下又批阅考卷，高二两班均竣事。

复巢章甫书。

廿五日 晴 严寒

晨赴校，缴分数单与考卷。

近日寿梅预备过年，甚忙，因明年吃年夜饭邀请高肖鸿也。

饭后出访钱化佛，赠以小书架一，又袁项城致冯国璋书草稿一。化佛见告，沈独庵已于两星期前故世。蒙出示梅花册，半皆遗墨矣。

访李莼季，晤于途中，并见其夫人，匆匆数语即别。

访吴湖帆，适已偕钱瘦铁外出，未晤。晤许窥豹，略坐道近况。

访平襟亚，又未值，即废然返。

倚枕阅《小说新报》。

廿六日 晴 严寒

晨起，窗上气水悉作冰花。

铜尺及墨匣加以擦揩。

赴校取教本高中第四册、初中第六册，盖下学期予任高二及初三课也。

致邓秋马书，嘱子鹤送去，盖请秋马亦来宴叙也。

陆丹林来书，其寒假通讯处为吴淞路北长安里三十一号，邀予于星期四下午北四川路曾满记一叙。彼之画像出于胡亚光手笔，张大千为作图，题者有夏屽庵、沈尹默、冒鹤（亭）、溥心畬、唐石霞、谢无量、杨千里、金息侯、汪旭初、陈倦鹤、卢冀野、吴稚晖、叶遐庵、吴湖帆、黄宾虹、郭沫若，尚拟倩江诩云、张菊生一题，洵一绝好之纪念品也。

购《语文学习》一月号，计二千元。途遇孙宗复，立谈数语即别。

寿梅欲购瓶花，遍觅不得。

门前见有卖兰花者，购一束，一千五百元，即植之盆中。

寄李莼季宣纸，因彼拟多采若干诗见示也。

傍晚祀先。

邓秋马来，观予所藏明人扇页及张子祥画册，既而子鹤接高太太及肖鸿来，茗叙后即一同入席，饷以葡萄酒，言笑甚欢。宴罢已九时许，由子鹤代雇车送归。

廿七日 晴 甚寒

录寒云《叶子新书》，备寄章甫。

万若曾来访谭。

饭后就附近浴室洗澡，归又为寿梅刮痧。

赴天目路均益里周屏侯家，校中同人联欢会，凡十余人，共两桌，聚餐，每人纳费二万元，肴馔皆无锡口味，甚佳。餐毕尚有舞蹈、象棋、扑克牌、康乐球、京剧、锣鼓，予皆不感兴趣。在热闹场中颇觉孤寂，即先归家。今日所乘之公共汽车为六十三路，又换十二路，过长寿路桥，为新路线，乃第一次试乘。近日因归乡度岁者多，车站一带极拥挤，诸公共车辆均不达终点而调头。

灯下续录《叶子新书》。

廿八日 晴 寒

晨起屋瓦俱白，盖重霜也。

录《叶子新书》竟。

访邻人韩非木，梅芬溢室，足资谭笑。非木作有南商调《黄莺儿》三阕，均咏红绿梅者，蒙精小楷录贻，可喜也。

陆丹林来片，云曾满记之茗叙改为聚餐，予不拟参加，因连日餐宴太勤密也。

访庄通百丈，询其有否关于人名检查之书，奈彼所有者即曩时曾向之借阅之《明清巍科姓名录》，又《词林辑略》残缺本，皆偏于科第人物，不足取。最好辑集各地方志中之人物，蔚为大观，惜此事艰巨，无人从事于此也。通百写成一片致予，正欲投邮，即交予，盖二月一日下午在湖北路春风松月楼茶点，二月九日下午在南京西路梅龙镇举行春节联欢，均希予参加也。

于冷摊上购得《子曰》丛刊第二辑，计一千五百元。内有巢章甫之《张大千五十生辰》一文，章甫托予物色者，拟赠诸章甫。

访邓秋马闲谈，蒙出示黄晦闻致邓秋枚札十余通，每通俱附有诗，写作俱佳（冒孝鲁于南社诗人最推崇晦闻），未知已收入其《蒹葭楼集》中否。札中大都作穷愁话，甚至谓家书至不敢开封。据秋马见告，晦闻与嘉兴汤临泽友善，其所用印章什九临泽所刊也。临泽初至上海，作印无生意，晦闻力为宣扬，生源乃大佳，而王秋湄却反对临泽，谓其作印无古意，故临泽深德晦闻，而殊恶秋湄也。

探冒鹤亭丈病，知丈偶俯身，忽腰疼若折，亟延伤科诊治之，云系伤筋，必须静养，最严重时至不能说话，以致外间传说丈命在旦夕，已入弥留状态也。兹已渐瘳，疼止而微酸痒，大约春和时可起床。予有金鹤望前辈赠丈五古一首草稿，即留置丈斋中以为纪念。未几孝鲁来。吴湖帆偕一湘人至，湖帆介绍似谓文怀沙，予听不清，不能确定也，遂相与作拉杂谈。丈谈及毛主席，谓一日毛宴诸耆老，论古典文学，毛立绳韩昌黎之恢弘有致。是日叶遐庵亦在座，毛因询叶于古文中所好为何家，叶以柳州对，毛历举韩文若干篇，背诵其精采处。既而又

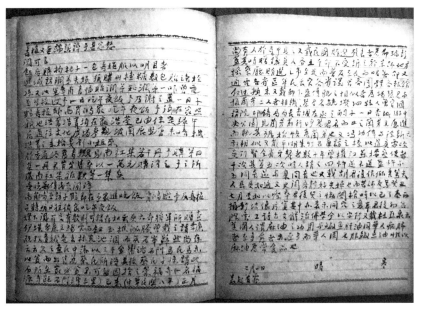

《郑逸梅日记》内页

询叶所好之柳文精采，叶不能答，第曰幼时所诵，今已茫然矣。由此可知毛记忆力之强为常人所不及。文君谈毛家之医药顾问某，彼之素识也，某记有杂记，云毛甚爱其幼子，幼子患外症，必须打针，而幼子甚患疼，托父询医尚须打几针可止。毛问医，知须再打四针，于是即对其子谓尚须八次。既而四针止，其子乃大喜。盖此即所谓毛泽东思想也，任何事从最坏着想，俾充分作思想准备也。后又谈及纳兰容若，丈谓纳兰即那拉。丈甚称周鍊霞之诗才，可谓绝顶聪明。

返家，彭谷声已守候多时矣，予即留之晚饭。蒙以胡翔林、刘树棠、江衡、甘泽宣、汪贵蓉、王永胜、蔡世保、潘其钤、袁树勋、朱福清、朱维森、朱其昂、黄彭年、褚礼堂、杨歧珍、杨宗瀛、黄福元、邓万林、陆锺琦、沈能虎、沈守廉、沈韵锵、姚杰、

陶然、诸可权、金福曾、蒋一桂、顾芸生、许其光等三十札见贶，予随检手头之林剑虎、林山腴、陈云诰、凌福彭、金蓉镜、陶镕、刘蘅庄、潘振节、程听彝诸札答之。谷声见告，前人遣人赴苏检取书本，知知[衍]寄存戚处之宋元精椠、宋元名瓷、宋拓碑帖、明清尺牍竟为徐澣秋冒名取去，谷声乃大为恼丧，拟与之交涉。

廿九日 晴 甚寒

购毛边纸贴尺牍，又订一册。

覆陆丹林书。

饭后探陈葆藩病，适葆藩熟睡，不之惊醒，即退出。

购许广平之《欣慰的纪念》一书，六千元。

访倪文宙闲谈。

访徐碧波闲谈，蒙以张静庐之《白书记》见假，盖甚短隽也。碧波知予下学期有初三班级课，乃以彼之注释书眉之旧教本供予应用。

检出高一下之教案凡五篇，拟供碧波参考。

致彭谷声函，与之商榷与徐某交涉之法，并附赠路金坡、刘燕翼、沈祖宪三札。

倚枕阅《白书记》及《欣慰的纪念》。

三十日 晴 甚寒

陈岭楚来信，知在北京钢铁学院肄业。

访陈葆藩，则神色自若、渐趋健适矣。见告童大年已逝世，曩时海外东坡之谣，今则成为事实矣。闻大年缠绵床榻已多时，某日闻人谈及艺事，画推阮性山，篆刻有王福庵而不涉及大年，大年固甚自负者，乃大愤，病乃加剧，竟致不治。又闻人谈及谭小培在京作古，梨园中失一典型人物，甚可惜也。又柳亚子近来腹大如瓠，或戏谓可点灯，亚子大为不怿。既而又谈及当局提倡昆曲事，葆藩出示其与曲社人士合摄之影，中有顾水如，即围棋名手、文史馆聘之为馆员者。又有魁梧其伟者，葆藩见告为戎姓，已物故有年。昔设一纸烟铺于克能海路，颇爱文士，尤与戈朋云友善，戈落拓潦倒，戎留之食宿以为常。如此风谊，求诸圜阓中，不可多得也。

赴学校，蒙王长之见赠陶靖节采菊瓷文镇一，可感也。又取得巢章甫邮来之件，有方地山、陶湘、言敦源、刘燕翼、郑沅等札。又袁芸台所作山水小幅，盖贻方地山者，款为"地山兄正"。章甫志之曰："此袁大公子所作画，可谓绝无仅有者也。袁氏昆季当时都从方地老问业，称'弟子'，芸台独'兄'称之，想见自大气概。"

陆丹林来书，谓近来关于史料书价值飞涨，公家高值收购有以致之。二月九日梅龙镇春节联欢彼拟参加。又见告日前在冒鹤老处所晤者确为文怀沙，刻在北京文化部工作，曾注释屈原著作者。丹林目力大不如前，不能作细字，虽用一千三百度眼镜，三丈以外已不甚了了。闻黄宾虹目盲，在杭诊治，已能作画。商笙伯亦继去治疗，丹林正在探询，如果有效者，亦拟施行手术也。

饭后访华吟水皆得《天苏阁丛刊》一、二集中及《心园丛刊》，皆徐仲可著作也。

访张仲友，观郭频伽、蒲竹英、胡恭寿、张叔未等书画。

访黄霭农丈未值。

访戴果园叟，于座上晤章赋浏诗人。赋浏名亮钦，早岁游学扶桑，今则孑然一身，寄居大西路戚家。叟赠油印沈瘦东之《墨牡丹诗四律》，盖陈小翠女士有此咏，瘦老乃效为者。途晤谢闲鸥、张炎夫。

巢章甫邮来其所书字幅两大束，乃往岁居京养疴所作，俾予随意赠人。章甫闻林屋之子名虞初，亦搜集寒云文字，询予是否其人在沪上。

灯下阅《天苏阁丛刊》中之《可言》，兴味甚浓，睡眠较迟，盖向华吟水借得者。

三十一日 晴 寒

作书覆谢章甫。

阅《可言》。

饭后购枸杞子一包，寿梅服以明目者。

进城访润弟夫妇，预购山楂糖数包，贻诸侄孙。又以巢章甫书幅贻润。知润弟一昨曾电至学校邀予一日吃午饭，予乃谢之，盖一日子鹤、寿梅赴高肖鸿家吃年夜饭，予须在家照顾也。浩奋、浩菁均在家，浩荃已由保定归，午后适往文化广场参观波兰展览会，未晤。未几浩菁之未婚妻刘小姐来。

海派

于交通路旧书摊见《南社集》若干册,予购第四集一册,不肯分售,卒以一万元购得之。予之所藏《南社集》只缺第一集矣。

傍晚郑伟士来谭。

高肖鸿来访子鹤,即在予家进晚饭。肖鸿邀予及寿梅、子鹤明日往彼家吃年夜饭。

灯下阅《可言》,有数则可录存。如云吴六奇将军所赠查伊璜孝廉之皱云石钮,玉樵《觚剩》曾载之,谓孝廉既殁,青娥老去,林荒池涸,而英石峰岿然尚存云云。久之查氏中落,以三千金鬻诸石门马氏,马亦以贫而出售,为蔡氏所得,其后蔡氏子孙谓此石所至家必贫,不可留,因舍之崇福寺(一名福源寺,距石门湾三里),己未(中华民国八年)正月尚有人于寺中见之。又载民国贿选发表者为邵瑞彭,盖其时赠议员人各五千,邵不受,诉之于京师地方检察厅,贿选之事至是而普及,至是而昭著。邵又通电各省、区军民长官,各省议会,各团体,各报馆,叙述颠末。又载都下盛传貌之相似者为杨瑟君与梅兰芳二人者相识。瑟君名毓瓒,泗县人,曾官国务院印铸局局长,杏丞左丞之嗣子。一日,杏丞游中央公园,见兰芳前行,呼瑟君名而止之,兰芳不应,进而执其裾,始悟为兰芳也。又冯幼伟与徐新六亦相似。又载平湖朱竹石廉访之榛,以道员需次吴门,督全省牙厘者数十年,曾权江苏按察使者十次,其第五次时人谓之曰忤逆不道,盖"忤"与"五"同音,"逆"与"臬"同音也。又载胡君复伉俪素笃,夫人岳曼如通文史,闺房静好,夫妇也而若师友焉。癸丑七月曼如以瘵卒,君复哭之恸,合棺时以己之泰西摄影法像片实其中,亦表示同穴之意耳。君复初名际云,工诗古文辞,治佛学,今以字行。又载杜亚泉云,美国人谓麻油之功用与(鱼+敏)鱼肝油同,华人病肺者至多,愈者亦至多,而华人固不服(鱼+敏)鱼油,惟以麻油为常食品也。

郑逸梅《上海旧话》

周璇致我祖父丁悚的几封信

丁 夏

当周璇十二三岁的时候，在黎锦晖办的明月歌舞社里当练习生，我就开始认识了她。她原名小红，周璇的名字是锦晖给她取的。其时，王人美、黎莉莉、薛玲仙、胡笳、英茵、白虹等都已成名，经常到我们家里玩儿，周璇也在这个时期跟随了她们来到我家做客。她们来了，吃吃喝喝，弹弹唱唱，无拘无束地宛如家人一般。

明月社解散后，周璇等组织了新华社……（香港《大公报》1957年10月4日）

这是1957年周璇去世后，我祖父丁悚为香港《大公报》写的纪念文章中的一段。

民国时期，我祖父因工作关系结识了很多文艺圈的朋友，他随和好客，远避是非，因此，性情相投的朋友也乐意跟他来往，家里经常宾朋满座。

关于和明月歌舞社的交往，祖父在他的《四十年艺坛回忆录》里有过这样一段文字：

丁悚和周璇，约摄于20世纪40年代

大概九一八之后，明月社方隶于联华影业公司的那年，为了九一八之后，该社为发起救国捐事，假座黄金大戏院公演筹款，笔者震明月诸女之名已久，过去未获机会，一睹其艺，现在既公开表演，岂有交臂失之，遂连日往观。相形之下，明月实较梅花（即梅花歌舞团）高明多多，于是拔冗致函梦云（冯梦云），和他讨论此中优劣，不料梦云将函公开答复披露报端（《大晶报》），此来彼往了好几次，引起了个中人的注意。是时张光宇适编《时代画刊》，也当我是此中内家，要我专写一篇关于歌舞的稿子，作为特载，固辞不获，观感所及，就将四大天王作为题材，并向联华友人，间接要了四大天王的照片，草草不恭地写了那么一节，敷衍塞责。孰知此稿一刊，影响更大，凡明月社方面的人物，引起密切注意，其后由但杜宇作曹邱，先介见玲仙和我认识，复由玲仙再介识人美、茄子、莉莉们……

于是在日后的交往中，祖父也经常利用自己在社会上的人脉关系，为他们的事业发展提供帮助。1934年，在明月社解散后，严华带领原明月社的几个艺人组建了新月社，但仍很不景气。当时恰好有机会，我祖父介绍了有一定资金实力的金佩鱼与严华认识，他们便又创办了新华歌舞社，其时，周璇已在该歌舞社当小演员。陈定山在他的《春申旧闻》中有这样一段记载：

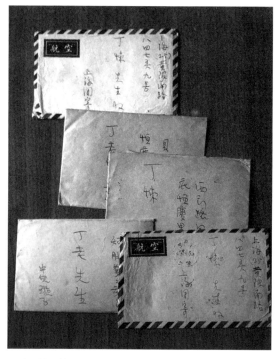

周璇写给丁悚的信件

> 大悲（陈大悲，剧作家）所播观音戏（电台广播剧），即其自撰小说《红花瓶》，叙述南京女学生风气，而难主角之选。画师丁悚夹袋中最多人物，乃以周璇荐。周璇吴人，娇小而貌不甚美，吐音清脆，最宜电台，遂请兼任报告。时有苏州女儿以京白报告"无敌牌牙粉"者，即周璇也。……周璇初不善歌，闻人美、白虹而好之，性慧甚，每于电台，试唱一曲，电话即纷至，询：为谁？（《周璇的疯狂世界》）

可见，周璇也是从电台的广播中开始被大家认识的。她给我祖父的这几封信，大多都没有署明确的日期，但应该都是在1935年之后。唯有日期的两封信，都是在1957年周璇回上海治病期间所写的，信中周璇还称病愈后要去看望祖父，祖父自然十分高兴，还把此事告诉了几位好友，当时唐大郎在香港《大公报》上对此也有记述：

> ……昨天，老画家丁悚先生打电话给我，说小红（周璇的乳名）写给他一封信，信上说她有了空，要到他家拜望丁先生和丁师母，她还要丁师母留她吃饭。
>
> 老丁高兴得不得了，对我说，她来的那天，你一定要来，我们要像二十年前一样，闹他一个通宵。

> 二十四年前，我认得周璇，地点便在丁府上，那时候小红还留着童式的头发，唱着"砰砰嘭嘭，砰砰嘭嘭，啊，谁在敲门？"和"吹泡泡泡泡向天升……"的黎派歌曲哩。丁府上，她是常客，现在她特地写信到丁家，一定想起了丁家老夫妻俩当年待她的恩义。（香港《大公报》1957年8月12日）

却不曾想仅在最后一封信后的两个多月，周璇溘然去世，实是令人不胜唏嘘。

附 信

第一封

丁老先生：

近来忙着拍戏，昨天晚上（星期六）拍到三点钟才回家。播音也没去，因此你家也没有来。今天下午一点还要拍。在早晨空闲时候特地来信问候你与丁师母的好！

近来报上又一段消息说我说美云王引什么，丁先生，你想我会这么不乖吗？而且我们在公司又常常见面多不好意思呢！所以我这事根本就没说过，一点也不知。还是陈耀廷告诉我才知。我想到社会日报去找陈先生与我更正一下，不知可否？我真急死了。王引更恨我，我真是没办法，都是这封信弄出来事情。因此他们就谣言造出来了，假如再说什么，那我一定要公司开除我吧！以免他们再说到美云与王引之事。我真对不住他俩，我也不愿意干了，因为我太难过了。丁先生你怪我吗？我想明天上社会日报去，要陈先生更正一下再说吧！丁先生你说呢？

我要上公司去了，祝丁先生好！

小璇子草

第二封

丁老先生：

明天星期三拾四号，我来你家玩。还有岳枫先生也要来，他有一件事与你谈。所以我来信请你老明天不要出去，我们来的。

同时我还要听你老训话呢！明天见！

周璇草上

第三封

老丁先生：

你老好吗？告诉你老就是新华借我去拍《狂欢之夜》，我到很喜欢，钱他们不会给我吃亏的。吏{史东山}先生导演真仔细呢！好极了。大概你老也知道了吧！已拍了二天，戏不见得多，不过是很好玩的。

徐健已回杭，已时间不够没来见你老，她要我向你老说一声。

没什么话了。等有闲来拜访你老。这几天不敢出门，只怕公司白天来电话要有什么事，因此不出来。晚上仍就去播音的。

祝好！

小璇子草

第四封

老丁先生：

好久没见你老人家了，想必安好。

我在廿三日早车到杭州，廿四日就是健子的红日，也怪热闹的，等结婚照印来也送丁先生的。还有健子说她望望丁先生。假如丁先生去杭话，可请到她处玩，一定要去玩的。

廿六日早车我也回上海了，因为晚上时间太晚，恕不能来拜望你丁先生与丁师妈，请原谅！

那天我到公司补戏，陈先生告诉我，说是《两姊妹》袁美云不给我演这妹妹一角色，她要自己演二角色。他要我别生气，也不要说。我晓得告诉丁先生是不要紧的，大概丁先生也知道吧！本来单子上也印好了美云与我的名字，现在她同徐苏灵先生说是不愿与我一块儿演戏，她要自己演。我不会生气的，同时我只要别的戏努力，对吗？

假如丁先生有什么事要我来的，那么丁先生可以通知我一声，下午来府上玩。

《化身姑娘》还没拍完呢！等太阳好，就要拍外景了，所以这几天没时间。

因不能来府拜望，只得来信问候！请丁先生丁师妈原谅我这孩子！

丁先生丁师妈哪天来我家玩吧！

静安寺愚园路庆云里一号，三号也是！

小周子草上

第五封

老丁先生：

　　是的，天气非常热，我们还是在拍戏。虽然拍戏时候热得难受，可是又觉得很开心的，拍完了大家抢吃冰淇淋啦！闹成一片！

　　真巧，照片刚从"沪江"拿来现在就寄来了。

　　丁先生，《百宝图》与《狂欢之夜》都快完了。艺华又给我演《喜临门》，本来是美云的，不知她怎么不愿演，公司也就不要她演了。

　　八时我来拜望你俩老！

周璇草上

第六封

丁先生：

　　好久不见了，你老很好吧！璇因拍戏忙，没工夫来拜访你老！新华拍戏工作到很好，这几次老拍到天亮回家，那边乡下地方空气真好，阿斐住在那边是真开心呢！因时间急促，每次都没机会去望她，有一次我请一个人去叫阿斐来公司玩，谁知他们都不在家，我到有好久不见她了，你老替我望望她。

　　这二张照片是拍《狂欢之夜》时拍的，不像我了吧？寄来给你老看的。问丁师妈好！

周璇草上

第七封

丁先生：

　　星期六我不能来了，公司说要到共舞台练习步伐，"茉莉思想"衣服没有，也不知怎样了！

　　关于合同事，说好了，再告知你老吧！上次一封信想必接到了！祝好！

周璇草

第八封

丁先生：

　　那天晚上很平安地到家了，承你丁老先生每次这般热心地指教我，我一定听你老话的。

星期六没戏或不拍外景,我一定在二点钟到你家,不来那我是在拍戏了。

这二张照片是给雯仙的。劳驾!

祝好!

周璇草

第九封

老丁先生:

你老人家近来可安好,告诉你丁先生,那天王引对我说,不必向报馆更正,以免还要多事。同时也没有恨妳,因为妳是小孩子,以后可以不必多说了,我喜欢直爽的说话!丁先生,既这么说那更好了,我也不去说更正了,以后再不多说了,真是害怕死了,也再不上当了。

丁先生!《花烛之后》快完了,我镜头是很少的,我也不知怎么做的。他们说是还不错呢!我真惭愧,等公演时,一定要笑死人了。明天还要拍二个镜头,就拍完了。丁先生!等公演时,瞧璇子的小丫头吧!哈!丁师妈前问候,因近天气不好,又要念着字句,恕我不来望你俩老人家了,祝丁先生丁师妈,圣诞快活,并祝康健!

周璇敬上
廿八日晚上

第十封

老丁先生:

照片给你寄来了,本想星期六带来,后因几位朋友他们快回杭了,所以我得同他们玩,不来你丁先生家了。

这张小照是席与群先生昨天送了我五张,知道丁先生喜欢,所以也送你一张,不过几个字弄坏了。

对于去南洋事,昨天张少甫先生来同我说,不过我是不成问题的,就公司答应就好了。你丁先生愿意否?我希望这次去能很快活的回来,对吗?好了,有话我还要同丁先生说呢!祝丁先生好,丁师妈好!

璇草

第十一封

丁先生：

　　真是好多年没有见面了，我也常常想念着您。上月廿二号收到您给我的信，我是多么的高兴，谢谢您这样的关心。本来我早就回信给您，因为这几天忙着拍新闻电影及电台上录音，因此到今天才给您寄信，请您原谅！

　　我在医院里住得很好，我的病也差不多完全好了，现在不过是在休养了，过一个时期我也快出院了，等几时有空的时候，我还要来望望您。

　　您的信上说您和丁师母的生活过得很好，我听了也很高兴。这都要谢谢党的关怀，您的几位弟弟妹妹们也都很好，我也很想念他们，我也希望看看他们的照片，有空的时候寄给我，非常感谢。好了！我们下次再谈吧！
　　　　　　　　敬祝

健康！

请代问候小丁一英他们都好。

周璇敬上
1957.7.3

　　王人美请您代问好，很是谢谢您。

第十二封

丁先生：

　　连收二封信以及照片，谢谢您。这样的爱护我，尤其是我住在医院里养病，您这样的关心我，真使我不能忘记您的恩情。

　　我也很想见见您，这里医院是在郊区，路很远，我很不敢当您来看我，待有机会我出院的时候，我一定来拜望您，就此恭祝您

身体健康！

望望丁师妈。

周璇敬上
1957.7.12

醉街文士方龙骧
——香港海派作家系列之一

沈西城

未入正文，先释海派作家，应指活跃于上海的作家（未必是上海人），广义上的海派作家指所有活跃在上海的作家派别，包括左翼文学、新感觉派、鸳鸯蝴蝶派。狭义的话，就只指新感觉派，代表人物有张资平、叶灵凤、穆时英、曾虚白等。后来又有了未能分派的上海作家张爱玲、苏青、潘柳黛、林微音。惟香港海派作家跟上述所列的海派作家并无直接关系，其意仅指在香港卖文为生的上海籍文人而已。

上世纪70年代初，春阳暖和，香港北角新都城酒楼开幕前夕，办了一场香港作家欢聚会，美其名曰增进友谊，实是借作家之名以收宣传之效。那年，我方廿二，跟随报坛前辈《晶报》督印人钟萍参与盛会。与席者尽是文林名士：金庸、倪匡、三苏、何行、凤三、方龙骧、过来人……不克尽录。我这个小毛头，厕身其中，刘姥姥入大观园，茫然无所措，默默端坐，不敢奢言。适巧广东才人吕大吕坐在身边，问我都城酒楼开幕启事是否出自我手笔？称然，他笑起来，道："小朋友，你弄错了，午时是十一时到一时，你只写午时，人家就不知道开幕的正确时间。应写十二点，这样就清楚了！"乱抛书包，碰个软钉子，立时面红耳赤，不胜惶惭。大吕叔当年在《成报》写绣像聊斋，绿云配图，诡异奇趣，心裁别出，广受欢迎。承蒙指教，终身受用。言谈间，走过来一位中年男文士，西装笔挺，腰缠白台布，手上捧着高脚酒杯，笑容可掬，向着台上嘉宾，轮番敬酒。大吕叔呵呵笑起来："最佳作家来了！"最佳作家？不是金庸、倪匡吗？怎么会是这个面前的陌生人？大吕叔拍拍我肩膀："小朋友，不是最佳作家，而是醉街作家！"手蘸酒液，在台面上写了"醉街"二字。面前男士，面白无须，剑眉星目，张生貌，潘安脸，除了身形不高，打哪里看，都是一个美男子。经大吕叔介绍，方知就是大名鼎鼎的方龙骧。他的小说看过不少，刊在《南华晚报》用卢森堡笔名写的《猫头鹰传奇》，更是我每夜必追之作。只见方龙骧不住大口地喝酒，很快一瓶呷光，转头呼叫仆欧拿酒来，要跟大吕叔拼命，怕了他，只好一呷而尽。不依不饶，苦苦追缠，大吕叔不灭广东人面子，舍命陪君子。你一杯，我一杯，俟杯中酒清，方哈哈一笑，拿起台上半瓶白兰地，拖着蹒跚脚步，转到别台去闹。

为何称醉街作家？大吕叔有解释：原来方龙骧好饮而量不高，往往醉至不能回家，躺在马路，要劳家人扶之归，因而得名，名声传报坛，听了莞尔。席散，方龙骧一把拉住我，给了电话和地址："小开，大家上海人嘛，多多联络我小方兄！"叮嘱我一定要给他电话。其时我刚出道，在《明灯》日报投稿，写各类小说，有缘结识大作家，就胆大妄为地写了一个短篇，寄去堡垒街方宅请指教。寄出后，石沉大海，忍不住致电询问，回道："平平无奇，侬要多看多写！"换言之，不合用，给投篮了矣。

方龙骧与夫人金秀蓉在结婚仪式上

时光流逝似箭，七六年秋，我甫自日本归，在《明报月刊》写文章。一日，北角道上偶遇，一把拉住，约明天喝咖啡，方龙骧连声说好："明早下半日两点钟，侬拨我一个电话，好哦？"届时电话拨过去，却推："小叶，我今早上，勿能出来。"有啥事体、稿事繁忙晕了头？"勿是勿是，早上头已写好哉！"那为什么不能喝咖啡？你道他如何回答，慢吞吞道："今早时辰勿对，我出来必会触霉头，改日天！"真给他气个半死。《明报》编辑蔡炎培告我方龙骧近日正在钻研阴阳术数，日夕沉迷，出门、吃饭、睡觉都要算准时辰。哑然失笑，小方兄，太痴迷了吧！

方龙骧，本名方棠华，浙江镇海人，祖父是巨贾，曾伙杜月笙开设四明银行，家财丰硕，因而沾有世家子习气，派头一落。在上海时，已爱舞文弄墨，也曾当过一段时期记者，练就一手好文笔。解放后，只身随罗斌南下香港，苦无出路，就帮罗斌复刊《蓝皮书》。罗斌的回忆录《一笔横跨五十年》有这样的描述——"罗斌当时租住木板隔间房，木板隔间房内只能放一张床，这张大床除了晚间成为他一家用以睡觉的地方之外，日间便作为罗斌出版社的办公桌，一切编辑、排版、校对和钉装的工作都在这办公桌上进行。"由是可知《蓝皮书》主要编辑工作,皆由罗斌自家肩膊上扛,方龙骧仅负责写稿而已。《蓝皮书》是猎奇、侦探杂志,里面不少文章出自方龙骧,手脚麻利,头脑灵活,将西方侦探小说先搬了过来,继而改头换面,使之中国化,桥段曲折,入情入理,描写刻画,微入毫发,大受读者欢迎。《蓝皮书》一击成功,罗斌筹划创办《新报》,方龙骧为主要写手,彼成名早于倪匡,远在《真报》时,已是编辑,而倪匡不外是个小杂役。在《新报》期间,不独写了大量惊险小说,还发掘了一代爱情小说之神依达。名作家白云天曾这样描述方龙骧——"提起方龙骧,文化界和娱乐圈无人不知,他不但是个作家,也是阳光的传奇人物之一。笔者认识这位方大导十多年,他十年前是矮胖胖的,十年后仍然是老样子,一点也没有改变,唇红齿白,肌肤幼嫩,四五十岁的人,眼尾纹也没有一条。方龙骧年轻时代是文化界奇才,喜欢提拔新人,许多成了名的大作家都经他一手提拔,好像依达、冯嘉、亦舒、陆离等等。他发掘依达的过程,最富传奇性。据说依达最初投稿给《西点》和《蓝皮书》,被执行编辑投篮,不料方先生拾起来一看,惊为天人,立即约晤,勉励有嘉,约他为特约作者。"冯戴维(冯嘉)初入行时,

方龙骧与作家董千里(右)等合影

方龙骧为《南华晚报》副刊主编,每天连载《猫头鹰传奇》,后因事务缠身,就把地盘让与有写作天分的冯嘉,于是便有了奇侠司马洛。香港海派作家,素有四大天王,便是过来人、何行、凤三和方龙骧,四人交情极深,过从甚密,经常在一起喝酒聊天。白云天说香港海派四大天王各擅胜场,何行《镀金生活》、过来人《朝花夕拾》、龙骧《猫头鹰传奇》、凤三《沪上旧闻》,拥有庞大读者。四人中,方龙骧著作最多元,科幻、文艺、武侠、侦探,无一不精,无一不佳,尤以连载于《南华晚报》副刊长篇小说《背光的人》至为佳作。作者以本身欢场体验,笔为文章,喜怒哀乐,恩怨情仇,错综复杂,精彩迭出,我每夕必追,可惜不曾有单行本。今年一月电方龙骧儿子嘉伟,

询及《背光的人》，找遍书房角落，并无所得，一代名作，石沉大海，良可叹也。

70年代方龙骧除了写作，还拍电影，先是王天林找他为《异乡客》编剧，得以体验拍摄之乐，上了瘾，千方百计，要拍电影。皇天不负有心人，得富商赞助，拍了《石破天惊》，噱头十足，起用名噪一时的混血性感女郎孟莉为主角，辅以玉女欧阳佩珊、娇娃孙岚，三位女角各展风情，争相竞艳，观众踊跃入场，票房不俗，雄心大起，正想乘胜追击，讵料老板生意失败，新作无法开镜，方龙骧大为懊恼，渐次消极。白天写稿，晚上游乐，常跟其余三位海派作家聚饮于湾畔翠谷夜总会。海派作家名头响，明星、歌星乐于奉迎，台上酒不空，盘中菜满盈，喝酒之余，倚红偎翠，调笑不断，一言半语，大可以之为题材涂鸦交差，何乐不为？那年头，海派作家皆是各报副刊主编，你寄我一文，我送你一稿，再加上其他报章，一天写字上万，收入丰厚，吃喝玩乐又有人照应，盈余不少，可惜不懂积蓄，多无隔日粮。70年代末，方龙骧开始迷古董，不思写作。看中一件古董，不管价格，出钱收购，花费不少。眼光灵，能捡漏，投资古董，当可赚大钱。惜乎咱们小方兄，半途出家，学艺不精，加以刚愎自用，不纳人言，导致损失不菲。

方龙骧与歌星韩菁清合影

90年代中期，我应罗斌社长之邀，出任《武侠世界》主编，办公室在上环新报环球大厦二楼一角房间。某天，正当低头审稿之际，房门啪地张开，闪进一位汉子，劈头第一句便是"沈老总呀！你好吗？小方兄看你来了！"抬头一看，赫然是方龙骧，黑西装，白衬衣，没结领带，手上拎着一个大布袋，黑框近视眼镜背后，双目炯炯有神，连忙站起迎迓，还未握手，他又声声恭喜："小叶，老总当得过瘾吗？"回道："还可！"问他何以来访。答说："刚上楼找罗老板。"方知本意是想把一批古董寄放出版社。罗斌一听，连忙耍手推拒："我不懂古董，万一有什么差池，赔不起唷！"后来，方龙骧没少为这事埋怨罗斌："罗斌太没文化，市侩，庸俗。"嗓门拉开，骂个不停。

自此之后，往来频仍，小酒家里，喝威士忌，尝蒸鱼，古今中外，天南地北，无所不谈。这时的方龙骧早已抛弃了写作，一门心思埋首古董堆里。每趟见面，谈不到两句话，便绕到古董上去，滔滔不绝，洋洋洒洒发表心得。我于古董是隔教，不敢插嘴，就不止一次挨骂："小叶呀，你……你太没文化了！"（嘿，居然将我跟罗斌等量齐观！）方龙骧在北角渣华道上租了一个小室存放藏品，有一天，带我去了他的办公室"古陶瓷研究室"，真真正正地向我展示了各式珍藏：乾隆珐琅彩描金万花六方瓶、光绪青花斗彩瓶、元青花、宋代官窑、八方弦文瓶、哥窑莲瓣玉璧碗……林林总总，价值连城，我见珍物随意放在台上，有点不放心，他说："下班我会锁在夹万里，没事！"我那时穷，没余钱买，身边有几块朋友送的古玉，与龙骧看，一脸不屑，随手拿起一件宋朝笔洗送了我："在台湾光华街买来的，现在升值了，要二十万左右。"名贵如斯，岂敢拜收，可硬要我收下，恭敬不如从命。过了一个月，我让一个研究古董的朋友看，问价。他竖起两根指头。（哇，真的是二十万哪！）心中狂喜。岂料朋友冷冷地说："只值二十块，砸了也不心痛！"我不服气，又去请教专家，所得结果一样。他们也听过方龙骧的大名，摇头道："这位老大哥着了魔，出手阔绰，大手搜购，

方龙骧在舞场里

可惜目力不对，买进许多假货。不听人言，以为写了一篇《拙雅之美话宋瓷》，就可以证明自己藏品的价值，天下哪有这样便宜的事！"听了，吃一惊，不敢再追问方龙骧。宁波人，硬脾气，雪压青松，青松径直，不听劝。

我有一个做古董生意的老朋友老徐，悄悄跟我说"方先生的藏品很有问题"。啥问题？老徐眯着眼睛，扮个鬼脸诉端详，原来方龙骧曾托他把一个宋代官窑送往苏富比拍卖，所得答复是"阁下藏品无法鉴定"。这可说得够客气了，给客人留点薄面。也有不少朋友跟我跑上研究室鉴赏，所得结论跟老徐如出一辙。碍于老前辈的面子，都不便拆穿。有一趟，无意中介绍了一位日本记者朋友滨本良一与方龙骧相识，当他

知道滨本的丈人是大阪古董商,硬要滨本作曹邱,隔了一个星期,立即飞往大阪跟人家见面。说的当然是古董事儿,结果怏怏而回。正是那次的劳累,得了个心脏病。前文提过方龙骧迷术数,有了心脏病后,蓄上胡子,问原因。他反问"你说呢?"当然是借须挡煞。2007年初,方龙骧跟他八拜之交术数教主唐矗,约我在铜锣湾凤城酒家晚饭,席设阁楼一角,方便深谈。酒过三巡,唐矗提议拍照片,由他夫人拿着照相机"咔察咔察"拍了三四幅照片。唐矗乃唐绍仪后人,素不喜拍照,我心有点悬。饭后,唐矗夫妇先走,我陪方龙骧去坐地铁,至天后站下车,挥手而别。那是我最后一次见到他,过不了多时,同年五日五日早上,接到他哲嗣嘉伟电话,说"爸爸今早去世了!"享年七十九。越数载,唐矗亦仙去。统计方龙骧的一生,大可分为四个时期:(一)编辑、笔耕;(二)电影摄制;(三)钻研术数;(四)搜集古董。成就最大莫如笔耕,小说类型众多,奇情、侦探、武侠、情色,无所不包,尤其是以丁辛笔名刊登在《天天日报》的饮食男女,其为高妙超诣,固不容夸说。继而电影,虽不多,《石破天惊》赢尽口碑,《明日之歌》赚人热泪。而术数则平平无奇。最最差劲的,莫如古董生意,倾尽家财,一无所得,夫妻反目,分隔两处,孤独半生,郁郁而卒,何其不幸。今夜,自在飞花轻似梦,无边丝雨细如愁,我独念小方兄!

一位上海作家的家庭生活
——票据呈现出的巴金家收支情况

周立民

  对于作家的研究，人们时常把目光聚焦在作家的著述和行述上，这自然是应该的。不过，一个作家的具体生活状态也不容忽略，否则，我们看到的往往是一个单面的而不是立体可感的人。这种"忽略"，有时候到了不可原谅的地步，比如我查阅很多作家的年谱（年表），连作家居住地及其变迁情况都失记。要知道居所及其周边的环境对作家生活和创作的影响常常直接而具体，并不是可有可无的信息。法国的年鉴学派在研究历史时，虽然看重"长时段"地理时间对社会发展的决定性作用，但是在具体考察中，并没有忽略短时段个体时间的表现，反而注重与公众生活紧密相连的一些细节和数据，从中凸显大历史变化的面影。文学研究，特别是作家的生平研究中，这些方法和策略也值得借鉴和深思。作家的一些人生抉择和观点，是文学和思想的逻辑发展，也不能排除具体生活状态的影响。巴金的夫人萧珊 1955 年谈到南开大学外文系停办，查良铮和巫宁坤两位友人对于未来生活和工作截然不同的态度时说："南开外文系决定停办了，查、巫都来信告诉我这件事，两个人的态度显然不同，查很得意，'能逍遥一时且逍遥一时吧'。巫有点焦急，想进文学研究所，要我告诉他卞诗人地址。这跟物质基础很有关系。"[1] 其中"这跟物质基础很有关系"一句非常关键，它点到问题的实质。人们习惯地从思想或心理上阐释作家一些人生选择的动机，却轻易地把"物质基础"等一个人最具体的生活状态丢在脑后，不仅不应该，而且不真实、不客观。这种关注不足，有时候是有心无力，涉及个人和家庭生活档案和实证材料很少保存，查阅困难，只好付之阙如。

  非常幸运，巴金一家很多生活档案都得以完整保存。从一些票据，考察一位上海作家在 20 世纪下半期的生活细节和家庭生活状况；它们也客观地反映了一个历史时代中国的社会状况。打开了一扇窗，回望历史，小小票据，风光无限。

---

[1] 萧珊 1955 年 7 月 9 日致巴金信，《家书》，浙江文艺出版社 1994 年版，第 217 页。

一、武康路 113 号寓所相关票据

1955 年夏天，巴金租下武康路 113 号的房子，当年 9 月全家由淮海坊移居于此，从此在这里度过后半生的时光。除了当年房屋付款的收条之外[2]，还留下了一批与这房屋有关的入住手续，这些都是还原他们一家与这座房子关系的重要资料。

这批票据包括以下各项：

（1）上海市自来水公司营业所（第二分所）用水合约：户名是李尧棠（巴金），账号：2469，电话：70520。合约共 12 条，规定了供水和用水双方的义务和责任。末尾用户处有巴金的签名"李尧棠"，并盖两方印，白文印"李尧棠印"，朱文印"巴金"。时间是 1955 年 9 月 17 日。

（2）上海市自来水公司营业所（第二分所，重庆南路 300 号）料杂费清单：此为水表的过户费，金额为 0.56 元，时间是 1955 年 9 月 17 日。

（3）上海市沪南水电交通公司保证金收据：为用电保证金，分 15226 和 9093 两个户号，计两张，金额分别为 6.15 元和 24.60 元，收据左下角有两行字提示："用户须将收条保存，凭此收条取回保证金。"时间是 1955 年 9 月 17 日。

（4）电表过户费收据，两个户号均为 0.50 元。

（5）上海市煤气公司（地址：西藏中路 656 号）保证金收据编号：2470；日期：1955 年 9 月 16 日。

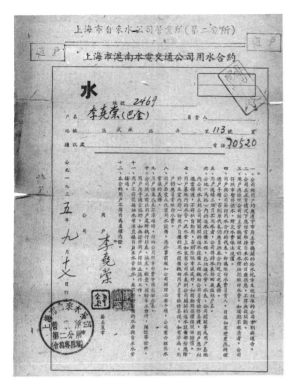

寓所用水票据

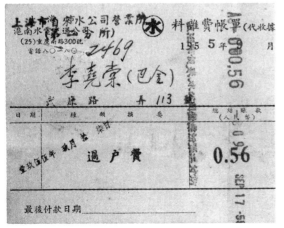

寓所用水过户费票据

---

2 关于巴金租住武康路 113 号房屋契据，参见周立民：《文人行踪·走进巴金的家》，现收《文人》，上海辞书出版社 2014 年版。

姓名：李尧棠，巴金先生；金额是 8 元整。下面有小字备注："上面保证金为保证用户每月应交之煤气费用，用户在停止使用煤气及付清账款后，得凭此收据请求退还或抵充各次欠账，用户在申请退还时，必须在本收据之背面加盖或签具与前存公司同样之印章或签名。"

（6）上海市煤气公司 1955 年 9 月 10 日发的"煤气过户申请人须知"，告知过户的各项事宜。

巴金是 1955 年 7 月 22 日签约租下武康路 113 号房子的，8 月 9 日，他付房租税。

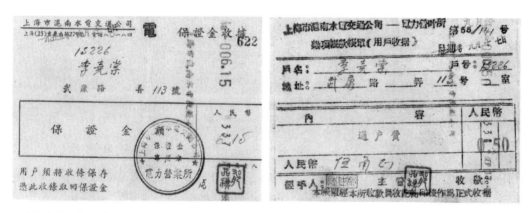

武康路寓所水电票据

那么，他是哪一天迁入武康路的呢？目前资料都没有显示，比较含糊的说法是 9 月中旬。从以上水、电、煤的各项过户收据判断，他迁居的具体日期应当是在 9 月 16、17 日或 18 日这几天。因为以上几项都是与生活息息相关的，只有开通它们，才能正常入住。从巴金那段时间活动看，9 月 15 日下午，他与靳以至火车站欢送南斯拉夫民间歌舞团离沪赴杭，搬家大事，他似乎不应躲过；9 月 18 日是星期日，好像更方便搬家。这些票据还呈现当年这个区域的居民办理这些生活事项的地点、费用额等，这都是研究上海社会生活史的重要史料。

武康路 113 号房屋的房租，除了当初租房契约上显示的 144.20 元之外，还有两份收据显示了与之一致的金额：现存两张上海市房地产经租公司徐汇区经租所（地址：复兴中路 1479 号）房租收据，户名：中国作家协会上海分会李尧棠，分别为 1956 年

55
Shanghai style

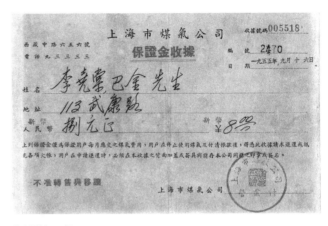

寓所煤气票据

寓所煤气过户申请

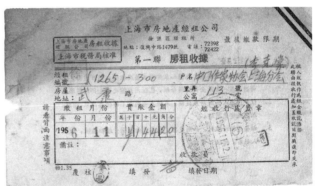

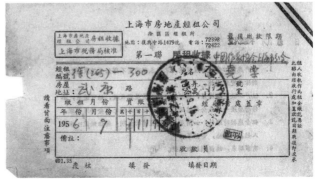

寓所房租票据

9月和11月开具,金额都是相同的:144.20元。还有一本1979年房屋使用费收据存根,这是逐月交纳房租后,收款单位盖章,住户留存的存根。上面的内容有:

  产编:10/7-32

  户名:作家协会李尧棠

  地址:武康路113

  金额:壹佰肆拾肆元贰角

     144.20

  徐汇(4) 湖南房管所 地址:复兴西路51号

  电话:378188

这说明至少从1955年入住到1979年,巴金家的房租一直稳定在每月144.20元。另有两份工程结算单,比较具体地反映了1961年房子维修的情况,主要为墙壁粉刷和门窗油漆等。

寓所房屋修理工程结算表

这是他们入住后第一次大的维护和修整,共费值1753.07元。

20世纪50年代上半期,巴金一家四口,后来继母和两个妹妹又加入他们的生活,加上保姆等,家里的人越来越多,更占据空间的是巴金不断增加的海量藏书,他们不得不考虑从淮海坊原住处搬家。巴金的设想和要求的新居是这样:"我希望能在明年初找到弄堂房子或小洋房搬家。我希望靠土地。公寓房子漂亮而不合我的要求。"[3]

---

[3] 巴金1955年7月7日致萧珊信,《家书》第215页。

不久之后，他如愿以偿，找到武康路这所带有花园的洋房。巴金很满意这座房子，很多朋友也很羡慕。黎之回忆他 1956 年造访时的印象："记得巴金住的是一幢小花园洋房。我们去时他正带着一个小女孩在院子里玩。在他那里坐了一个多小时。巴老主要谈他的工作、写作环境很好，他带我们看了把一个小阳台改造成的书房。临别时顺便还参观了一下他的一楼藏书室。"4 迁入新居之后，巴金家接待的第一批重要外宾是法国作家萨特和他的女友波伏瓦，时间是 1955 年 10 月 9 日："一九五五年十月他同德·波伏瓦访问上海，我在家里接待过他们。但是我当时很谨慎，很拘束，讲话吞吞吐吐，记得只谈了些像用第一人称写小说一类的问题。"5 波伏瓦在她的观感中，写到了巴金等一批重要作家对于新政权的拥护："1949 年前后中国文学中，最著名的当属郭沫若、茅盾、巴金、老舍、曹禺、丁玲：他们都属于今天的作家协会。那时，巴金、老舍和曹禺都不是党员；1946 年，老舍和曹禺在美国访问，而且可以待在那儿；巴金也可以离开中国。事实是，他们从未觉得有必要这样做；他们坚定不移地拥护政权，用自己的笔为它服务。"6 波伏瓦也谈到知识分子的"待遇"问题："他们都给安排了合适的工作，有些还担任负责职务，没有工作的也作了安置，实在不行，给了他们救助。另一方面，新的知识分子也无生计之忧。总的说来，中国作家从来没有过上过物质那么富足的生活。教育的普及使他们的读者成倍增加。……丁玲和周立波的小说（他们两人都曾获得斯大林奖）印数达 50 万，书的价钱取决于书的厚薄：1 元至 1.2 元，作者的版税从百分之十到百分之十五不等，收入也许非常可观；……如果作家希望旅游、做研究，如果他需要额外的时间研究或创作，如果他需要医疗保健，各种福利他都可以享受。这种优惠待遇是需要付出的：在中国，得到就必须付出；作家应该提供服务，拥有某些特权，他要承诺有求必应。"7 这是一个外国作家眼里中的中国知识分子当时的社会地位和生活状况。

---

4 黎之：《文坛风云录》，河南人民出版社 1998 年版，第 47 页。
5 巴金：《"干扰"》，《巴金全集》第 16 卷，人民文学出版社 1991 年版，第 436 页。
6 ［法］西蒙·波伏瓦：《长征》，秦悦译，《萨特和波伏瓦：对新中国的观感》，上海辞书出版社 2014 年版，第 153 页。
7 ［法］西蒙·波伏瓦：《长征》，秦悦译，《萨特和波伏瓦：对新中国的观感》，第 138–139 页。

二、冰箱

　　今收到
　　让出一九四六年北极牌冰箱壹只计人民币壹仟捌佰元整
　　此据
　　出让人　黄素封　（印章）
　　　　　　一九五六、七、七

　　这份收据证明巴金家的冰箱得自朋友的转让，据家人回忆它放在二楼走廊处，有些老旧，很费电。北极牌，倒是美国冰箱的名牌，它的生产公司创立于1916年，并于同年研发出世界上第一款独立式冰箱。我不清楚当时一台新冰箱的价格，但是，用过十年的冰箱1800元，我认为这是不低的价格。大体了解了一下巴金与黄素封的关系，可以推断，这个价格属于"朋友价"而不是市场价。两个人什么时候结识的不得而知，那段时间，黄素封的大女儿一直到家中陪巴金女儿小林练钢琴，萧珊每个月都付一定的费用，无形中在补贴黄家的生活。出让冰箱，恐怕也是黄素封为解生活之需，巴金等于默默地帮了朋友一把。

　　黄素封，又名黄雪楼，江苏徐州人，1904年出生，毕业于金陵大学化学系，并以优异成绩毕业。著有《实用有机化学》《高中化学》《师范化学教本》《化学俄文自修书》和《化学检验手册》

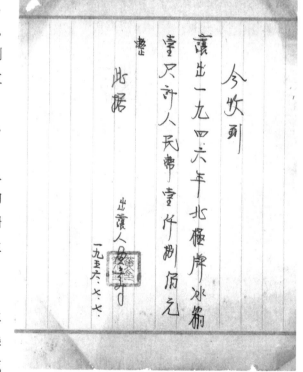

冰箱收条

等；译有《中国炼丹术》《化学元素的发现》《世界药学史》《南洋热带医药史话》《达尔文考察日记》（上下册）《亚瑟王之死》等。他还热心华侨教育事业，在印尼的六年（1928－1934）中，他创办学校，使许多华侨子弟得以受到正规的学校教育。

1934年他自印尼返国,在上海从事著述。1940年他在上海创办了化学制药厂并任经理,尔后又任生化制药厂总经理。20世纪50年代他被选为上海市人大代表,还担任化工部医药工业研究所工程师兼顾问[8]。

1960年7月21日,黄素封逝世,萧珊给在外地的巴金写信:"黄素封已于廿一日去世,星期日大殓,我送了一个花圈,他们用的是宗教仪式。冰箱的事,现在该怎么办?"[9]这里面又提到冰箱。巴金的回复是:"黄素封去世,我听到这个消息也难过。我仿佛还看见他的相貌。冰箱问题,我看不难解决。你什么时候找黄太太谈谈,只要存着不计较钱的心,事情就好办。"[10]由此可以看出,一是巴金夫妇对黄素封很有感情;二是黄素封转让冰箱已收款,很可能黄太太并不知情,而巴金夫妇不想伤害朋友而未跟黄夫人点破,为此,他们又多付了一笔钱。其中细节如萧珊随后的信上所写[11]:

> 星期天晚上我去找过黄素封太太,事情很快就解决了,我惟恐伤害她们,迟迟不敢说出口,她的女儿惟恐我不给钱,马上就提到冰箱的事,既然双方都愿意很快办妥这件事,事情就好办了,第二天晚上我就把钱送去。这件事就这样结束了。一切都根据黄妹妹的意思,而且是根据她提出价钱中最高的价格。五年来一直用它,现在才正式是我们的了。

这个冰箱,萧珊在后来的书信中曾提到过两次:一次是巴金继母生病住院,萧珊谈到冷藏牛奶的事情:"我们勉强她喝牛奶鸡蛋,先从家里拿去,但家中牛奶三天一次,从冰箱拿出来到病房里一放就不大新鲜,所以我又设法让医院给她订牛奶,开营养卡。"[12]还有一次是在此两年后,冰箱坏了,花钱维修,谈到夏天喝汽水的事情:"冰箱修好了,前几天才拿来,修费好贵,花了二百多,所以你回来时可以喝冰汽水了,只是现在对冰的渴望不像前些日子了,上海凉快多了。"[13]看着就是一个生活中的物件,想不到,它的背后竟有那么多故事。

---

8 本文对于黄素封生平的介绍,主要来自谢振声《潜心著述 遗益后人——纪念著名学者黄素封先生》一文,刊《科学》1990年第3期。
9 萧珊1960年7月25日致巴金信,《家书》第340页。
10 巴金1960年7月28日致萧珊信,《家书》第341页。
11 萧珊1960年8月10日致巴金信,《家书》第350页。
12 萧珊1960年10月28日致巴金信,《家书》第381页。
13 萧珊1962年8月23日致巴金信,《家书》第536页。

三、空调

巴金家二楼的书房不算小，在南方的冬天，巴金长时间写作，坐久了，满身寒气。后来，他们就在这里安了一个火炉，生火取暖。1958年年初，萧珊在信中说："星期天这里下了一上午雪，但没有积起来，孩子们很扫兴，天气还是冷，经常在零度以下，所以我几乎跟孩子们一起睡，一方面因为人少屋大，颇有寂寞感（决非害怕），还不如寻梦。今天我第一天生火，在你的书房里。"[14] "文革"结束后，巴金先生已年过古稀，一段时间里，社会活动和写作都很忙，难免有疲劳之相，有北京来的朋友到家里探访后，曾给家人写信，觉得家中太冷，建议增加取暖设施。1981年，在巴金的书房，加装了当时寻常人家还不多见的空调。

巴金在日记中曾记下安装空调的过程：1980年12月29日，"上午徐钤、严凡三人来谈装空调事"。次日，"徐钤、王瑛数人来，空调器送来了"。三天后，即1981年1月2日，"上午小温四人来装置空调器"。装好后，当月8日，"徐钤同三机部（空调器）史汉才来，看空调器运转情况"；12日，"下午小孙、小温来为空调器装复盖物"[15]。日记中提到的"三机部"，是因为当时的空调并不是在电器商店买来的，而是由三机部物资配套管理处提供的，一个多月他们开了发票，随后还有一封到家里收款的介绍信：

第三机械工业部上海物资配套管理处介绍信

巴金

兹介绍高时云同志贰人前往你处收取KTQ-3RB空调器一台钱2500元，发票

到家收款介绍信

---

14 萧珊1958年1月30日致巴金信，《家书》第276页。
15 巴金1980年12月29日、30日，1981年1月2日、8日、12日日记，《巴金全集》第26卷437、437、438、439、439页。

已给。

请接洽。

一九八一年二月二十三日

（有效期限壹天）

沪介字第 004715 号

2500 元，跟现在的空调价格几乎相当，考虑物价上涨的因素，这个空调在当时还真有点贵。这是一个机身略方的空调器，制热效果似乎很一般，巴金给老友孔罗荪的信中说，家里包括他在内好几个人都患感冒，接下来提到空调："家里刚装了一个空调器，在二楼，但只能调到十三度，也过得去了。"[16] 十三度啊！巴金家的取暖问题，直到 1983 年以后，安装了小锅炉和水暖之后，才算真正解决。

四、电视机

巴金和萧珊在书信中最早讨论买电视机的事情，是 1959 年春天："我和家宝谈到电视机的事，他说可以代买（我本来想找夏衍）。你什么时候汇五百元来吧（拟汇在前门饭店，写明在天桥邮电局取款）。"[17] "家宝"就是曹禺，萧珊听说可能有彩色电视，问巴金是不是等一等，后来又听说，中国市场一段时间不会有，就同意先订普通的[18]。那时候，电视机是紧俏物资，凭票供应，要买上不大容易。巴金的回信中说："今天下午作协的副秘书长张僖同志告诉我，电视机大号的现在没有，要两个月才有货。家宝托他办的。届时他会替我买好运到上海来。"[19] 巴金后来还提到："这里旅馆里每层楼都有电视机，每晚都有节目。"[20] 大有羡慕之意。

电视机具体什么时间送到巴金家，我目前查不到确切记载，可以肯定的是 1959 年秋天，他们家已经看上电视了。"苏联芭蕾舞团来沪，电视台每晚转播演出实况。

---

16 巴金 1981 年 1 月 21 日致罗荪信，《巴金全集》第 24 卷，人民文学出版社 1994 年版，第 124 页。
17 巴金 1959 年 4 月 17 日致萧珊信，《家书》第 303 页。
18 萧珊 1959 年 4 月 19、28 日致巴金信，《家书》第 305、310 页。
19 巴金 1959 年 4 月 19 日致萧珊信，《家书》第 304 页。
20 巴金 1959 年 4 月 22 日致萧珊信，《家书》第 309 页。

朋友们的孩子也有机会在这里看到世界第一的表演艺术，这也是好事。现在孩子们在楼下看电视新闻，再过一刻钟'芭蕾舞集锦'便开始了。我们两个孩子只有在星期六那天看到献花为止。以后棠棠就在半途睡着了，小林要上早学，也只看到一半就上楼去。"[21] 这是巴金描述的孩子们看电视的情景，其实他本人也是一个电视迷，从新闻节目，到文艺节目，到电影，什么都看，在他的日记中几乎每晚都有看电视节目的记录，这个习惯一直保持到晚年。

最初这台电视机，据巴金家人回忆，应当是苏联的红宝石牌。它的质量好像并不稳定，从1963年到1965年，巴金日记中多次出现维修电视机的记录，想一想，这时电视机不过使用了五六年。"电视台周峰介绍一同志来修理电视机，无结果"[22]。"两点半同九妹乘作协车把电视机送到北京路广播电台电视机修理部修理……"[23] "晚饭后广播电台服务部派人来修理电视机"[24]。日记中还记过具体的毛病是"画面模糊"："蔡公来，同看电视节目（江苏省戏曲现代戏汇报演出团演出锡剧《红花曲》），电视机出了毛病，画面模糊，除听唱腔外，看不出表现些什么。节目完毕，送蔡公出门。"[25]

到1978年，他们又有了换新电视机的机会，还是凭票供应。"下午统战部马华灿送电视机票来"[26]。五天后，儿子小棠买回电视机："下午小棠持统战部送来的购电视机票去一百公司购电视机。……小棠同何嘉灏带回电视机和《家》五十册（树基所寄）。晚饭后看电视（《杨门女将》戏曲片）。"[27] 这是一台匈牙利12吋黑白电视机，到这一年年底，他们又有机会购买彩色电视机：1978年11月22日，"中饭后午睡半小时，两点文联车来接我去巨鹿路东厅主持《上海文艺》编委扩大会。两点半开始，五点后结束，见到任干，他送来一张彩色电视机购买券"[28]。次日，他便迫不及待去买电视机，"下午三点左右文联车来，接我去华东医院看病（小林同行），约半小时。然后去淮海路四七四号无线电器材店买彩色电视机，据说货尚未到，扫兴回家"。次日，电视机才买回：

---

21 巴金1959年10月20日致萧珊信，《家书》第313页。
22 巴金1963年8月15日日记，《巴金全集》第25卷第282页。
23 巴金1964年4月3日日记，《巴金全集》第25卷第366页。
24 巴金1964年4月27日日记，《巴金全集》第25卷第366页。
25 巴金1965年2月9日日记，《巴金全集》第25卷第479页。
26 巴金1978年1月23日日记，《巴金全集》第26卷第205页。
27 巴金1978年1月28日日记，《巴金全集》第26卷第206页。
28 巴金1978年11月22日日记，《巴金全集》第26卷第295页。

"五点左右回家,瑞珏和小林已把彩色电视机买回来了。晚饭后济生夫妇来,同看电视节目(《贝隆列斯库》)。我把旧用匈牙利十二吋黑白电视机送给济生一家。"[29]

有了彩电,巴金把以前的黑白电视机送给弟弟李济生一家。由于买电视机受限制,且也属于高价家电,一段时间替亲友购买电视成了巴金的生活内容之一。从书信中看,1960 年,他就为朋友靳以家买电视机忙活(其时靳以已经去世):"电视机作协已经给我买了。据说这里买也不太方便,说是第三季度交货。货到时再付款(作协会替我垫款)。只是什么牌子的,现在还不知道。你不必对肃琼和南南讲。因为货还未到,是否会发生问题,目前还不能说。"[30] 看后面提到靳以的夫人陶肃琼、女儿章洁思,可见这电视机巴金不是为自家买的。1978 年,巴金刚收到翻译的小说《父与子》稿费,便给了萧珊的外甥小华五百元,用作买电视机:"今天收到《处女地》稿费一千一百九十元,送小华五百元,作购电视机用。"[31] 1980 年,他又遵岳父之嘱给萧珊的姑母买过电视机:"岳父要我买国产电视机送给萧珊的姑母,前天何嘉灏送来电视机票一张,今天要小林、国烁二人去买来。"[32] 现在留存下来的一张购买电视机发票,盖着佛山市无线电武昌供销股红印,购货单位写着"许局长",时间是 1979 年 5 月 17 日,项目是 12 英寸日本管电视机,价格是四百元……查巴金日记,这也不是他们自家购买的,应当是给友人索非夫人鞠馨买的(即沈沧的母亲):"上午看校样。写信。沈沧来。小祝把新购电视机取来,交沈沧转给她母亲。"[33] 不知道纯属"代买",

电视机发票

---

29 巴金 1978 年 11 月 23、24 日日记,《巴金全集》第 26 卷第 296 页。
30 巴金 1960 年 7 月 28 日致萧珊信,《家书》第 341 页。
31 巴金 1978 年 4 月 11 日日记,《巴金全集》第 26 卷第 231 页。
32 巴金 1980 年 10 月 31 日日记,《巴金全集》第 26 卷第 430 页。
33 巴金 1978 年 5 月 28 日日记,《巴金全集》第 26 卷第 341 页。

还是赠送。反正,在亲友中,巴金的收入高、名气大,资助大家似乎已成为"义不容辞"的责任,他们夫妇也是不声不响地做了很多年。

五、稿费收入管窥

在计划经济时代,巴金是中国唯一的一位担任了很多公职却从未领过国家工资的作家。在他们家中,上有老,下有小,夫人萧珊也没有收入,全家的收入都依赖巴金。巴金只有一支笔,稿费几乎是他唯一的收入来源,所以,他一直在说读者是他的衣食父母。

有四份巴金在平明出版社和晨光公司的版税清单,能够看出他在 20 世纪 50 年代上半期,版税收入情况:

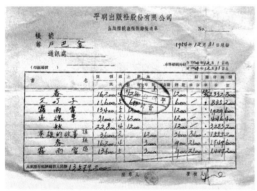

平明出版社版税清单　　　　　　平明出版社版税清单

晨光出版公司版税清单

还有一张平明出版社的油印存根条（年份不详），内容如下：

萧珊同志：

兹送上2月份应结付之版税人民币柒佰叁拾陆萬贰仟元，并附上版税结账单1份，希查收核对后将收据签章□下为荷。此致（内扣代购书款等三七六八〇〇.〇〇）

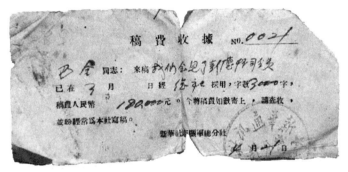

新华社志愿军总分社稿费收据

《通讯员之友》稿费收据

从以上各项可以看出，在平明出版社巴金1954年12月版税收入是1357.92元，1955年3月是1486.34元，某年2月是736.20元（均折为新币），1954年在晨光出版公司八个多月的稿酬总计是528.72元，月均约在66元左右。对比两个出版社的销售数可见晨光公司远远不如平明出版社，很多书平明出版社一个月的销售数量都比晨光公司八个月还多。从稿费结算单也能看出，平明社更为严谨、认真，是非常细致、清楚的月结，晨光是八个月还零十天，这种颇为草率的处理，不难推断，此时它已经经营不善。税单中显示，巴金的书在自己主持的平明社是按照10% ~ 12%的版税率取酬，而在其他出版社是按照15%的版税率。他不但是自己创办出版社的义务编辑，而且他的书放在这里从理论上讲也是减少收入的。

平明和晨光是两家私营出版社，当时的付酬标准坚持的是高稿酬。随着公私合营，20世纪50年代的下半期，巴金打交道的都是国营出版机构（包括报刊社）。以下三张不同时代单篇文章的稿酬收入单，能够让我们看到不同时代的稿费标准和数额：

新华社志愿军总分社1952年4月21日签发的《我们回见了彭德怀司令员》

稿酬，字数 3000 字，稿酬 18 万元人民币（旧币）。

《草地》文艺月刊 1957 年 2 月 15 日发《巴金谈创作》稿费（刊该刊二月号）30 元，该文约 2500 多字。

人民文学出版社 1987 年 3 月 7 日为《华人世界》第一期转载《无题集》四篇稿子发稿酬 260 元，字数为 13 千字，标准是每千字 20 元。

巴金虽然依靠稿费维生，但是，他对于稿酬从未计较过。据说，他的第一部小说《灭亡》的稿酬就送给了索非。这些大概跟他的信仰和对金钱的看法有关。在与妻子的通信中，我还看到他主动捐赠稿酬和降低稿酬的情况。1958 年，萧珊给他写信，谈到图书合同的处理：

> 人民文学出版社寄文集的新合同来，基本稿酬为千字 10 元，文集（五）的稿费已寄到，不算基本稿酬，只计印数稿酬，但却比旧办法多（《家》印三万五，只有一千多元）。他们很客气，还问你同意不同意，但你自然不会有不同的意见，我代你签字后把合同寄还他们，还是等你回家处理？中国青年出版社《一场挽救生命的战斗》也寄了合同来，如何处理，盼告。[34]

就此巴金一日里写了两封信，如此回复：

> 人民文学出版社的合同请盖章挂号寄去，稿酬十元请改为"捌元"。《一场挽救生命的战斗》的合同也请盖章寄回，并代我注明"作者声明放弃本文稿酬，只接受赠书十册"。我八月就去信讲过，不要稿费。[35]

> 合同两张上次已提到。都请盖章寄还，但请写明：
> （1）人文的：拾元改为捌元。
> （2）青年的：作者已声明放弃本文稿酬，只接受赠书十册。
> 作家出版社如寄合同来，请注明"本文稿酬请寄交上钢三厂工会转邱财康同志"。[36]

我想，仅仅用"高风亮节"来称赞巴金这样的行为可能远远不够，巴金虽然稿费收入较高，甚至在中国作家中属于少数高收入的作家之一，但是，至少从 20 世纪 50

---

34 萧珊 1958 年 9 月 28 日致巴金信，《家书》第 284 页。
35 巴金 1958 年 9 月 30 日致萧珊信（之一），《家书》第 287 页。
36 巴金 1958 年 9 月 30 日致萧珊信（之二），《家书》第 288 页。

年代起，他就不断地资助亲人和朋友，乃至不相识的读者。1981 年，他倡议创立中国现代文学馆之后，除了集中捐助 15 万元稿费外，还声明以后的稿费都直接捐赠中国现代文学馆，接下来几年，他认真履行自己的诺言，直到文学馆财政情况有所好转。进入 90 年代，他连年来又为慈善事业、希望工程和遭受自然灾害的地区等捐赠巨额稿费，并且都是不声张、不报道，这是一个一辈子自食其力者在默默地尽一个公民的社会责任。而今他已去世 16 年，他的稿酬和他的爱仍然源源不断输送给社会。在很多人羡慕巴金收入高的时候——这是他勤奋、努力的结果，也是读者对他的认可——我们还应当看到一个人是在怎么对待和使用自己的财富的。

　　年鉴学派的创始人之一马克·布洛赫，把史料分为两种，一种是"有意"的史料，是历史著述、回忆录和公开的报道等，这是作者有意识地留存下来以供人研究和阅读的文字；另外一种史料则是"无意"史料，指档案、文件、私人信件及其他文献、文物，这是当事人无意中留下的痕迹。"在发展的进程中，历史研究无疑认为第二类史料更为可靠，也就是那些目击者无意识记下的证据。""而且过去无意中留下的遗迹还可以填补历史的空白，考辨史实的真伪，也可以帮助我们预防无知或失实这类绝症。若不是借助这类史料，当历史学家将注意力转向过去之时，难免会成为当时的偏见、禁忌和短视的牺牲品。"[37] 这也道出了这些票据作为"无意"史料的历史研究价值，它们的是一个人、一个家庭和一个时代生活和历史的极其重要的见证。

---

37 [法] 马克·布洛赫：《历史学家的技艺》第 66、67 页，张和声译，北京师范大学出版社 2014 年版。

晚年黄金荣、杜月笙与逃港上海银行家

邢建榕

关于黄金荣写自白书（悔过书），笔者已经连续写过三篇文章，各有侧重，本文想就黄金荣写自白书与杜月笙及逃港上海银行家的关系，再作挖掘补充。历史就是在一点一滴的探寻中，不断接近于它的原貌。

一、"努力使上海不乱"

1949年上海获得新生，一个新时代开始了。

上海是一座特殊的城市，上海解放是一场特殊的战争，被形象地称为"瓷器店里捉老鼠"，中央要求作战部队不得动用重武器和爆破，以减轻战争对这座城市的破坏。上海的接管之所以顺利，特别是之后迅速开展的社会主义建设，与党中央对解放上海采取的战略战术有着直接关系。党中央在解放上海之前，已经充分意识到，从革命战争迅速转入执政、管理、建设的必然性和重要性。

在社会治理方面，对游民、妓女、帮会流氓各色人等，进行收容教育和思想改造势所必然，所用的策略和手段虽有不同，但基本定位在"稳定"，"观察一个时期再说"（刘少奇语），目的就是"努力使上海不乱"（周恩来语），这样对保持上海社会稳定和经济发展有利，对全国大局有利。在此方针下，对帮会人员也主要采用分化瓦解之策，只要他们主动投案登记，不再有现行反革命活动，一般不予逮捕。

提及对上海帮会人员的改造，首当其冲的当然是青帮头目黄金荣、杜月笙。黄金荣、杜月笙和张啸林人称上海滩上三大亨，其时黄金荣蛰居上海，杜月笙逃至香港，张啸林已经在抗战时期被军统刺死，故而上海仅剩黄金荣一人。不过一般人想不到的是，上海解放后的黄金荣生活安稳，既没有被捕入狱，更没有被枪毙，仍然住在八仙桥均培里的家里，天天有人陪着打麻将，照旧由他的门徒继续经营大世界游乐场、共舞台、荣金大戏院等产业，每月都有一笔不菲的收入。除了搓麻将，黄金荣每日还要白相两样东西：一是抽大烟，二是泡澡堂。他对人说，抽大烟、搓麻将、泡澡堂这三样是他最大的享受，不管是国民党当权，还是共产党天下，都是如此，要陪他到老死。他能留在上海不走，这三件套也有一半的功劳。

至于杜月笙，已于1949年4月27日坐"宝树云"号轮逃亡香港，此后再未回到上海，奇怪的是，他也拒绝了蒋介石的安排去台湾。可以说双方的关系早已不复以前了。

稍往前溯，内战爆发以后，蒋介石在政治上腐败，军事上败退，经济上搜刮，金融危机蔓延，社会动荡不安。从重庆回来的杜月笙期望甚高，蒋介石却不再器重他，没有给他安排一官半职，戴笠死后，他连见蒋介石一面都很难。1947年他曾前往香港考察，时值上海黄金风潮蔓延之际，他把法币与港币进行了比较，致函密友、交通银行董事长钱新之说，现在法币面值有五千元券、万元券，却并不当用，而港币则为五分券、十分券，仍运用自如。光这一点，他对香港就大有好感，"仅此一端，两相对照，不胜霄壤之感矣"，且法币如失缰之马，无可控制，前途不堪设想云云。

当初发行法币时，最大面值仅为100元。但是很快，法币就开始贬值了。面额一再增大，1000元、2000元、5000元……杜月笙对上万元的面额已惊愕不已，他还没料到，到1948年法币停止使用之前，最大面值甚至有五百万元的。

有人说，杜月笙与蒋介石关系的破裂，是因为蒋经国后来在上海"打老虎"，把他的儿子打进了监狱。其实不然。在黄金风潮案中，杜月笙耳濡目染，观察判断，认定蒋介石政权气数已尽，毫无前途可言，而且他与蒋介石的隔阂已经颇深。确切说，他与蒋介石的关系离心离德在先，蒋经国抓他儿子威吓在后，如此解释才说得通。

上海解放前夕杜月笙先行一步逃至香港，上海方面不仅鞭长莫及，相反，还经常有人去联系探视，目的同样是稳定他的思想和行动，不动去台湾的念头，并尽可能动员他与其他统战对象一起回到大陆。因为得到消息，台湾方面不断派人前往香港拉拢杜月笙去台湾，还准备委任他为"救国国债节约储蓄券港澳劝募委员会主任委员"。

其时像杜月笙一样，一批银行家如宋汉章、张嘉璈、李铭、周作民、钱新之等人也先后到达香港，作为他们的"新租界"，安全避风港，各自安顿下来。当年的香港，紧邻大陆，来去自由，加上此地本就是中国地界，传统文化和生活习惯一致，又有大量的廉价劳动力，定居或办实业都游刃有余，在政治上更是可以静观待变。

银行家们虽然因为时代的冲击，为回避政治抉择而来到香港，但他们仍与上海保持着一定的联系，大部分银行的业务通过他们的代理人予以维持，上海滩上毕竟有他们一生奋斗的事业啊！陈光甫通过他的亲信伍克家、资耀华控制着上海银行，周作民则由亲信徐国懋掌控金城银行，杜月笙的儿子杜约翰则一直留在上海中汇银行工作。杜月笙通过儿子的关系，直接与上海有关方面保持着联系渠道。正如陈光甫所说："人在香港，心在上海。"他们去港不去台，正是对此抱有憧憬，有所念想，毕竟，香港也不是他们最终的归宿。

这些银行家们的政治社会影响大，经济才具又足堪大用，若能让他们回来为新中国出力，足以锦上添花。

二、关于杜月笙的两份档案

杜月笙送给著名银行家冯耿光的照片

而要让这批银行家回来，杜月笙的"一句闲话"很关键。

为什么这么说呢？上世纪 30 年代后杜月笙已经摇身一变，身份转型，成为名副其实的金融界领袖，在银行家圈子里颇有威望。杜本来势力强大，黑白两道通吃，后来触角又伸到金融界，控制着几家大银行。他自己也有一家私人银行——中汇银行，设在位于延安路与河南路交界处的中汇大厦内，解放后曾作为上海博物馆使用。

除自家的中汇银行外，还兼任第一家华商银行——中国通商银行的董事长，也是中国银行、交通银行的常务董事，上海银行公会的核心人物，因此与银行家关系密切，加上杜的人脉和手腕，那些银行家倒是对他颇为敬重。即使在国共两党的高层，也对杜月笙这方面的地位和影响有比较清晰的认识。

这里只要看两份档案就会明了。

1949 年 2 月 1 日，时任台湾省主席的陈诚，来电要求滞留上海的银行家陈光甫、李铭和杜月笙赴台湾。电文如下：

上海吴市长国桢兄：请分别译转陈主任委员光甫兄、李理事长馥荪兄、杜理事长月笙兄：密。俭电（二十八日）请国桢兄代达鄙意，谅荷洞悉，请拨冗在台一游，俾便晤教。弟陈诚。

在陈诚眼里，杜月笙已经与陈光甫、李馥荪等大银行家平起平坐，因此才礼贤下士，一再要求他们勿留大陆，务去台湾为妥。由军人出身的陈诚出面邀请，背后当然是蒋介石的旨意。

中共方面也通过各种关系影响杜月笙的选择。黄炎培、章士钊、盛丕华都带着使命与他进行接洽和试探。其中著名演员金山，作为中共地下党员和杜的弟子的双重身份，起了特殊的作用，做了许多工作，这一史料鲜少有人提及。

金山，原名赵默，1932年加入中国共产党，成为隐蔽战线上的职业革命者，直接接受周恩来、潘汉年的领导。金山具有演员天赋，他加入了反帝大同盟和上海左翼剧联，和赵丹等朋友创建了上海业余剧人协会，演出过话剧《娜拉》和《钦差大臣》。1937年金山主演电影《夜半歌声》，又以宋丹萍一角名噪一时，被誉为影剧两界的大明星。抗战期间，金山在大后方的重庆组建了中国救亡剧团，因主演《屈原》与扮演婵娟的张瑞芳相恋、结婚。

当时避难重庆的杜月笙对金山青睐有加，主动提出收金山为他的弟子。金山和张瑞芳的婚礼，杜月笙还自告奋勇前来当证婚人。在得到党组织的同意后，金山开始与杜月笙密切来往，搜集情报，并争取杜月笙对抗战文艺活动的支持。但金山始终未曾暴露自己的特殊身份。

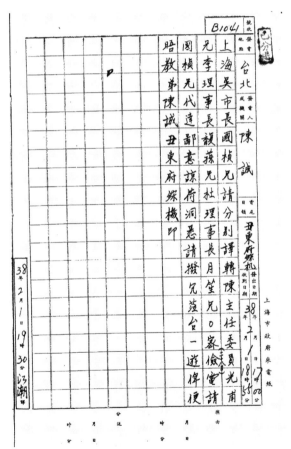

1949年2月1日陈诚敦促陈光甫、杜月笙等人去台湾的电报

1949年2月17日，中共中央致函叶剑英、李克农，希望通过金山争取杜月笙，主要内容是：

望告金山，对杜月笙的方针，就是要他努力使上海不乱，保护上海所有船只、民航飞机、工厂、银行、公司、商店不受损失，不使南迁，等待人民解放军前往接收。杜月笙果能这样做，不仅中共可以与之合作，上海人民亦将宽恕他的既往。杜月笙这次主张通航，就是为人民办了一件有利的事。这一切，都可明告杜月笙，就说是叶参谋长（叶剑英时任中国人解放军参谋长，参与上海人民和平代表团在北平的谈判）向金山说的。

可以想象，精明强干又是杜月笙得意门生的金山，必定对杜月笙做了工作，对其去向和态度产生不小的影响。事实也是如此，杜月笙去香港后，金山还受潘汉年的委派，去香港看望他，请他回来。

到香港后，那些银行家仍然以杜马首是瞻，遇到问题经常在一起商量对策，对杜的建议多有接纳。杜月笙已失去昔日上海大亨的威风，租住在坚尼地台18号底层，三房一厅，门庭冷落，坐吃山空，来往最多的就是一些上海过来的银行家朋友。有一次交通银行董事长钱新之来访，他还幽幽叹苦经道："繁忙不会死人，冷寞才会死人。老实讲，若我今日仍在上海，不会如此的。"

从大陆方面来说，新中国建设伊始，无论从政治层面还是经济层面考虑，银行家若能回归意义重大，因此在香港的杜月笙也成为被统战的对象，并希望透过杜月笙的态度影响银行家的走向。

三、黄金荣继续逍遥法外

上海解放那一年，黄金荣已经82岁，垂垂老矣，体弱多病，自称"废人"一个。他知道自己来日无多，所以下决心不走，留在上海。他担心，如果真的去台湾或香港，说不定半路上就会送命，与其死在海上，不如死在上海。这是他留在上海的一个主要原因。何况曾经沧海难为水，他这一辈子，总是以不变应万变，居然屡屡化险为夷。

当初"八一三"日本人打进上海时，大亨们争先恐后地避往大后方，别人不说，三大亨之一的杜月笙先飞香港，再奔重庆，算是在后方抗战；张啸林腼颜事敌，一门心思做汉奸，结果被军统刺死。唯有黄金荣留在上海，以不变应万变，日伪又能把他怎么样呢？日本人威逼他出山，他就装病不起，敌人也无可奈何。抗战结束国民党卷土重来，那更不用说了，黄金荣虽不及后来居上的杜月笙风光一时，但也没有像杜那样被蒋经国"打老虎"羞辱。1947年他做80岁大寿时，蒋介石还特地来黄家花园（今桂林公园）给他祝寿。

上海解放在即，他也大着胆子依例办事，对人说："听天由命罢，反正只有老命一条，随共产党把我怎么样。我这把年纪了，共产党总得讲点人道……"杜月笙从香港来信，要他去那里定居，他像吃了秤砣似的，铁了心不肯动弹。

其实，有人给黄金荣传递消息，他心里已经有底，共产党应该不会为难他。黄金荣的老友、曾任淞沪警备司令的杨虎对他说："共产党的领袖知道你，只要你不再做坏事，可以既往不咎，不来捉你。"在解放前夕杨虎与中共地下组织建立了联系，争取将黄留在上海，将功赎罪。擒贼先擒王，这对解放初期上海社会秩序的稳定，震慑帮会残余势力，会有极大的作用。

黄金荣也识相，叫人写出一份财产清单并将几百名帮会人员的花名册交给新政权，作为将功赎罪的表示。他关照手下门徒，从今往后要约束自己，为自己留条后路。接着命人将黄家花园"四教厅"内蒋介石亲笔题写的"文行忠行"匾额摘下砸碎，以示弃暗投明、改邪归正之意。抗战中，黄将这块匾额深埋于地下，等待着蒋介石的胜利归来，现在他是不敢再做这个梦了。

上海军管会考虑到黄金荣和帮会势力的实际情况，决定采取继续作恶者从严、将功赎罪者从宽的政策，区别对待，更好更快地瓦解、消灭帮会残余势力。

对于黄金荣本人的处理，上海军管会认为他确属罪大恶极的帮会头子，但解放后尚不作恶，并向政府低头认罪，且已身残年老。鉴于对反动帮会势力应采斗争瓦解策略，认为对黄本人可采宽大政策，因此在镇反开始前，一直未对他采取严厉行动。

一天下午，两辆吉普车开到八仙桥均培里黄宅门口，军管会委派的军代表杜宣，带着十余名全副武装的解放军战士，奉命前来对黄金荣训话，宣布政策。黄见政府不逮捕他，总算放下心来，表白说："我黄金荣在上海滩，几十年来做尽坏事，贩卖毒品、贩卖人口、杀人绑票我都做过，贵军没有杀我，是贵军的宽大……"

黄金荣身穿白色纺绸褂衫，颤巍巍地站立着，由他的两个徒弟搀扶。因年纪大了，牙齿脱落，口齿不清，嘟哝的这几句话还得由旁边的徒弟一句句翻译，旁人才能听懂。接着，他又从怀里掏出蒋介石赠给他的那块金挂表，一手捧交给杜宣，说是上交给政府处理。在这块表的盖子上刻有"金荣夫子大人惠存，蒋中正敬赠"等几个字。

杜宣说："我们的政策是坦白从宽，抗拒从严，立功受奖。只要老老实实不再进行一切不利于人民的活动，过去的罪恶我们可以从宽处理。"

黄金荣唯唯诺诺，没有多吭声。

杜宣继续告诫他："今后一定要老老实实，如发现你再有欺压人民、违背人民政府的行为，那就要从严法办了。"

这时黄才不断地鞠躬道谢，并低声地说："保证不再做坏事……"

多年前，笔者在上海市文史馆沈飞德兄介绍陪同下，专门去华东医院采访了正在养病的杜老，询问当年情景。杜老仍记得清清楚楚，并感慨万分，他说："有关黄金荣的工作，当时主要由潘汉年同志负责领导。我们去黄宅宣布政策，也是由潘指示的。"

当时，上海市民对人民政府不杀黄金荣，继续让其逍遥法外很想不通，纷纷致书有关部门，大声疾呼要求从严惩办。军管会和上海市人民政府对此作了不少解释工作，并且曾经召开市民座谈会，宣传党和政府的有关政策。

此后，黄金荣蛰居于家中，外人很少能看见他的身影。人民政府照常允许他经营大世界、共舞台、荣金大戏院等产业，但他哪里还敢出头露面，一概交给家人和手下打理。他除了早晨"皮包水"（喝茶），晚上"水包皮"（洗澡）之外，偶尔还被勒令到离家不远的大世界扫马路，接受劳动改造。

全国"镇反"开始后，加强了对帮会势力的镇压取缔力度。社会上杀黄呼声又起，黄金荣的恐惧感愈来愈强烈。

即使如此，帮会头目黄金荣、杜月笙等人并没有被采取严厉措施。黄金荣在上海安分守己，管束好徒子徒孙；逃至香港的杜月笙不反共，不去台湾，尤其不纵容鼓励留港银行家去台湾，在此底线下达成默契。于是，黄金荣住在八仙桥家里继续逍遥，甚至抽大烟；杜月笙在香港坚尼地台家里深居简出，大陆也不断有人去杜宅探望。当然两人自己识相，多次表示不会捣乱，"在尽可能范围内多为人民服务"。

四、黄金荣写《自白书》前因后果

话说回来,要把银行家请回来,杜月笙很关键;而要让杜月笙不去台湾,尤其不纵容鼓励留港银行家去台湾,黄金荣又很关键。

大约在 1998 年前后,笔者写了《黄金荣写自白书》《黄金荣写自白书的前因后果》两文,先后发表于上海市文史馆《世纪》杂志。文章披露了这个青帮大亨写自白书的台前幕后,自白书前后两稿的内容和异同,以及所产生的始料不及的社会影响。文章写道,黄金荣自白书刊出后,的确对稳定社会秩序、震慑帮会残余势力起了不小作用,达到了预设的目的。除了这个公开的目的,还有一个当时不便言明的意图,就是隔山打牛,稳定住在香港的杜月笙。

上海滩帮会大亨的黄金荣晚年故事吸引人,原先一般读者不太了解,颇有新鲜感。加上利用了许多原始档案资料,尤其是上海市档案馆所藏黄金荣自白书原件,以及著名作家杜宣的口述,材料扎实,内容鲜为人知,文章一经发表,便被一再转载,阅读量很大。可以说,凡写黄金荣晚年者,或多或少都引用过拙文。最近在微信朋友圈转发的一篇,阅读量已远远超过 10 万次,但除了笔者名字,其他几乎原封不动地抄袭了

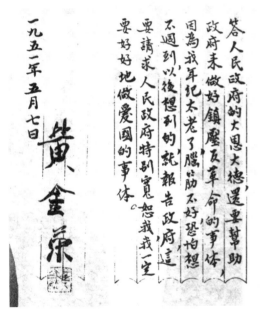

黄金荣自白书手迹

拙文。这里旧事重提,只是想说明档案之于历史研究的价值,原创之于学术研究的重要性。

前面说过,解放后上海千头万绪百废待兴,黄金荣留在上海,居然安安稳稳。一般市民根本想不到,在公审大会锣鼓喧天,报纸三天两头刊登镇压逮捕反革命消息的情况下,黄金荣居然仍旧住在市中心八仙桥的家里,具体地址是龙门路 145 弄 1 号,照样抽鸦片、打麻将不误。

当然镇反运动前后,政府也不是没有一点动作,针对黄金荣这样的帮会大亨,也

采取了不少针对性的措施加以震慑。群众的民意不可违，无动于衷似乎不妥，也难以交代，这才有杜宣奉命训诫、黄金荣写自白书悔过之举，并于报端公开发表，做好民众工作。

召见黄金荣、责令其写自白悔过书的任务，是由盛丕华、梅达君和方行三人具体执行的。

据方老回忆，盛丕华时任上海市人民政府副市长，梅达君为市政协副秘书长，他则担任人民检察署副检察长。召黄谈话的地点，记得是在市政协的一间会议室。当时，政协还设在沙逊大厦（今和平饭店）内办公。盛丕华是民主人士，解放前就与黄金荣打过交道，所以处理黄金荣的事情，他出面参加，比较易稳定黄的情绪，使他不致太过恐慌，以至无法谈话。

1951年5月上旬的一天，黄金荣由他的门生、舟山同乡会会长陈翊庭和孙子黄起予陪同，应召前来。

盛丕华首先说："人代会上有些代表提出控诉，要求政府处理你。你生平罪恶甚大，但解放前几年未曾作恶，解放后尚能安分守己，且年已86岁（原文如此，应为84岁），可由你先向人民表白罪行，再听凭处理。"

方行接着说："人民的控诉是正确的，人民政府未曾处理你，并不是说你没有罪恶，你应主动向人民交代。可写悔过书在各报刊刊出，内容是承认自己有罪，拥护政府法令，规劝已捕党徒真诚坦白，立功自新；未捕党徒则应向政府立功自新，以求得人民的宽大。"

三人向黄金荣宣布既往政策不变，但希望他能写悔过书公开登报，进一步向人民交代，低头认罪，以求取群众谅解。

黄金荣听后，重弹老调，一再承认自己罪行严重，愿意真诚向人民请罪，求得政府宽大处理，并强调表白："我决不指使和包庇党徒做坏事，如有指使包庇党徒为非作歹或知情不报，愿受政府的严厉处分。"

据黄金荣账房黄振世晚年回忆，黄金荣回来后，嘱秘书龚天健执笔代拟悔过书。黄小时候仅在私塾读过几年书，后来进裱画店当学徒，再后来就进巡捕房做事，杀人越货自然是老手，但捏笔杆子却极少，大字不识几个。龚根据黄金荣的口授大意，整理成文，抄写成一份手卷，题名"自述悔过书"。但据黄金荣重孙黄良先生相告，悔过书并非龚手笔，而是由他的父亲黄起予执笔代拟，由黄认可后，他在末尾签上了自己名字，所以整件手卷，仅黄金荣三字系其亲笔。

这里再交代几句，上世纪90年代，上海市档案馆拍摄百集历史纪录片——《档案里的故事》，后来在上海电视台纪实频道连续播出。笔者挂了个总撰稿的名义，其中写过《黄金荣两写自白书》素材稿，并邀请居住在美国的黄金荣长孙黄起予和重孙黄良回来采访拍摄。

黄起予在电视采访中说，自白书并非外界所说黄金荣秘书龚天健执笔，"当时唯恐避之不及，谁愿意出面写这种东西，自投罗网呢？"那天他作为小辈，奉陪黄金荣去军管会，在军管会办公室，当场要求写自白书，他就坐在小桌子旁，由黄金荣口述大意，由他执笔拟写。写好后，黄金荣在末尾签上了自己的名字，因此整件手卷，仅黄金荣三字系其亲笔。这段采访记录，在电视台纪实频道播放过。

笔者倒是比较采信黄起予的说法，一则毕竟他亲历其事，二则这份自白书有不同的两个版本，在面谈过程中，稿子加以修缮调整更加方便一些。

五、自白书两个版本之异同背后

1951年5月20日，上海《新闻报》《文汇报》刊出了《黄金荣自白书》，不知出于何种考虑，原稿上的标题是"悔过书"，等到报纸上刊登时，改为了"自白书"。在自白书中，黄自称自首改过、将功赎罪、请求政府和人民饶恕云云。这个上海滩大亨的自白书，对稳定社会秩序、震慑帮会残余势力的确起了不小作用，这里不扯开多说，单说自白书一个鲜为人知的影响。

据沈寂先生生前告诉笔者，他那时正在香港，那天去杜府拜访时，恰巧碰到杜月笙正在读香港《大公报》转载的《黄金荣自白书》。杜身体衰弱，文化不高，所谓读，就是由大管家万墨林念给他听。黄金荣与杜月笙是同道，杜自然急于知道黄金荣的自白书是否提及他，又是如何提及他的，故香港《大公报》一登，便急忙差人找来报纸，叫万墨林念给他听。

杜月笙听了一遍,说:"墨林,侬再读一遍听听。"于是万墨林读第二遍。

自白书不长,其中一节谈四一二政变前后的事,"蒋介石是虞洽卿介绍我认识的。国民党北伐军到了上海。有一天,张啸林来看我,他们发起组织共进会,因为我是法租界巡捕房的督察长,叫我参加,我也就参加了……"

"停!"杜月笙对这一段掌故最熟悉,也最关注,挥手让万墨林打住,叫他慢慢将这一段读清楚,自己屏神聆听。听完,杜月笙这才长长地舒了一口气,显得若有所思,轻声地说:"我懂了,我懂了!"

杜月笙如释重负的,是没有听到他自己的名字。

想当初,他积极支持蒋介石发动四一二政变,双手沾满了共产党人和上海工人的鲜血。"中华共进会"成立时,他不就是与黄金荣、张啸林等人一道唱主角的吗?如今黄的自白书丝毫未提及他的名字,他认为恐怕不会是一种遗漏或疏忽,肯定别有内涵,不妨说是中共方面在传递某种信息吧。因此杜月笙自以为是"懂了"。

杜月笙黑白两道沉浮多年,政治敏感性不可谓不强。笔者曾查阅黄金荣写自白书前后的一些档案材料,细究之下,与杜的感觉似乎吻合。

黄金荣写自白书时,不止一稿,初稿与二稿(刊发稿)原件如今都存上海市档案馆,但内容却有较大的出入。第二稿内容原与初稿相差不大,只是显得更为精炼一些,删去了一些自我表扬的段落。但在报纸刊发时,又在二稿的基础上作了删减,最为引人注目的,是把杜月笙的名字一笔勾去,如今稿纸上还留有红笔勾删的痕迹。这当然不会是编辑的自作主张,没有得到有关部门的旨意,编辑不可能有这么精准的定向删减能力。

初稿中,杜月笙的名字有三处赫然在目。初稿第一处:"四十岁左右,我在小东门巡捕房做探目,由在小东门有一个姓王的介绍,认识了杜月笙,后来巡捕房禁烟,由杜月笙、张啸林、金廷荪来与我商量,请我帮忙,让他们私卖烟土,我就与法国头脑费沃利谈好,就让他们做,现在想想,这种事体都不应该的。"

第二处更加关键,黄金荣想回避又无可逃遁,他与杜月笙、张啸林在四一二政变中的罪行,"后来北伐军到上海做事的时候,有一天与张啸林、杜月笙、虞洽卿来看我,因为他们发起组织共进会,因为我是法租界捕房的督察长,叫我也参加帮忙。后来法国头脑费沃利因为共进会在外面有招摇事体发生,命令禁止在法租界活动。一方面张啸林等要借共进会名义发达他的帮会势力，所以不满意我，因为公务上的关系就与他闹意见，从此与张啸林等避开，不多时我就辞去巡捕房职务，到漕河泾祠堂退休"。

第三处说上海解放前夕杜月笙拉他去香港事，"解放前不多时，杜月笙来劝我到香港去，我因为年纪太大了，况且差不多廿多年没有做事，又不问事，专心管理大世界与黄金大戏院的事情，所以没有答应去"。

但第二稿也即是刊发稿里，这三处却找不到杜月笙的名字了，而且全部抹去，显然不是无意为之。且与前稿比较如下——

第一处：

> 我被派到大自鸣钟巡捕房做事，那年我廿六岁，后升探长，到五十岁时升督察长，六十岁退休，这长长的三十四年，我是一直在执行法帝国主义的命令，成为法帝国主义的工具，来统治压迫人民。譬如说卖烟土，开设赌场，危害了多少人民，而我不去设法阻止，反而从中取利，实在真不应该。

第二处：

> 蒋介石是虞洽卿介绍给我认识的。国民党北伐军到了上海，有一天，张啸林来看我，他们发起组织共进会，因为我是法租界捕房的督察长，叫我参加，我也就参加了。就此犯了一桩历史上的大罪恶，说起来，真有无限的悔恨！后来法租界巡捕房的头脑费沃利，命令禁止共进会在法租界活动，一方面张啸林要借共进会名义，发展他们的帮会势力，所以对我不满意，我因为职务上的关系，就和他们闹意见，从此与张啸林避不见面。不久，我就辞去法巡捕房职务，退休在漕河泾了。

第一、第二处都不见了杜月笙的名字，第三处涉及杜月笙一段，干脆全部删除只字不提。之所以会出现这种情况，原因也很简单，原先已经对杜月笙做了不少工作，希望他有所作为。工作已经做到这个份上，并不想半途而废，如果黄金荣的自白书刺激到他，反而不妙。顺便说一句，解放后留在上海的四一二悍将杨虎，其名字也一并被删去。

自此以后，杜月笙的思想起了一些变化，至少他一再拒绝了蒋介石要他去台的邀请，而时时萌动回大陆的念头。临终之际，他仍叮嘱家人，要把他的遗体葬回上海浦东故乡。

他知道，黄金荣比他强，即使死了，也是死在上海，死在故乡，叶落归根啊！黄金荣的自白书，竟然会对杜月笙起到这么一个作用，恐怕是黄本人也始料不及的吧！

六、写自白书的直接导火索

  但是，黄金荣无声无息隐居在家，为何一定让他写自白书呢？除了震慑帮会势力，平息群众不满，安抚群众的情绪外，还有什么更为直接的原因呢？

  据笔者查阅，《黄金荣自白书》刊载于 1951 年 5 月 20 日上海《新闻报》《文汇报》。其实有一件更为直接的事情，促成了自白书的发表，说是一根导火索也不为过。

  1951 年 4 月 7 日，上海《新民报》（晚刊）登出了一条简短消息《大世界大扫除，总经理黄金荣也参加》。记者报道说：

>   西藏中路大世界九百余职工为搞好环境卫生，维护游客健康，这次清洁卫生运动中，在嵩山区政府同清洁总队协助下，举行了一次大规模的清洁大扫除。全体九百余职工（包括演员、摊贩、摊商），自昨日下午十一时散场后起，工作到今晨九时。大世界五层建筑，均经打扫冲洗，清出陈年积垢、垃圾达三十余吨。此次除职工外，总经理黄金荣也参加扫除。

  报纸的本意，在说明即使如黄金荣这样的帮会大亨，只要老老实实接受改造，政府是给出路的。显然报纸对政府的方针政策非常了解，也想抓住典型事例进行宣传报道。哪想这条简短的报道，竟事与愿违，引起轩然大波。因为在此之前，一般市民只知道大世界是黄金荣的产业，上海解放后，这个青帮头子肯定没有好下场，根本想不到黄金荣还能安安稳稳居家养老。

  笔者查阅过 1951 年前后的沪上各报，也确未发现有关黄金荣的任何消息，现在突然报道黄金荣出场参加劳动，而且还照样当总经理，势所必然引起众怒。

  在留存的黄金荣档案里可见，市民们在读报后无不义愤填膺。当时上海第四印染厂有个学习委员会，《新民报》消息一见报，学委会成员写了一封信给上海市人民政府新闻处，严厉质问道：

  "在大张旗鼓镇压反革命之际，竟刊载此类新闻，对他（黄金荣）似有表扬之意，使昔日鱼肉人民、横行霸道之反革命恶霸继续爬在人民的头上作威作福,本学习小组同志对此百思不得其解。……值此政府大张旗鼓严厉镇压反革命之际,对新闻言论有严格管制之必要,以免人民对政府的政策有所疑虑,特此恳请贵处转向新民晚报调查,并请其公开解释。"

市政府新闻处将此函转发给了《新民报》,并要求"希将检讨径复该厂学委会为荷"。

笔者没有查到《新民报》的"检讨"是否写了,如何写的,但报社不会不认真对待,研究应对方案。

从政府层面来讲,既然"似有表扬之意"的报道事与愿违,那么老老实实接受改造的消息才是上策。差不多一个月后,黄金荣的自白书发表在《文汇报》《新闻报》上,这其中想必有一定的关联度。

1951年,黄金荣在"大世界"游乐场被监督劳动

另外,有一张黄金荣在大世界门口扫地的照片,形象地表露了一代大亨的末路。黄老态龙钟,神情落寞,挂着长柄扫帚,身后两辆垃圾车,再后是上海人熟悉的"大世界"。这幢高楼,原本是他的一棵摇钱树,也是他在上海滩权势的象征。看得出来,这张照片摆拍无疑,并非日常的监督劳动,但要的就是"威风扫地"的效果。这张照片明显对应着《新民报》那则"似有表扬之意"的报道。政府让黄金荣这个总经理到大世界门口扫地,并邀请记者拍照后发表,以便平息市民愤怒,让他早日过关。

一张照片胜过千言万语,不仅可以从细节诠释历史,也可以从历史解读照片细节。黄金荣扫地的照片生动形象,很能反映当年的时代背景和特征。

但这张照片当年是否刊发过,又刊于何时何地,背后又有一些什么故事,很值得进一步探究,惜未见有明确说法。

但凡关于黄金荣的一些著述,均说此张照片在各大报发表后,引起社会极大轰动,予帮会分子以极大震慑。不过无一注明刊发时日、刊于何处。笔者不吝工夫翻阅了1951年前后数年的沪上各报,也未发现这张照片的踪迹。笔者不由猜测,当时或有这一想法,将此照片公开发表,但权衡下来,责令黄金荣写自白书公开发表,似更具威慑效果和平息作用,这才有后者的登场。自白书原件保存于上海市档案馆,此照却未见原件,上海市黄浦区档案馆保存有这张照片,但亦非原件,我们在拍摄《档案里的故事》时借用拍摄过。

七、黄金荣、杜月笙与上海银行家的结局

在香港,杜月笙与这些银行家,经常一起活动聚餐和商议事项,集聚成一股不容小觑的政治力量。对今后的去向,他们自然考虑再三,就在他们摇摆之际,台海两岸也竞相关注,各自派员进行试探工作。

解放初期金城银行董事长周作民的得力助手徐国懋从香港回来,周总理约他见面,他在《八五自述》一书中,对这次会面经过有详尽记述。"周总理向我问了几位银行界朋友吴鼎昌、钱新之、张公权、陈光甫、周作民、李铭、贝淞荪等人在香港的生活和事业的一些情况,我一一做了回答"。谈话约一个小时,这对一个日理万机的开国总理,何其不容易。

说到周作民,周总理说:"对于周作民先生的情况,我是知道很多的,以前我们在重庆有过交往。"原来抗战胜利后,周作民去重庆八路军办事处拜访过周恩来。

徐国懋回到上海后,副市长潘汉年又会见了他。潘同样十分关心周作民在香港的情况。他说,他已接到周总理的通知,要他对金城银行的人和事多加关照,希望他能早点回来。1950年夏,周作民冲破重重阻力回到大陆,担任了金城、盐业、中南、大陆四行和四行储蓄会改组的联合信托银行董事长,还出任全国政协委员。周总理专门请他在家里吃饭叙旧,以地道的淮扬风味菜肴招待他。一次在政协大会上,陈叔通带他去见毛主席,毛主席与他握手说:"你是北四行的人喽。"简单一句话,周作民很感动。

除周作民外,几乎没有大银行家再回到大陆。现在看来,杜月笙和银行家们很滑

头，认为大陆不能留，不清楚共产党的政策，观察一段时间再说。台湾也不能去，他们对蒋介石已经失望透顶，而且台湾穷乡僻壤，远不如香港经商环境好。留在香港，北京和台湾两头都不得罪，也都吃香。正如杜月笙之子杜维善在《杜维善口述回忆》里所说："我父亲有个很著名的做人准则，那就是做人做事都要'刀切豆腐两面光'，我父亲一辈子都与国民党、共产党打交道，左右逢源，即使到了香港，依然如此。"

不过从历史角度看，银行家不去台湾已经说明了问题。去港不去台，无疑是对蒋介石政权已经失去好感，只是对新生的共产党政权还不够了解，所以也不敢留在大陆。

这出于杜月笙见解的"两全其美"妙计，为他们今后的进退，留下了很大的余地。银行家听从了杜月笙的意见。银行界元老宋汉章也从上海来香港避风，其时他年事已高，约八十余岁，两耳重听。千家驹当时在香港，也动员他回大陆参加新中国建设，但未能如愿。他后来回忆说："宋汉章对国民党孔宋家族不满，但对共产党也害怕，我对他解释共产党对民族资本的政策，动员他回上海去，宋亦不置可否。后来宋汉章终于没有回去，病逝在香港。"

所谓不置可否，在当时已经来港的资本家包括银行家身上，这种心态是具有典型性的，因为他们还是要观察一段时间。

1950年4月，北京中国银行召开董监事会，邀请在港的原商股董事宋汉章、张嘉璈、陈光甫、李铭、钱新之等银行家回京参加会议。这批金融巨头难以定夺，遂聚集在陈光甫开设的香港中国旅行社开会，问计杜月笙。杜沉默良久，说："大家如不便公开回京，可委派代表赴京与会。"众人均依计而行。

杜月笙的做法已经算是中庸之道，但蒋介石闻讯大怒，派人前来质问杜月笙，并同样安排4月份在台湾召开中行董事会，要求杜月笙和其他银行家参加，最低限度，杜月笙等人亦须出具委托书，派代表赴台与会。这明显是出难题，杜月笙不慌不忙，气定神闲，甩出"一句闲话"，说："坚持立场，不作改变，对北京中行开会，既签委托书，则一切改变均不可能。"众人也仍照此办理。在香港，杜月笙仍是银行家的主心骨。

来人回去向蒋介石汇报情况后，蒋十分恼怒，再派亲信俞鸿钧、洪兰友来香港向杜月笙施压。杜干脆利落，回答道："如不见谅，有何危险，也只好认命了！"蒋介石竟无可奈何，无话可说。以上情节可见于杜月笙密友骆清华回忆。后来蒋介石还一再派人来港与杜月笙接触，要求他去台湾，杜月笙都以痼疾未愈不便远行，予以婉拒。

另有一件事情很能说明问题。上海方面对杜月笙的动向很是关注，1951年上海某报忽然刊出一则简讯，称"流氓头子杜月笙原居香港，忽于近日飞往台湾，原因不详"。

有关方面不知消息真假，立即通过上海市人民政府新闻处责询该报："此消息何来？目的何在？"要求立即调查清楚。后来得知属于道听途说，是报纸转载的小道消息，才稍微放心。

是年5月20日黄金荣自白书公开发表后，因为已经删改过，用了修改稿，刻意删掉了四一二时期杜月笙的名字。这两件事情的处理，杜月笙心领神会，知道大陆方面对他有所期待，无论如何，等于帮他搬掉了心中的一块石头，卸下了最重的一个思想包袱。

至此以后，杜月笙拒绝了蒋介石的一再邀请，而时时萌动回大陆的念头。可惜天不假年，临终之际，杜月笙关照家人叶落要归根，把他的遗体运回上海安葬。

抗战结束后，杜月笙返回上海，在一次聚餐中起立致辞，右侧为上海市长钱大钧

1951年8月16日，杜月笙在香港病逝，上海新闻报纸立即刊登了讣告，略云："杜月笙老先生于1951年8月16日下午5时在香港坚尼地台18号寓所寿终，谨此报闻。"虽然仅仅一行字，却绝非一般，在当时那个特殊的年代极不寻常，也意味深长。与此形成鲜明对照的，是蒋介石却无一点动静，迟迟不作表态，推其一大原因，在于杜月笙团结银行家抵制赴台。但杜月笙身后事，他哪能再自作主张，最终被运至台湾下葬。两年不到，1953年6月20日，黄金荣也在上海病逝。

此后大陆政治运动频起，那些常来常往的老朋友，泥菩萨过河自身难保，很少再来香港活动。在港的银行家也不得不打消返沪念头，或留港，或去台湾，或到巴西到美国到澳大利亚，也有极少数银行家从台湾回到香港。

"山川满目泪沾衣，富贵荣华能几时"，且看在港谢幕或远走高飞的主要银行家：

宋汉章，1949年去港，后远赴巴西，1963年再返港，1968年在香港病逝，终年96岁；

李铭（馥荪），1949年4月赴香港，1966年病逝于此，终年80岁；

吴鼎昌，1948年底辞去国民党政府一切官职，赴香港定居，1950年病逝，终年67岁；

陈光甫，1949年3月经泰国赴香港，1976年病逝于台湾，终年96岁；

钱新之，1953年赴台，1958年病逝于台湾，终年74岁；

张嘉璈（公权），1949年4月去香港，后赴澳大利亚转美国教书、研究，1979年病逝于美国，终年90岁；

贝祖贻（贝聿铭之父），20世纪70年代从香港赴美，1982年病逝于美国纽约，终年90岁；

刘攻芸，国民党在大陆最后一任中央银行总裁、财政部长，先去台湾，旋辞职来香港，再至新加坡经商，1973年病逝于新加坡，终年74岁。

……

土山湾人物三题：王安德、范殷儒、邱子昂

张 伟

画馆第一高手——王安德

土山湾画馆是中国近代美术教育史上的一方重镇，它生产物质，也培养人才，其中既有直接从土山湾走出的大家，如刘德斋、王安德、徐咏青等，更有大量受到画馆陶冶影响而卓然成才之有大影响者，如任伯年、周湘、张聿光、丁悚、徐悲鸿、杭稚英等，可说难以尽数，堪称中国西画传播进程中的一根标杆。徐悲鸿先生在20世纪40年代曾撰文指出："至天主教之入中国，上海徐家汇亦其根据地之一。中西文化之沟通，该处曾有极其珍贵之贡献。土山湾亦有习画之所，盖中国西洋画之摇篮也。"对土山湾画馆在传播西画方面所起的作用作出了很高且恰当的评价。然而，多年来由于种种原因，学术界对画馆的研究一直没有较大的进展，拿画馆人物来说，对刘德斋和徐咏青还有些简单的评介（仅限于此），对其他人物就哪怕片言只语的介绍也只能付之阙如。本文叙述的王安德，是画馆主任刘德斋的得力助手，也是画馆诸人一致公认的绘画第一高手。要研究土山湾画馆，王安德是一个不可或缺的重要人物，但目前所有相关文献，对此几乎都少有涉及。张弘星先生在《中国最早的西洋美术摇篮——上海土山湾孤儿工艺院的艺术事业》一文中指出："除了刘德斋，王安德也是一位出类拔萃的画家。我们对此人所知甚微，甚至不知道他的俗名。不过从他的教名来看他肯定是一中国籍画家，他的字叫静斋……从审美角度来看，此人的画作在艺术性上要高于刘必振。"[1] 张先生的文章发表于1991年，30年过去了，研究现状似乎并无什么进展。

（一）

王安德（1855？—1902），松江娄塘人，字太度，一作泰度，号静斋。王安德

---

[1] 载《东南文化》1991年第5期。

王安德绘《教皇良第十三》，刊1887年《道源精粹》第三册

王安德绘《救世真主》，刊1887年《道源精粹》第三册

王安德绘《救世真主》彩色图

的生年今天已难查考，从他活动的轨迹来推测，他应比刘德斋小十余岁，出生年份大约在1855年左右，故在画馆老师中，他的资格仅次于刘德斋。王安德也是画馆出身，我们从19世纪80年代他即已担任画馆的"首席画师"这一资历来看，他很可能是画馆1872年迁入土山湾后的首批学生之一；而且，他的成绩应该也是遥遥领先于他人的。这有事实可证明：首先，他能学习油画，这说明他的学习成绩在同学中是最好的，画馆中有资格获批学油画的学生极少，可以用"凤毛麟角"来形容；其次，在19世纪八九十年代土山湾出版的一些重要书籍如《道源精粹》《新史像解》等中，他都是主力画家，且书中最重要的图像，如教皇肖像等，上层也指定由他来绘制；再者，画馆中凡是出现有培养前途、可以学习油画的尖子学生，画馆主任刘德斋也一定委派由他来担任老师，一对一单独授课。另还有一事可坐实王安德"首席画师"之位，19世纪90年代，王安德等一批画馆第二、第三代学生都已出道成为教画老师，他们为画馆绘画教学生，画馆则以平均日工资作为计酬方式，服务若干年之后，会酌情加薪。1897年，刘德斋请示当家神父沈则宽后，决定给最得力的几位教画老师加薪，姚子珊、范殷儒

等都是每日加薪十文钱,而王安德则独享每日加薪二十文的待遇,对此众人都并无异议,且视为当然。由此亦可见王安德当时在画馆中一人之下、众人之上的崇高地位。

发行于1887年的《道源精粹》是土山湾出版的分量最重的一部图像文献书,由当时的江南教区主教倪怀伦(Valentinus Garnier)主编。倪怀伦在《序》中简明扼要地介绍了该书内容并作者:"是编所列凡七部:一、《万物真原》。由物类印证天主是道出诸于物者。二、《天主降生引义》。详记耶稣先兆。三、《天主降生纪略》。专述耶稣言行,是为道之渊奥天主亲告人者。以上皆艾子儒略撰。四、《圣母传》。圣母乃保道者。五、《宗徒大事录》。六、《诸宗徒列传》。宗徒乃传道者也。七、《历代教皇洪序》。教皇乃道统所系也。《诸宗徒列传》为高一志原本,余皆李司铎軏翻译西著,附缀于后。犹恐人未易领会,属刘修士必振绘图列入篇中,总其名书曰《道原精萃》。诸君子细读而玩味之获益必非浅鲜,而余区区之望亦得矣。" 如《序》所言,该书每卷均附有木版插图,共有图像300幅,由刘德斋率领画馆学生绘制插图。这300幅画中,其中110幅完全仿绘于法国人的铜板原画,其他则"博采名家,描写成幅"[2],也即具有一定的创造性。这300幅画大都不署名,但也有例外,如第三册中《救世真主》一幅,右下侧以篆体清晰地写着"王安德画"四字;同册中另一幅《教皇良第十三》,右下侧也同样以篆体标明"静斋恭画"。王安德当时大概三十岁,正是精力旺盛的年龄,虽然尚未到艺术精熟之际,但他能脱颖而出,承担最重要的绘画任务,而且能够成为书中唯一正式署名的画家,其在画馆中第一高手的地位一目了然。

关于王安德的土山湾画馆"首席画家"身份,当时还有一件事更能佐证。土山湾之所以在1887年编撰出版《道源精粹》其实是有背景的[3]。1887年12月31日是当时的罗马教皇良第十三圣铎品后五十年大庆,梵蒂冈为之举行盛典,世界各地都有礼物进献。当时,中国各省主教都精心准备了礼物进献梵蒂冈,江南教区主教倪怀伦当然也有所表示,《道源精粹》正是他准备的礼物之一。除此之外,他还准备有两件独特的礼物:其一,他一年前就下令让徐家汇圣母院拯亡会的修女准备一样富有中国特色的礼物进献,即以红、白、紫、绿、黑五种颜色各绣制一副祭披,可谓富丽堂皇,

---

2 方殿华神父:《像记》,刊土山湾慈母堂1887年《道源精粹》第1册。
3 《教皇大庆倪主教贡献略记》,笔者2011年7月购自孔夫子旧书网。

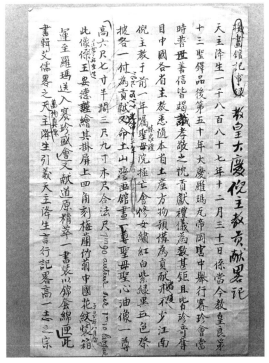

王安德绘《基督宣言》（彩色像），黑白图原刊 1894 年《新史像解》，此为后来的着色图

刘德斋《教皇大庆倪主教贡献略记》手稿中明确写道王安德代表土山湾画馆绘制《圣母圣心》巨幅油画像之事

精美之至；其二，倪怀伦同样很早就命土山湾画馆绘制一幅巨大的圣母圣心油画挂屏进献，此画高六尺七寸半，宽三尺九寸，如此尺寸的大幅油画，且是进献梵蒂冈的礼物，绝非普通画家敢于承担。画馆主任刘德斋亲自安排油画水平最高的王安德执笔，历时数月终于完工，挂屏上则刻绘梅、兰、竹、菊等中国传统花纹，堪称是一件中西合璧的两种文化完美融合的珍品。

（二）

当时类似《道原精萃》这样的书，还有 1892 年出版的《古史像解》及 1894 年出版的《新史像解》等著作，均为用图像讲解《圣经》的问答体书籍，通俗易懂，形象易解。《古史像解》收图 107 幅，均无画者署名。《新史像解》仿《古史像解》，全书共 100 段文字，每段文字占一页位置，每段配一图，从《匝加利亚在堂焚香》到《耶稣登山众前升天》，共一百图。书首另置《耶稣像》和《耶稣宣言》两图，末尾则附有刘德斋绘制的《垂训家庭》一图，故全书实共103图。这本《新史像解》较之《古史像解》，图像更加细腻传神，造型栩栩如生。值得注意的是，这次不少图像上有了绘者的署名，如在第一幅图《匝加利亚在堂焚香》的左下侧，有"王安德谨绘，A. Wang"的署名，其他图也约有一半或有"A. Wang"的署名，或有"A. W."的署名，显然都出自画馆第一高手王安德之笔。只是，这些署名的字迹都极其细微，且和图案线条混杂在一起，不注意细看是难以辨别的。《古史像解》的图像绘者到底是谁，目前还不得而知，但《新史像解》的图像绘者显然可以肯定是王安德，或者至少主要是王安德。我们可以说，19世纪末的土山湾画馆，虽然有七大高手之说，即王安德、范殷儒、陆锦章、李德和、徐咏青、潘逢时和夏升堂，当时有资格承接对外油画订单也即这七人，但王安德显然是其中当之无愧的第一高手，凡有对外重要的绘图任务，他都是无可置疑的首席画家。除上述为梵蒂冈绘制大幅圣母圣心油画挂屏外，其他如为圣衣院绘制《圣若瑟像》《耶稣像》《圣母领报像》，为浦东杨家堂画《圣安德肋像》，为丹阳教会画《圣母始胎像》《天主圣三像》等，也都由

王安德绘《匝加利亚在堂焚香》，刊1894年《新史像集》

王安德主笔或修改定稿。他还为教会绘制过一些重要的作品。1899年，姚会长下令要画馆画一幅大型油画《西默盎》，此人是耶路撒冷圣殿中为耶稣祝福之人，地位重要，这个任务自然又落在了王安德身上，他整整花了35天才完成此画的绘制，得到了会长和刘德斋的赞赏。此外，1907年，王安德还应教会梁神父之请，绘制了利玛窦、徐文定、汤若望、南怀仁四像，能获得这种经典人物的绘制任务，本身就是实力的体现。总之，王安德画馆第一高手这种权威地位的形成，绝非仅凭资格一项就可以定论，若没有过硬的绘画水平支撑，众人是不会服气的，"首席画家"的位置是绝然坐不稳也坐不长的。

因为王安德高超的绘画技能，特别是在油画方面的一骑绝尘，画馆主任刘德斋格外器重他，凡有重大绘画任务，第一选择一定是他；除此以外，画馆的学生中一旦出现有特别出色的苗子，刘德斋也会特地嘱托王安德出山，一对一亲自施教，以尽可能为画馆培养优秀的人才。徐咏青光绪十九年（1893）正月进画馆学画，由于天资聪慧又刻苦努力，故成绩出众，门门课都出类拔萃，被公认为画馆学生中绘画水平最高。当时画馆的学制一般为四年，如表现良好，则加学一年水彩，如天赋出色，则再延长一年，加学油画。但资质差的，也有仅学四年素描就让毕业的。徐咏青当然是有资格学油画的，刘德斋曾屡屡为他单独讲课。1896 年 8 月，徐咏青进画馆学画仅仅三年半，刘德斋就批准他可以提前学油画了，并亲自为他开课；七个月以后，刘德斋已经感到教不动这个出色的学生了，遂亲自请出王安德，嘱托他一定要认真施教，为土山湾培养出一个能光大画馆声誉的画家来。1897 年 3 月，王安德正式接手徐咏青，开始为他单独教授油画技法。王安德倾力传授，把自己的绝学毫无保留地示教给徐咏青，为时整整一年。1898 年 2 月，徐咏青被画馆正式批准满师，他仅用五年时间就学完了六年全部课程，且成绩优异。毕业后他还因绘画成绩好，得以和王安德等一起成为画馆中有资格对外承接油画订单的少数几人之一。刘德斋为报王安德的倾心教育之情，自己掏出银元来向他表示酬谢。类似像徐咏青这样的人才，还有一个陆庆荣，他 1897 进画馆学画，也是一个仅用五年时间就学完全部课程，并且几乎每门功课都考第一的画馆优秀学生，画馆老师都公认他天资颇好，学习勤敏。陆庆荣比徐咏青略小几年，因绘画成绩遥遥领先于同辈同学，故从 1901 年 9 月起，也是刘德斋安排由王安德单独向其教授油画技法，并由此成为 20 世纪初土山湾画馆的出色代表。

王安德在向陆庆荣传授油画技法时，身体其实已经很虚弱了，他时常咳嗽，呼吸也感到困难，但谁也想不到他的生命正在走向终点。1902 年春天，王安德甚至已经不能正常工作，必须整日躺在床上。刘德斋非常着急，不但亲自上门看望，还汇报主管孤儿工艺院的神父，获得批准后，延请院中擅长医学的夏维爱修士上门诊治，并四处张罗，寻找对症的好药。但一切努力都未能挽回他的生命，1902 年 5 月 15 日，土山湾画馆最杰出的一代画师王安德终因病重不治而逝，令人痛感悲哀的是，其时他才刚刚跨进中年之龄。王安德病逝后次日，刘德斋即写信告知正在家乡常熟休假的侄子刘文英，因王安德也曾应刘德斋之请，亲自教授过他。刘文英获悉后立即写信，请画馆代他向师母送去白米五斗，聊为济急。回到上海后，刘文英马上前往王家，慰问师母。王安德去世后，刘德斋不但自己出资相助，还嘱咐姚子珊、范殷儒等画馆师生帮助王家操办后事，并对王安德的妻子和子女一再谆谆教诲，后事要量力而行，家庭的善后更为重要。日后，王安德的儿子王荣祖、王荣宗能在画馆谋求发展，刘德斋也尽力予以了帮助。

土山湾画馆是近代中国最著名的西画传授之所，传承有序，人才辈出。范廷佐、马义谷是开创之师，陆伯都、刘德斋、范世熙是承前启后的第一代传人，第二代画师有王安德、安敬斋、姚子珊、王思福、宋德林、李德和等多位，而王安德则是其中最杰出的一位。他不但绘画水平高超，在19世纪末代表了画馆的最高水准；而且善于教书度人，一手培养了数位高徒，延续了土山湾画馆在西画方面的优势地位。如果假以时日，增其年寿，他的才华必将得到更大的发挥，他的成就与地位也将获得更为客观和公允的评价。

画馆大师兄——范殷儒

相比徐咏青，范殷儒可谓寂寂无闻，圈外几乎无人知晓；但要论起辈分来，徐咏青还应该叫范殷儒一声师兄：1898年徐咏青结婚时，代表画馆将礼物送去他家的正是范殷儒和王安德两人：一个是其师兄，一个是其师傅。

从土山湾画馆毕业的学生，一般有三种前途可选：其一是继续读书深造，将来有望以知识分子的身份立世。这种机会很少，但也确实有此可能，如王建生、李德和进初学院，殷楚宝、汪怀德入徐汇公学等。其二是离开画馆，到社会上去选择适合自己的职业，如徐咏青、王希贤、沈兆嘉等；其三则是继续留在画馆，绘一幅画，取一份钱，以此维生。走第一条路可能性太小；第二条路风险颇大，但只要有过硬的水平，作品受社会欢迎，就完全有可能名利双收；选择第三条路则毫无风险，可以吃一碗太平饭，然水平再高也不可能扬名社会，只能一辈子做一个无名画家，这似乎有点像中国的一些宫廷画家。范殷儒选择的正是这第三条路。

（一）

范殷儒，又名应儒、英儒，字古卿。约 1870 年生。他大约在 1882 年进画馆学习，1888 年满师，其时徐咏青尚未进入土山湾孤儿工艺院。范殷儒在画馆学习刻苦，成绩优异，是少数几个被批准进修油画的学生。满师后他留在画馆，成为了一名职业画师。范殷儒画技高超，性格温顺，又懂得报恩，对画馆、对老师都忠心耿耿，像他这样的水平和资历而又勤勤恳恳甘愿留在画馆效力的，大概仅此一个，故深得刘德斋的喜爱。1909 年，经刘德斋说合，教会方面同意范殷儒的大儿子范庆安进画馆学画，免除了他的后顾之忧，范殷儒因此而感激万分。一直以来，外界都有传说：土山湾不收父母健在家庭的孩子，所招均为孤儿。如丁悚先生在老年所写回忆文章《上海早期的西洋画美术教育》中就说："画馆向不对外招生，学生都是孤儿院里抚养长大的孩子。"[1] 这类说法其实并不准确。画馆学生确实以育婴堂出身的孤儿为主，但也有不少例外。当时有不少家庭托人向教会的神父求情，希望能把自己的孩子送进画馆学一门手艺。历年累积下来，画馆中普通人家的孩子也有不少，何况当时还经常有徐汇公学的学生到画馆学画的。区别在于，孤儿在画馆的生活和学习费用全部由教会方面负责，而非孤儿则要向画馆支付一定的食宿费用。如范殷儒的儿子在画馆学六年，前三年的饭钱须自己支付，每年 30 元（这个标准以后提高到 60 元）。三年后如学习成绩不错，尚可造就，就可享受免费待遇了。

范殷儒 1888 年从画馆毕业，之后一直留在画馆工作，数年后，他晋身成为画馆的老师，主教油画。王安德 1902 年病逝后，范殷儒即成为画馆中的大师兄，也是大家公认水平最高的画师，刘德斋将其视为自己管理画馆的左膀右臂，业务教学的主要助手。1907 年，范殷儒罹患重症，病倒在床，几天未到画馆。刘德斋得悉后焦急万分，一周内连续三次上门看望，并亲自审视药方，为其延医。1908 年，画师温桂生、宋德林相继离馆，外出高就，导致画馆一度人心浮动。此时，范殷儒坚定地站在老师一边，并为其出谋划策，以大师兄的身份，帮助刘德斋稳定队伍，度过难关，显示了其在画

---

[1] 丁悚：《上海早期的西洋画美术教育》，载《上海地方史资料（五）》，上海社会科学院出版社 1986 年版。

馆里中流砥柱的作用。

范殷儒的画技在画馆中是最高的，尤其是油画。受西方影响，当时上层人士非常热衷油画肖像，这些人地位高，影响大，故刘德斋不敢怠慢，热心接待，并主要安排范殷儒承接订单。现已知曾铸、马相伯、唐文治、詹天佑等名人的肖像油画都出自范殷儒之手；特别是宣统登位之年，清皇室慕名委托土山湾画馆绘制的宣统皇帝和摄政王载沣两幅油画肖像，也都由范殷儒亲手绘制。法国人史式徽在《土山湾孤儿院：历史与现状》一书中将这些画作为土山湾画馆的精品特地作了介绍："土山湾的世俗题材作品，主要包括主教、传教士、著名教友以及官员的肖像画。在1910年1月，一幅摄政王和小皇帝的巨幅油画，被作为驻京法国公使的礼物进贡，人们可以在北京皇宫的大厅里找到这幅画。"如果不出意外，今天的故宫里应该还保存着这几幅油画，若能欣赏到这几幅作品，则对范殷儒的油画水平，乃至土山湾画馆的教学水平，都能作出比较客观的评价。刘德斋对范殷儒的画非常看重，同样一幅画，如果其他画师对外标价八元，范殷儒的作品就要十元。对刘德斋亲自标的这个价目，其他画师也都心服口服，无人异议；而范殷儒绘制的精品，刘德斋甚至舍不得出售。范殷儒画过一幅《圣母莫尼加》，非常精湛，被刘德斋视为画馆杰作。1908年，重庆三德堂的神父到土山湾画馆，点名要范殷儒的这幅画。刘德斋不肯，只答应对方再临摹一幅，最后客人只能悻悻而归。因范殷儒油画技能高超，刘德斋常指定他单独教授某人，现已知杨达明、徐松林、顾杏生和王希贤等人的油画都由他一手所亲授。

（二）

范殷儒所绘作品存世很少，但有一幅画则影响很大，甚至有众多版本流传，可谓名动中外，这就是著名的《中华圣母像》。这幅画最初其实是一幅外件委托定制。1904年春天，上海南洋公学会的一个职员来到土山湾，要求委托定制一件"家具"，他拿出的样本是裕勋龄拍摄的慈禧照片和美国画家卡尔女士绘制的慈禧油画照片，要求以此画中的慈禧坐姿为样式，绘制一幅圣母子慈爱图，并最终制成木质模型形式的桌屏摆件。他并表示，这是要送到同年在美国举办的圣路易斯世博会上的"中国村"展览的，故希望既快又好地完成定制。土山湾孤儿院院长孔明道神父（Joseph de Lapparent）出面接受了这个订单，并将此转交给了画馆主任刘德斋。经过一番思索，刘德斋从徐家汇藏书楼的藏书中选定法国新古典主义画家安格尔（Jean-Auguste-Dominique Ingres）绘制的《圣体之后圣母》（Viergeà l'hostie）作为新画像中的圣母头部参照；又在徐汇中学图书馆的藏书中找到布拉格的圣婴耶稣像作为新画像中的圣婴头部参照。毫无意外，这个订单刘德斋依然交给了范殷儒来绘制。范殷儒按照刘德斋的嘱咐绘制完成后，将样图先交给客户南洋公学会审看，经修改之后即成《圣母皇后》像。样图确定后交给木工间主任葛承亮分配工匠雕刻成了"圣母皇后"的桌屏，再让金工间主任单蔼宓（Æmiliaus Liger）吩咐工人进行镀金，完工后交货，直送圣路易斯世博会上的"中国村"。

圣路易斯在历史上曾是法国的管辖地，为路易斯安娜州的首府，它的名字也是以法国国王路易十五和他的保护人路易九世来命名的，时在18世纪中期。1804年，法国人将路易斯安娜北部转让给了美国，并于1812–1821年间成为了美国密苏里领地的首府。1904年举办的圣路易斯世博会，就是为了纪念美国购入路易斯安娜100周年。当时，圣路易斯是美国密苏里州和整个密西西比河谷区人口最多的城市，也是当地工商业和教育文化的中心。圣路易斯世博会的规模在当时为历届世博会之最，共有60个国家参加。中国政府也很关注这届世博会，世博会委员到北京传达邀请时，慈禧太后亲自召见了他，在详细询问了有关世博会的情况后，决定中国政府接受邀请参加此届世博会，任命溥伦贝子领衔负责相关事宜，并担任团长出席圣路易斯世博会。这是中国政府首次以官方形式率领商人出席的世博会，为此在圣路易斯建造了中国馆和中国村，总计花费了170万元。有意思的是，美国女画家凯瑟琳·卡尔绘制的那幅慈禧太后画像，也由外务部饬令总税务司寄圣路易斯参展，会展结束后，这幅画还作为中国政府的礼物，运往华盛顿，美国总统西奥多·罗斯福在白宫举行盛大典礼接受画像，并移交美国国家博物馆收藏。可以想象，正是在此背景下，才有了上海南洋公学会委托土山湾画馆定制《中华圣母像》之举，如果对比一下的话，慈禧太后的画像和桌屏有着太多的血缘关系和相像之处。最后结局自然是功德圆满：上海南洋公学会送展的这具"圣母皇太后桌屏"被世博会颁发特别金色奖牌；据说，所有参与制作"圣母皇太后桌屏"的有关人员后来都如愿升了官发了财。

1908年，法籍遣使会士雷孟诺神父（P. René Flament）调任直隶北境代牧区东间（今河北东闾县）天主堂本堂后，觉得堂内原有的由贞女所绘圣母像"人物繁多，不够典雅庄重，不适宜祭台供奉"，决定另外绘制一幅。他写信告诉土山湾孤儿院：想要一幅"穿着中国衣服的圣母像"。刘德斋觉得原来那幅"圣母皇后"桌屏底稿完全符合雷孟诺神父的要求，便略作修改，让范殷儒重绘后寄往东闾。这幅圣母子像后来被命名为《东闾圣母》像，在北方流传很广；1924 年，又因得到参加第一届主教会议的宗座代表刚恒毅（Celso Costantini）主教的赞扬，并将之命名为《中华圣母像》而声名更隆。这幅画的各个版本还先后参加过 1915 年的旧金山世博会、1925 年的梵蒂冈传教区博览会等，在中国和欧美等地都有着广泛的影响，至今在旧金山圣依纳爵堂和梵蒂冈教堂，都还保存着这幅《中华圣母像》。虽然版本众多，但追根寻源，这幅画的母本都来自于上海土山湾画馆的范殷儒绘制的作品。

（三）

进入 20 世纪以后，土山湾画馆资历最深、画艺又最精湛的范殷儒，无论在馆外还是馆内，他都是当之无愧的坐第一把交椅的佼佼者。馆里师兄弟遇有难事，他主动出面张罗，为他们求得教会方面的帮助；师傅刘德斋在画馆事务上碰到烦心事，他出谋划策，积极化解，充分发挥大师兄的特殊权威；教会方面有什么需要帮忙的，他也热心承担，带领大家不计酬劳，出力相助。1897 年，当时的土山湾孤儿院院长、华籍耶稣会士沈二神父（沈则宽，字容斋），决定将徐家汇天主堂周围旧屋拆除之后的材料用来建造一座新的房屋，作为徐家汇土山湾教友社区（教徒村）的议事中心，也是该社区中举办中式婚丧嫁娶礼仪的地方。当时，由于以五埭头为代表的教友社区已经形成，而各家房屋都比较狭小，遇到红白喜事尤显局促，"六礼之行，无以尚也"。这个议事中心位于圣衣院北面（今上海电影博物馆附近），它的建造就是为了解决教友们的这个实际困难，沈则宽将之命名为叙伦堂，意为五伦攸叙。为突出"五伦"的象征意义，他让当时在土山湾画馆

有范殷儒 wan yu zu 签名的中华圣母子像

中水平最高的教师范殷儒率领学生在屋外绘制各种飞禽走兽，在屋内则绘制《五伦图》。"五伦图"也称为"五翎图"，即以五种鸟类象征五种伦理道德：以凤凰象征君臣，仙鹤象征父子，鸳鸯象征夫妻，白头翁象征兄弟，燕子象征朋友。古人以"君臣、父子、夫妻、兄弟、朋友"为"五伦"，要求"君臣有义，父子有亲，夫妻有别，兄弟有叙，朋友有信"，而这也正代表了中国固有的传统文化在这个特殊的社区中依然在强有力地延续。在屋面墙壁上绘制这样的大型图案，难度不小，颇具挑战性。范殷儒作为领军者，压力很大，他思考了很久，先画出草图，再勾勒还原到墙上，然后带领画馆同事一笔一笔地细心描绘，花了好几天功夫，才圆满完成了沈二神父交办的这项任务，并得到了教会上下的一致称赞。

随着土山湾在外界的影响越来越大，孤儿院的各部门也更加乐意参加外界的各类活动。1910年6月至11月（宣统二年四月至十月），晚清中国的第一次全国博览会——南洋劝业会在江宁（今南京）召开。全国各地除蒙古、西藏、新疆外，22个行省全都提供了展品。土山湾孤儿院也获准参展，但由于场地原因，参展作品件数有限制，院方遂指派画馆方面代表土山湾参展。刘德斋精心选择，画馆水平最高的几位画师的画作悉数入选。到劝业会闭幕最后评奖时，由于土山湾画馆选送的绘画作品技艺精湛，整体水品较高，因此获得了多项奖项，作为一个统一的出展方，土山湾孤儿工艺院可以说大获全胜。其中，范殷儒一人荣获优等奖一枚、金牌奖一枚，是土山湾画馆所有参展者中成绩最好的，其获得奖牌等级之高，甚至超过了当时的海上著名画家黄山寿、王一亭、高剑僧、杨逸、张聿光等人。

和王安德相比，范殷儒的生平资料似乎更少，几无可觅之处，他所绘的作品，今天也极少能够看到。在艺术史上，这其实是一个普遍现象：一般文人画家，喜欢舞文弄墨，除了画作之外，往往写有其他文字作品，更有日记、书信存世，参加各类活动，也常有媒体报道，因此其生平多少留有痕迹，后人大致能据此钩沉索隐，考证推断，沉累堆积，名望遂更著；而文化程度不高的画家，本人基本不会写作，旁人又往往将其视作工匠，不够重视，日积月累，遂愈加沉落，直至淡出人们视野。

印刷史上的邱子昂

邱子昂,名元昌,以字行。上海青浦人,生卒年无确切记载。邱子昂的一生,与土山湾印书馆有极深渊源,其学艺、交游、举事,皆与土山湾印书馆及石板印刷术有关,欲述其人,须先述与其相关的土山湾印书馆之始末。

1870年前后,时任上海洋泾浜若瑟堂院长的苏念证神父(1824—1886)在拍卖行中拍下一批铅铸中国字,为预备江南省传教之用,置于洋泾浜大堂东之洋楼内。随后苏神父安排两个学徒陈克昌和钱裴理去上海虹口望益纸馆印书房学习排铅字,以备日后教会能自己开印。1873年夏秋间,这批铅铸字搬迁至土山湾。1874年,晋铎不久的严思愠神父(1839—1903)担任土山湾孤儿院的管账,兼管铅板印书事务。

1874年,法籍修士翁寿祺(1830—1895)由徐汇堂调至土山湾,助严思愠神父管理印书馆。严神父专管排字印书,翁修士则自学排字兼管石印。土山湾的石印架子与石头,由比利时籍修士娄良才置办,原本放在徐家汇。娄良才过世后,这些石印设备无人使用,遂搬至土山湾印书馆。1876年秋,翁寿祺接手管理土山湾印书馆。据《江南育婴堂记》所载:"邱子昂先生,颇有才能,十余年间,助翁相公管理印书房,相帮不少。"

清末时期,土山湾印书馆的石印技术在业界居领先地位,图为工人们正在用石印车印刷书籍

所谓石印术,是指在石板上印刷的技术,由德籍捷克人阿洛伊斯·塞纳菲尔德于1796年发明。这项技术根据石材吸墨及油水不相溶的原理创制,在特殊石版上直接书写图文,再通过化学腐蚀制版,印刷成文。经过改进后的石印技术能任意将图文放大缩小,解决了不规则图形和特殊符号的印刷难题,操作简便,省时省钱,大大解放了生产力,受到了市场的欢迎。石印在19世纪初即开始流行于欧洲,成为贯穿整个19世纪的主流印刷方法之一。

至迟于19世纪30年代,石印术就开始影响中国。上海开埠后,石印术传入申城,最早试用于麦都斯的墨海书馆，但只是作为辅助手段，应用并不广。1876 年，土山湾印书馆开始大规模使用石版印刷技术，设立了石印部，专门印刷天主教宣教读本，当时极具影响力的创办于 1879 年 3 月 16 日的《益闻录》，即由土山湾印书馆石印出版。可以说，此后 30 年在上海所形成的石印出版的高峰期，即由土山湾印书馆始，就这一点而言，翁寿祺和邱子昂堪称石印技术的先行者。

《江南育婴堂记》中还有关于邱子昂离开土山湾后的记载："1899 年，至大德油厂，助朱子尧经理全厂事务，颇著成效，后助子尧等开创图书公司，于上海小南门外教场地。"

邱子昂与点石斋印书局亦有渊源，可以说，点石斋印书局初创即大获成功，与邱子昂不无关系。点石斋印书局的创始人美查也是《申报》的创始人，据王云五《万有文库》第一集之《一千种近代印刷术》中所述：

> 美查历年经营颇有所得，于是先后添设副业，点石斋石印书局即其一也。开办之初，即聘土山湾印刷所之邱子昂为石印技师，最初印刷《圣谕详解》一书、姚公鹤《上海闲话》。闻点石斋石印第一获利之书为《康熙字典》，第一批印四万部，不数月而售罄；第二批印六万部，适某科举子北上会试，道出沪上，率购五六部，以作自用及赠友之需，故又不数月即罄。

而据美查在 1878 年 12 月 30 日的《申报》上所刊载的广告：

> 本馆近从外洋购取照印字书新式机器一付于点石斋中，延请名师监印，凡字之波折，画之皴染，皆与原本不爽毫厘。兹先取古今名家法书楹联用电气照于石上，然后以墨水印入各笺，视之与需毫染翰者无二计。……

再与 1879 年 6 月 22 日《申报》第 1 版的广告相较，"本斋于去年在泰西购得新式石印机器一付，照印各种书画皆能与元本不爽锱铢……"，可知 1878 年点石斋印书馆购买了石印机器，亦在这一年，美查延请邱子昂为点石斋印书局的石印技师充任技术指导与监印。

邱子昂在点石斋印书馆充任石印技师想必是兼职，此时他的主要工作是在土山湾印书馆协助翁寿祺修士，直至 1899 年去大德油厂协助朱志尧主理全厂事务。朱志尧为马相伯外甥，毕业于徐汇公学，熟稔土山湾之草木人事，想必与邱子昂向来交好，深知其才能，甚为器重，重金聘请，由是邱子昂离开了徐家汇土山湾印书馆，赴杨树浦大德油厂就职。

《大公报》的创始人英敛之（1866—1926）素与马相伯相识，其办报之初，得到马相伯不少指点与帮助，其采购印刷机器、纸张、墨等，亦通过朱志尧的介绍而得到邱子昂的指点。据英敛之日记所载，1901年，他为开办《大公报》专程赴沪采购印刷机件。在1901年8月12的日记中写道：

> 同邱子昂同乘车至铁马路永安里吴云记印书局，看铸字、浇板诸事……同朱（志尧）及邱赴张园西汪卿穰处，伊现病，让内坐，谈及沈北山鹏实有心疾，不可相邀，乃荐蒋公为主事。……同邱再至吴记，始唔吴姓者，细询机架各事，复详览一遍，邀吴同出，至美华书馆，细阅铸板、铸字各事……

短短一段文字，所及皆为当时报界的风云人物，从中可窥见诸多细节，单就邱子昂而言，可见其在沪上的交游，亦非仅仅只是一个石印技师那么简单。

英敛之8月14日的日记所记："午饭后至银行，致尧（即朱志尧）代誊邱子昂所开机器、铅字、纸、墨细单。"此银行乃是朱志尧任买办的法商东方汇理银行，开办《大公报》所需的一应设备原料，英敛之均按照邱子昂所开细单去采买。此细节亦可见邱子昂之主事能力，以及深得朱志尧之信赖。故1902年，徐家汇土山湾重修慈云桥，朱志尧全权委托邱子昂采买建桥所需铁料。

1906年，中国图书有限公司成立，朱志尧任董事。据1906年8月18日《申报》所刊登的《中国图书有限公司广告》可知，公司分编辑所、印刷所、发行所和收支所四个部门，其中印刷所主任正是邱子昂。

邱子昂的能力不仅限于印刷业，除大德油厂外，邱子昂亦在面粉业有所作为。上海新民图书馆1912年12月刊行的《商业实用全书》，为周剑云主编，郑鹧鸪校订，第一卷内容包括钱业、金业、漆业、面业、纺织业五方面，分别由谷剑尘、谷颂仙、田诚忠、吴鸿钧、郑鹧鸪、邱子昂、姚民哀、梁溪、晨农等人执笔。其《面业》一章，作者署名为"青浦邱子昂述，南沙姚民哀著"。由此可见，邱子昂为青浦人，朱志尧亦祖籍青浦，从中亦可推知两人交情之由。

海派漫画刊物、漫画家举隅

谢其章

"海派"与"京派"一直是成双入对的。鲁迅说过:"是有些新出的刊物,真正老京派打头,真正小海派煞尾了;以前固然也有京派开路的期刊,但那是半京半海派所主持的东西,和纯粹海派自说是自掏腰包来办的出产品颇有区别的。要而言之:今儿和前儿已不一样,京海两派中的一路,做成一碗了。"鲁迅文章的题目很直接,"京派和海派"!到了漫画刊物这里,不存在什么京派和海派之争,简直就是海派的一统天下。说起漫画刊物的数量,京派一本也拿不出来,京派漫画家只能舔舔海派漫刊的碗边。我说的一本也拿不出来,好像有点绝对了,沦陷时期北平倒是出过一本《北京漫画》、一本《中华漫画》,可是那种漫画的水平上得了台面吗?反倒成了一个历史污点,不提也罢。

20世纪20年代上海便出产有专门的漫画杂志,如《泼克》等。据漫画家王敦庆(1899—1990)在《中国漫画史料的断片之一——介绍上海最老的一本幽默杂志》里讲:"照漫画艺术与幽默文学的纯粹定义观察起来,许多上海通都说,上海所出版的最老的一本幽默刊物却要算 The Raffle《饶舌杂志》了。虽则最近也有人说光绪十三年所出版的《点石斋画报》才是真正的老资格漫画杂志。"关于谁是中国漫画史最早的漫画杂志,这个争论牵扯到高深的理论,本文搁置不谈。30年代漫画杂志于上海达到了全盛时期,大大小小的漫刊约有二十来种。漫画杂志的勃兴与新文学成为主流的时代大致同步,这是我的看法。1937年7月抗战全面爆发,漫画和新文学一同衰退,失去了名家辈出、群星闪耀的光芒,换一种说法,即与时局共进退吧。另有一种现象可以说明我的看法不无道理,20世纪50年代至今影印过的文学期刊大多数是抗战之

《泼克》杂志创刊号

《上海漫画》第4期封面画《夏赏绿荷池》

《红玫瑰》6卷34期封面画《竹爿上的叫货生意》

《漫画生活》第8期封面画《第二次世界大战的牺牲品》

前出产的。作为消遣娱乐通俗读物的漫画刊物好像只影印了两种《上海漫画》和《时代漫画》，均为抗战前上海出产。

　　漫画刊物为什么集中出版于上海，全国的漫画家为什么甘愿作"海漂"于上海寻求艺术发展，这种现象与上海这座繁华之都有何内在的关联，于我是不知道的。我只是被海派漫画杂志独有的风味所吸引，心甘情愿地掏钱皮集。文学杂志的集藏也是我的兴趣所在，这个时候我不大偏向于海派或京派哪一方。与漫画杂志的一边倒很相似的是电影杂志，京派又是一败涂地。为什么这么讲，因为我写过两本专门的书，一本是老漫画，一本是老电影，材料之来源大部分来自上海，似乎不是信口胡说。

　　文学刊物里冷不丁地见到一两幅插图感觉很惊喜，漫画刊物也是这个道理，不同的是漫画刊物里的文字一般而言水平都不高。由于这个原因如果某种漫刊刊载很有意思的或者是名家的文章，我会另眼相看，价钱也可以出得高一些。《漫画生活》便是特出头地的一本，众多名作家给它写稿。尤其是鲁迅的《弄堂生意古今谈》，活脱一幅漫画风的杂文。"寄沉痛于幽闲"几句，显而易见是讽刺林语堂及其倡导的小品文。我在读鲁迅这篇文章时，有个新的看法，鲁迅所云"五香茶叶蛋""两个人共同卖布，交互唱歌颂扬布的便宜"与《红玫瑰》杂志第 13 期的封面画"五香茶叶蛋"，第 34 期的"竹扦上的叫货生意"不谋而合，还可以说是上好的图解文字吧。

鲁迅给《漫画生活》投过三篇稿，其中一篇给检查官老爷给"咔嚓"了未能与读者见面。鲁迅说："《阿金》是写给《漫画生活》的，然而不但不准登载，听说还送到南京中央宣传会里去了。……后来索回原稿，先看见第一页上有两颗紫色印，一大一小，文曰'抽去'，大约小的是上海印，大的是首都印，然则必须'抽去'，已无疑义了。"本来轻松消遣的漫画读物，想不到也会犯忌。这种怪事不只《漫画生活》碰到过，《时代漫画》也遭遇过勒令停刊，停了若干期后又解禁，黄苗子于复刊号挑衅似的画了幅《开禁图》终归比《漫画生活》的下场强一点。漫画杂志《俱乐部》1935 年 2 月于上海创刊，仅出一期即被禁，原因是郑光汉的漫画《树倒猢狲散》被认为是讥讽蒋介石，因此一纸查禁。

鲁迅对于 30 年代漫画持有尖锐的批评。鲁迅买寄《漫画生活》送给日本友人增田涉，附函中说："《漫画生活》则是大受压迫的杂志。上海除了色情漫画之外，还有这种东西，作为样本呈阅。"这既是对《漫画生活》的表扬，也是不满情色漫画的泛滥。不必讳言，某些非常有名的漫画家都多多少少画过低级趣味的、格调低俗的，甚至是情色的漫画，如张光宇、丁聪、张乐平。

给《漫画生活》写稿的还有巴金、郑振铎、茅盾、老舍等许多名作家，为刊物增重。这样的荣光似仅见于《漫画生活》。令人不解体量只有区区 13 期的《漫画生活》为什么只出了个选本，而不是像《时代漫画》（总 39 期）全套影印呢（《时代漫画》影印了两次）？漫画界向少理论的支持，《漫画生活》及时发现了这个缺失，连续发表了石生译述《论漫画》《时事漫画概论》，黄士英《中国漫画发展史》《漫画和民族解放斗争》，汪子美《中国漫画之演进及展望》，方之中《民族自卫与漫画》，石生《西洋漫画史略》《漫画家的素质》等文章。我更喜欢读黄士英和汪子美的漫画史综述。黄汪两位本身是漫画家，能画能文，难得。汪子美是被漫画史和评论家低估和漠视的漫画家，如果"写漫坛点将录"的话，汪子美最损也是"天勇星大刀关胜"吧。

海派

汪子美的《鲁迅奋斗画传》和《新八仙过海图》洵为漫画史上的两幅旷世之杰作。

《上海漫画》有两种,一种是4开报纸型的,一种是常规16开的。前者已全套影印,厚厚两大本,我的存本不是买的,参加什么征文获奖的奖品。记得叶冈(1919—2004)于《文汇报》为影印《上海漫画》写的前言,当时很是打动了我。上海滩一度流行像报纸那么大的杂志,比如《十日谈》。大有大的难处,保存和携带不大方便,邮寄时非折成两半不可,所以我们今天见到的此类杂志中间都有一道折痕。2002年,上海创刊号集藏家冯建忠在北京鲁迅博物馆参展"民间藏书家精品展",冯建忠所藏《十日谈》创刊号,给我印象很深的就是那道折痕。可能就是这个原因吧,《十日谈》出了十几期之后改版为常规16开了。

常规16开的《上海漫画》水准很高,但是并非"名家云集"。漫画刊物与文学刊物有一点很相似,都是有各自的作者队伍,也就是所谓的"圈子"。现在非常有读者缘的漫画家丰子恺,当年的漫画刊物并不拿他当头牌或主角看待。这种现象也许与丰子恺的画风有关,不温不火,一副与世无争的样子。《上海漫画》的头牌是全才型的汪子美,拳打脚踢无所不能。汪子美(1913—2002)的女儿

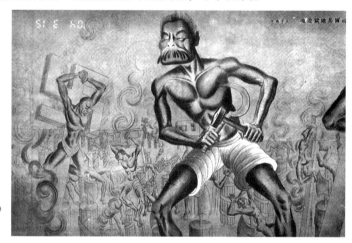

汪子美绘《高尔基地狱游魂》

十来年前电话联系我,她上天入地般的搜罗父亲的漫画原作,用力甚勤,收获亦很可观。一些老派文化名家,如果后辈不给劲不作为,那么父辈的成就及名声慢慢地就会被后世所淡忘甚至完全消失。据我所知,后辈尽心尽力的有丰子恺的女儿丰一吟,郑逸梅的孙女郑有慧,金性尧的女儿金文男,陶亢德的女儿陶洁。漫画界的后人努力似乎很不够,也许漫画很难像文学似的再重新出版。汪子美的女儿不可谓不努力奋争,但是至今未见汪子美的画集面世。

汪子美以鲁迅为漫画对象的画作很不少,尤其是鲁迅逝世之后的几幅,颇有"大不敬"的感觉,这种感觉有可能来自我们对于漫画功能的误解,更有可能来自于我们

头脑的僵化。《鲁迅奋斗画传》是汪子美的代表作,我特别喜欢,曾经在街上经营复印照相的小店里制作成大幅的仿品,装在画框里欣赏或送给朋友。《上海漫画》第7期出版于1936年11月15日,第6期出版时鲁迅还在世呢。第7期相当于悼念鲁迅专号吧。漫画刊物绝不同于文学刊物,因此漫画家的悼念方式总给人奇奇怪怪的甚至幸灾乐祸的感觉。也许各种艺术形式都适合悼念鲁迅之死,唯独漫画不适合。第7期的封面是汪子美画的《鲁迅与高尔基》,高尔基手持镰刀,鲁迅手握锤子,寓意不言自明。画面下有一段汪子美代拟的饶有风趣的对话——高尔基:辛苦下我刚收割完了收获来的,你怎么还带着铁锤来了?那件工程如何?鲁迅:唉!连基础都没有打好呢!你不知道在我们那里做这个建筑多么困难!我们的青年工匠是勇敢前进的,但是仍旧有一群喝苦茶磕瓜子,玩苍蝇弄花眉的人,游魂一样地缠绕着大众的足趾,使他们迷离彷徨,难以迅速前进。我呐喊了这许多年,竟就此声嘶力尽了!

汪子美绘《秋虫音乐会》

汪子美熟悉文坛派别之间的纠葛,熟悉周氏兄弟之间的分歧,"喝苦茶磕瓜子"的是苦茶翁知堂老人,"玩苍蝇弄花眉"的是林语堂小品文所倡导的"宇宙之大,苍蝇之微,皆可取材"。汪子美于《时代漫画》上刊有《文坛风景》一画,主角是周氏兄弟,鲁迅高居"普罗列塔"尖端,周作人则"骑驴过小桥,独叹梅花瘦"。汪子美旁白了一大段精彩的风趣的文字,图文并茂是汪氏漫画的特色。对于小品文论语派作家,汪子美画有不少大幅漫画,似有偏爱。

《鲁迅奋斗画传》里也有高尔基的形象,联想到本期里宪七所作《相见恨晚》和《鲁迅出殡阵容图》(石锋作),漫画界对于万众景仰的鲁迅或许另有看法。高尔基病逝于1936年6月18日,瞿秋白曾称鲁迅为"中国的高尔基",鲁迅翻译过高尔基的作品,仅此而已,漫画家们偏偏多事,常常给两位画在一起好像两位文学巨匠生前多熟似的。

漫画是一个易引误解与岐义的画种，看漫画应该另具一副眼光，一笑了之可也。

汪子美不必劳驾别人点他的将，他自己早就把"点将录"巧妙地用在了漫画创作《国防人才点将录》里。这幅八格漫画有别于"点将录"形式，汪氏的创意在于用八位或真实或虚拟的人物来挽救羸弱的国防危局，完全是戏谑的口吻。如："国家兴亡，影星亦有责，皇后胡娘娘慨然自告奋用，牺牲色像，担任重要间谍。灯红酒绿，周旋敌军官佐间，不知颠倒多少色鬼迷，甘心作东洋殷汝耕也。"（"电影皇后"胡蝶）"美人鱼秀姐专任海底探哨，侦察敌人潜艇动态，得随报告海军司令，有所防范。敌人阿木林，犹以为寻常海中美人鱼类来往游动焉。"（"美人鱼"杨秀琼）"拔选梅博士芳郎出任外交大使，向敌政当局提九九八十一原则，务求达到目底。想料凭梅郎沉鱼落雁之貌莺啼燕啭之音，必能使吾外交明朗化云。"（梅兰芳）"再派幽默大师林教授携古代小品集及幽默刊物两万万部，赴敌国分送各地，青年学子，并流动讲演，幽默与灵性之趣旨，以消灭其青年国民爱国前进思想。预料不久彼邦全国青年，皆口衔香烟，坐厕所内，读小品文，不复问国事矣。"（林语堂）

汪子美绘《新八仙过海图》

漫画加文字旁白，目的是加强漫画的力量，汪氏这篇旁白近乎痴人说梦，油腔滑调，非上乘之作，较同期他的作品《春夜宴桃李园图》逊色不少。

连环漫画于30年代的漫画界盛行一时，长盛不衰流行至今的当属张乐平的《三毛》，曾经改编为电影《三毛流浪记》，家喻户晓，我们小的时候都喜欢三毛。只有追踪到漫画史，才知道当年与《三毛》齐名的海派连环漫画还有鲁少飞的《改造博士》《陶哥儿》，叶浅予的《王先生》，高龙生的《阿斗画传》，黄尧的《牛鼻子》，梁白波的《蜜蜂》等。北方仅有朋弟（冯棣）的《老夫子》《老白薯》《阿摩林》独木支撑。汪子美对海派连环漫画有过综述性的评论，并对《王先生》《牛鼻子》等五部连环漫画具体解读：

"《王先生》的成功不在它跳上银幕出风头，而在作者始终没有放下病态社会的解剖刀。""虽然《蜜蜂》在出现时并没有获得多量的喷赞，停止后也不能留下广众的追念，但是在纯粹艺术趣味的成分方面，那媚态媚姿的'蜜蜂'的造型，确不失为一种最高节奏的成就。""《牛鼻子》是纯以趣味为中心，画面最干净的一种连续漫画。""《阿斗画传》的出现可以说是连续漫画的异军突起。作者高龙生是以纯北国情调的笔姿完成他那种朴实古拔的作风。""用四小幅画面完成《三毛》的作者张乐平，论他的技巧，很可以创制趣味更浓厚的人物，但是他却画了一个小孩子，名字叫三毛。"历史的经验告诉我们，漫画的欣赏要从娃娃开始，这也是张乐平成功的经验。

汪子美称得上漫画家，在于他漫画艺术理论高出同行一大块。他对于上述五种连环漫画做了高度概括："五个连续漫画，作者是各展示不同的个性的，《王先生》是纯客观的写实，刻画人情入微，精于故事的编制；《阿斗画传》是喜用象征手法，富于夸张，盛于火气，苦心经营诡奇的发掘；《三毛》是倾力检讨儿童心理，讽刺态度温和不锐；《牛鼻子》是专事搜求小趣味，偏重于成语寓意的嘲讥；《蜜蜂》是美丰姿，善修饰，轻声责人，讽语柔而不实。我有一种比拟：《王先生》好比长篇小说，《阿斗画传》犹似中篇猎奇，《三毛》如同小品童话，《牛鼻子》类若短隽趣闻，《蜜蜂》则仿佛抒情散文诗了。"

一生以漫画为职业志向的漫画家，可谓凤毛麟角，丁聪算一个，汪子美的漫画生涯满打满算不超过20年。如今世人只知张乐平丁聪们，汪子美则寂寂无名。90年代有一种《老漫画》丛刊，出版了六辑，老漫画家的史料挖掘了不少，出版家范用提供了大批原版的30年代漫画杂志为丛刊增色增重。前几天网络布衣书局拍卖全份《老漫画》丛刊，最高出价者只有区区32元。我费劲巴拉写成的书《漫画漫话》，有一半积压在库房卖不出去化为了还魂纸。今代对于往昔风华绝代的漫画刊物和漫画家，简直不屑一顾，任其自生自灭。本文还能往下写几千字甚至几万字，还想写写与汪子美同样杰出的漫画家胡考（1912—1994），还想写写那些可爱的得之不易的漫画杂志。到底"人穷莫入众，言轻莫劝人"，算了吧。

温源宁文集《不够知己》的原稿

柯卫东

民国二十二年(1933),温源宁教授(1899—1984)辞去北大外国语文学系主任教职,自北平移居上海。翌年他为《中国评论周报》(The China Critic)主编 Unedited Biographies(《人物剪影》)专栏。《中国评论周报》是一份很有影响的英文周刊,由有欧美留学背景的知识分子所主办,名人如马寅初、胡适、潘光旦、林语堂都曾任编辑或特约撰稿,存在于 1928—1946 年间。这份周报的形式,从排版到印刷纯是欧美出版物风格,印刷精美,纸张用上好道林纸,开本为半张报纸大小,每期 24 页。这样的旧刊很让人喜欢,虽然并没买过几册。因为纸张坚固,至今状况良好,从保留珍贵史料的观点看,这是最佳的办法。周刊社址在老上海卡德路(Carter Road)95 号,20 世纪 40 年代改名嘉定路,现在称石门二路。

温源宁

温源宁主编的专栏,刊登人物随笔有 50 余篇,多数没署名,文章有他自己写的,也有别人写的。1935 年,他从自己写的文章中抽出 17 篇,编为一册,取名 Imperfect Understanding 由上海 Kelly and Walsh, Ltd.(别发洋行)于 6 月出版。这 17 篇每篇传一个人物,皆为当时之名人,名单如:吴宓、胡适、徐志摩、周作人、梁遇春、王文显、朱兆莘、顾维钧、丁文江、辜鸿铭、吴赉熙、杨丙辰、周廷旭、陈通伯、梁宗岱、盛成、程锡庚。书前有短序,申明这些文字无不是遣兴之作,本该扔到字纸篓里去,是由于朋友的喜欢和撺掇才结集成书。自己无意冒犯他人,如果其中的言辞让人感觉不悦,也只好请求原谅云云。这一番议论不只是因为谦逊的缘故,盖文章在专栏刊载时,已引起诸多非议。

专栏第 22 期刊《林文庆医生》(此篇没收进书里),文中写道:"(林氏)论职业,是一名医师;讲兴趣,是一位学者;谈声誉,是一个商人;出于偶然,还成了教育家。实际上,他既不是医师,也不是学者;既不是商人,也不是教育家。他真正的职业,

  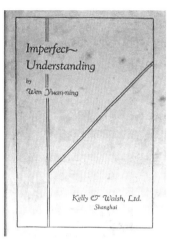

《中国评论周报》书影　　Imperfect Understanding 原稿本书影　　Imperfect Understanding 别发洋行初版本书影

是努力成名。"继而挖苦他说，林医师什么都懂但一无专门，所罗门王有的他都有，唯独缺少智慧和知识。不懂林医师为什么会被任命为厦门大学校长，认为他期望做"游牧民"的首领，游牧民中不存在平等的成员，只有首领和追随者，而众所周知，追随者很容易堕落为谄媚之徒，等等。文章充满讽刺和反语，所写是否是事实暂可不必论，这种无隐讳地说出自己看法的文章是我们所很看不惯的。这也难怪，这里的笔者和读者是没有"个人观点"的概念的，自然也无"自行判断"的经验。笔者无不以为自己在写史，以备国史之采撷；读者以为白纸黑字为了不得，若不写成墓铭或诔，即失温柔敦厚之旨，有刻薄诽谤之嫌。温源宁先生用英语写作，或不如此为不快欤？但此种文章得罪人为不问可知。接下来的一期，刊登署名 E.T. 王的读者文章，痛驳此文，可惜不够有力，除了就文词批评为"最下流的诽谤"和"最卑鄙、怯懦的攻击"以外，没有什么可靠的回击，在有的地方还把原文是讽刺的话，作为正经的议论去辩驳，实在是没有道理。

另外一位感到受伤害的是吴宓教授。吴宓排在17人小传之第一位，题《吴宓先生：学者和君子》，这个题目已明白看出作者的态度。这篇文章曾有林语堂译文，但后来又由倪某再译，刊《逸经》杂志，编者简又文在后面赘词曰："使吴君见之必欣然，谓生我者父母，知我者源宁也。"这使吴宓大为光火，连带骂温源宁为刻薄小人，纵多读书，少为正论。但我们平心静气看这篇文章，除去戏笔描绘吴的相貌"怪异得像一幅漫画"，"盯着人的一双眼睛像是烧红了的两粒煤球"以外，实是对他多赞许，少批评，所指出的弱点亦于他的品德无所损伤。吴宓先生如此发怒，颇不可解，自称是因为文中对白璧德不敬，而白氏是他最佩服的人云。

书出版的那年，钱锺书曾写一篇书评，刊在《人间世》第29期。他在文中写道："在过去的一年，温先生为《中国评论周报》写了二十多篇富有春秋笔法的当代中国名人小传，气坏了好多人，同时也有人捧腹绝倒的。……不过，就文笔的作风而论，温先生绝不像兰姆——谁能学像兰姆呢？轻快，干脆，尖刻，漂亮中带些顽皮，这许多都使我们想起夏士烈德（Hazlitt）的作风。真的，本书整个儿的体裁和方法是从夏士烈德《时代精神》（The Spirit of the Age）一书脱胎换骨的，同样地从侧面来写人物，同样地若嘲若讽，同样地在讥讽中不失公平。"在这篇文章中他把书名译作《不够知己》，本来"Imperfect Understanding"的字面意思是"不完全了解"，这里他大概也是用"春秋笔法"，微指温源宁先生和他所传的17位人物都不算知交，既不是知交，自然也不能完全了解，所以是一孔之见也。据说林语堂先生认为这个译名十分"雅切"。

钱锺书在《人间世》第29期发表的书评

这册极有趣的小书，在湮没50多年后，到1988年才由张中行先生请诗人南星译成汉语，取名《一知半解：人物剪影十七幅》出版。张中行先生作序，叙述其中的因缘曰：他于30年代初，在北大听温源宁先生讲授普通英文课，印象是永远说英语，语调有古典味，举止亦有绅士风度。40年代有友人从上海回京送他一包书，其中恰好有温

《已故的梁遇春先生：中国的伊利亚》原稿之一页

原稿之目录页，目录后有《傲慢与偏见》中的话

氏的这册 Imperfect Understanding，读了以后知温先生不止英语说得好，文章也写得极好，"不是普普通通的精通的英文，而是英国散文传统风格的文学散文"，足以供现代文学家作参考。诗人南星是张先生老友，精通英文，译过不少英国名家散文，这册译本当是用张先生藏本翻译的。后来此书由陈子善教授增添若干内容编入辽教"新世纪万有文库"丛书中（《一知半解及其他》）。2004年岳麓书社出版一种英汉双语本，由江枫翻译，书名取钱锺书原译《不够知己》，从周刊专栏选文43篇。后又由外语教学与研究出版社增订再版，增加了好几篇文章，其中有的不是温源宁写的。译文应该是据专栏刊登的原文翻译的，而不是根据书。这个版本有较为详尽的注释，总的来说是偏重研究性质。

这册书的英文原版是很难买到的。我曾在网络搜到完美的一册，精装有书衣，可惜在好几年前就售出了。懊恼之余，用英文搜索，却发现一件奇怪的纸制品，商品介绍是："Imperfect Understanging，民国三十五年，胡适，周作人，徐志摩等名人作品，筒子纸，线装，品好，内容有稍许字迹。"把温源宁所作，误以为是多人作品的合集。打开图片仔细看，见所谓"筒子纸"者是旧英文打字稿；图片中还展示一张目录页，所列出的正是那17篇。我觉得这很可能是原稿，因为那时能用打字机的人，大概不至于为省买书钱，自己去费功夫打印一本吧。虽然售价不菲，总之是冒险买了回来。这是一叠专用打字纸打印成的英文稿，每张纸对折，订成线装一册，首页标题印"Imperfect Understanding"，下

面一行印"by Wen Yuan Ning（温源宁作）"，次目录页，然后为完整的 17 篇人物传，共计 48 页 96 面，其中字词修正和专有名词的汉字注释为钢笔手写。最能说明这不是抄稿的，是其中的十余篇后面，有作者写的其他文字，在正式出版的书里是没有的。

对照两种译本《不够知己》（据周报专栏翻译）和《一知半解》（据原书翻译），可以知道这是书的定稿本，因为刊在专栏的文章，后来收进书里的时候，有删节和修改。如专栏的《丁文江博士》结尾一段，大概是考虑到语言的刺激性，这一段在收进书里时删除了，关于吴宓和周作人的也有小段删节。

在我看来这份稿本最有意思的部分，就是那些写在文章后面的东西，这些打印在剩余的空白上，看上去是写完正文以后又随意写下的。其中大部分是关于怎样写好文章的感想，有他自己的，也有引名人的，引名人的有注，约有四五十条。这些对研究者来说，是研究他文章的有用材料。此外还有别的，很有趣，如在目录页下面有一条：

For what do we live but to make sport for our neighbours and laugh at them in our turn?

（Pride and Prejudice）

这是引《傲慢与偏见》里的话，意思是："我们活着，除了被邻居开玩笑，在轮到我们的时候再去嘲笑他们，还能做什么呢？"对于那些指责他文章的人，这真可以看做是他的回答。在《陈通伯先生》一文底下，抄了一首英文诗"Dusk and Dawn（《黄昏和黎明》）"，今译其意：

云是红色的，
太阳已沉至地平线；
如沉重的火轮，
跳荡不宁。
夜幕正降临，
刺耳的风吹着，
阴影吞噬着大地。

黑夜已过去，

云已消散。
　　天空正微曦，
　　黎明就要到来。
　　浓雾笼罩在草地上，
　　阳光喷薄而出，
　　新的一天在继续。

这首诗的作者据他注释是林恩·林登（Lynn Lyndon），时年15岁，住加州马里布。找不到他的相关资料。

稿本的最后一页也有文字，看内容应该是他编完全书以后写的（略译）：

　　我已经一整天没吃，整夜没睡了；……忙于思考。但是没用，最好的计划是学习。
　　读书而不知思考，头脑必是杂乱无章；只思考而不读书，必然浅识和偏见。
　　学而不思使人浅陋，思而不学是灾难。（林语堂）
　　对外语一无所知的人，其实对他的母语也一样无知。（歌德）
　　在完全了解的情况下我们总能说的好，否则无论怎样措辞都是徒劳。（莫里哀）

林语堂的话他前面也引用过好几条，这能说明他对林语堂比较尊重。但林语堂的女儿林太乙对温源宁则有特别的印象，她在《林语堂传》中写道："（温源宁）是英国剑桥大学的留学生，回上海之后，装出的模样，比英国人还像英国人。他穿的是英国绅士的西装，手持拐杖，吃英国式的下午茶，讲英语时学剑桥式的结结巴巴腔调，好像要找到恰到好处的字眼才可发言。"（摘自《不够知己》序）这几句话，倒很像是温源宁自己写的。

最后我还发现这册稿本，和那册我没买到的英文原版书，是同一家书店售出的。也就是说它们原来是一起的，而书店拆开卖了，相隔有好几年。至于它们的原收藏者是谁，怎么沦为旧书店的货物，恐怕永远是个谜。

浮天沧海远
——《海上名人画稿》及其他

胡桂林

笔者曾在琉璃厂旧书铺中，买到过旧版的《海上名人画稿》（武林梦槐书屋藏本，上海同文书局石印），由此引起了我对早期"海上画派"的兴趣。"海上画派"是海上文化的重要组成部分，它是近代伴随着上海开埠后的繁盛，而形成的全新的绘画流派。与传统的画派不同，它是因新兴书画市场的兴盛而形成的，有着很显著的海上文化特色。清代嘉兴人张鸣珂在《寒松阁谈艺琐录》中说："自海禁一开，贸易之盛，无过上海一隅。道光、咸丰间，吾乡尚有书画家橐笔来游，与诸老揽环结佩，照耀一时。而以砚田为生者亦皆于于而来，侨居卖画。"这就是海上画派的发端吧。据《海上墨林》所记，清末旅沪书画篆刻家就有六百六十九人，其中画家三百余人。开放的上海，在一百多年的时间里，就如同一个巨大的磁场，吸引着全国各地敢于冒险的人，来这里"闯码头"改变人生，叶浅予曾经说过，是他当年闯上海的十年，才成就了后来的他。这情形，和改革开放初，各路英才奔向深圳约略相似。开放的上海，吸引了各地的画家，尤其是江浙一带的书画家，逐渐形成了著名的海上画派。

记得西方有位哲人说过一句话，大意是"日光下没有新鲜事"。20世纪80年代初，中国进入改革开放新时代，国门再次打开，发展市场经济。经过1949年后的"革命"到"大革命"，已经革绝的书画市场在中国内地又开始复兴，并一发不可收。如今书画收藏俨然是最火爆的投资市场。资本的逐利性，使过去作为文艺工作者的画家，自然要成为市场追猎的对象，一些著名的画家更变成了资本瞩目的明星。记得改革开放初，原来门庭冷落的画院，突然热闹了起来，各式各样的送礼求画的人络绎不绝，画家也都是应接不暇，

《海上名人画稿》书影

虽然"二为"方针仍在高唱,但是市场给他们的丰厚回报,让他们乐此不疲。

其实在一百多年前,开放的上海,此情此景就已经上演过了。据清人张鸣珂说,当年海派名家如任熊等人,"一时走币相乞,得其寸缣尺幅,无不珍如球璧"。吴滔更是"终年杜门作画,四方走币相乞者屡恒满户外"。据记载海上早期名家朱偁,"晚年厌苦扇头小品,虽润笔日增,而乞者愈盛。盖经商者皆思得一笔出入怀袖以为荣也"。有些求画者,已经不是单纯收藏欣赏了,而是将书画作品当作投资品来囤积。书画的功能已经从传统的文人情怀,变成了为市场、为先富起来的人服务了。书画作品如此受欢迎,是画家前所未见的,直接催生了独特的海上职业画家群。

方若在《海上画语》中,记有一段任伯年的轶事,颇为有趣:"粤商索画者累候不遇,值其自外归,尾之入。伯年即登楼,返顾曰:'内房止步!内房止步!'一时相传为笑谈。"写到这里,想起一件往事,是80年代某一年的春节假期。我在单位值班,见刘勃舒先生也到单位来了,我问他为何不在家过年,来单位

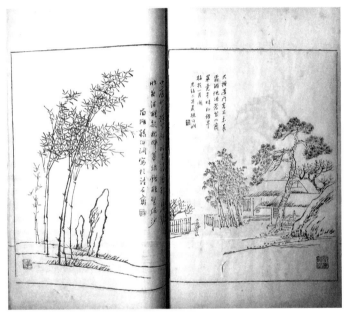

《海上名人画稿》内页

何事?他说,到他家里登门求画的人太多了,非常烦又不好拒绝,所以到单位来避避。他还特意叮嘱传达室"有人来找,不要说我在"。任伯年和刘勃舒的所遇,其实都是开放初期,书画市场无序化的表现。粤商即广东商人,由于特殊的地理环境,是当年先富起来的一批人。说起来也巧,百多年后的再次开放,广东又是最先富起来的地方。记得当年有一首流传颇广的顺口溜:"发了海边的,富了摆摊的,穷了上班的。"沿海地区,无论是广东还是上海,一旦对外开放,必然要走在时代的前沿。改革开放初,记得在北京胡同里,会说几句粤语,都成为时髦,令人艳羡。这些去今不远,经历过的人大多还能记得吧。

海派

面对新环境新变局,海上职业画家的社会地位日渐其隆。画家与画商,画家与市场的关系,已变成相互依存、利益共生的关系了。海派画家以书画为商品的意识已经十分明确,他们在润金上非常计较,对于各种索画常采取回避拒绝的态度。《清代野史大观》中记载:"尝有松江府某太守遣仆持金请胡(公寿)画。胡见其持金少,对来使曰:'谢汝主人,我不识何者为官,但须如我润格始画。'"认钱不认人,已经是毫不含糊的买卖关系了,亦可见自由画家的风骨,这是当时体制内画家所不具备的。

晚清民初的海上画派,其艺术精神、审美观念与清代中期的扬州画派有着一些基本的共同点,在笔墨及构图、设色诸形式因素上也具有不可忽视的传承性。他们的艺术实践成果,反映了商品社会艺术创作的既得功利意识与个性审美观念必然合一的趋势。上海的书画市场,是"八怪"时代的扬州所不能比拟的,在这一点上,海上画派又比扬州画派走得更远,成果更著。书画会之举,在上海开埠之后很快酿成风气。著名者如萍花社书画会、

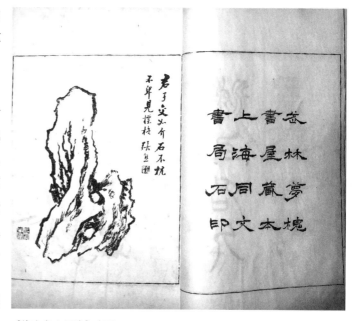

《海上名人画稿》内页

海上题襟馆金石书画会、海上书画公会、豫园书画善会、文明雅集等,均创立于光绪、宣统之际。海上题襟馆金石书画会和豫园书画善会活动时间长,名气大,实力强,影响广。画会的主要功能是将会员书画陈列出售、代订润格、代为收件等,书画会具有了书画买卖中介的职能。

画商及各类收藏家大量地买卖书画,并使之流传全国各地及国外,必然使得海派绘画影响远播。同时,新的印刷术的传入,新兴的出版业更为新兴的海上画派的传播凭添了一把干柴。成立于光绪四年(1878)的点石斋书局,以出版《点石斋画报》闻名于世。它从成立之初,即通过"照相石印术"复制海上名家书画作品,作为订阅

画报的赠品，随画报流传各地。这种通过照相石印技术复制的绘画作品，"照印各种书画皆能与原本不爽锱铢，且神采更觉焕发，至照成缩本尤极精工"。机械复制带来书画消费群体的快速扩张，书画传播范围的历史性突破，深深影响了海派绘画的创作观念，带来海派绘画创作技法的改变和职业画家群的扩大。

美术史家卢辅圣说，上海开埠后，"构筑上海艺术品消费机制的主体力量，已经转变为资本主义文化形态下的海派商人以及具有商人性格的海派市民，而照相石印技术无疑是这一历史转变关键性的技术前题"。在此之前，普通人要想得到一件艺术家的作品，还显得遥不可及，但是照相石印技术的运用，使图像大量机械复制成为可能。机械复制拉近了普通人与艺术品之间的距离，帮助人们在一定程度上拥有了"艺术品"。在这种新型的受众与艺术品的关系中，技术复制使得受众的"场"发生了变化。

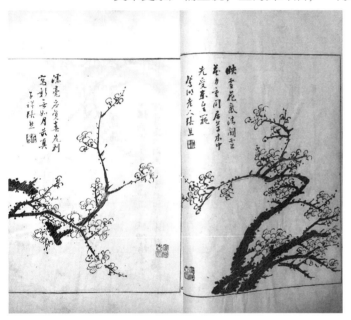

《海上名人画稿》内页

出版于 1885 年的《海上名人画稿》，对海上画派的传播影响甚巨。这册《海上名人画稿》，用今天的眼光看，非常简单，甚至有些粗糙。没有序跋，没有作者介绍，更没有编者大名和所谓的学术顾问等。但是，它在当年确是畅销书，已具有了现代美术画册的雏形，在美术画册出版史上具有里程碑的意义。1885 年上海《申报》上，登载有《海上名人画稿》广告："自有石印画本之法，古今名作俱可借以不朽。本斋不惜重资，特求胡公寿、张子祥、邓铁仙、杨伯润、周云峰、任阜长、徐小仓、沈心海八大名家专为石印，精绘各种人物、山水，双钩翎毛、草虫、竹石、花卉册页一百数十幅。益以钱吉生人物画稿，乃其历年得意之作，尤为工妙，属同文书局石印以公同好。其纸墨之精良，神采之生动，更物美而价廉，较之寻常画谱，判若天渊。"同文书局是广东商人徐润兄弟于 1882 年集股投资创办，其规模甚至超过点石斋,梦槐书屋据说是杭州的传统出版商。

　　石印术的基本原理,是利用油水相斥原理,先以脂肪性油墨将图文绘制于专用石版上,然后以水润湿石版表面,使空白区域(即没有图文区域)的石版细孔吸蓄水分,构成图文区域亲墨抗水,空白区域亲水抗墨,再经平压平或圆压平方法,将石版上的图文墨迹,刷印到纸张上。其中最为关键的石版绘制环节,一般有两种方法,一是直接手工绘制,二是通过照相转写,即先以照相湿版摄制阴图,落样于特制的化学胶纸,再经专门设备转写于石版。由于借用了照相的技术优势,照相石印术显示了超强的缩印与照图功能,这两项功能使得图像复印或缩印成为可能。照相石印技术并不能原样复制所有的图像,只能复制以线描为主的水墨画或版画。因为晒片之后的着墨要根据曝光与非曝光来区分墨色与空白,而无法区分墨色深浅浓淡,即无法再现灰度色调。因此,石印强调浓墨与线条,对于水墨写意、晕染、积墨层次等各种用墨效果等则无法表现,也无法表现颜色。

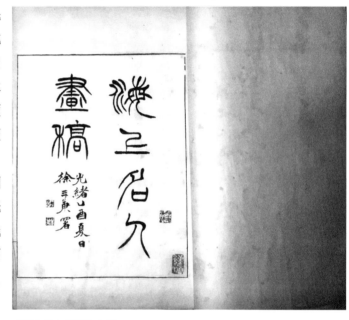

《海上名人画稿》内封

　　虽然《海上名人画稿》受技术和时代的影响,有许多局限性。但作为创举,当年一经推出,立刻行销全国,出版商获得了巨大利润。和当代市场经济一样,有利润的地方就会有假冒。《海上名家画稿》出版不久,就很快有仿制者借以渔利的。梦槐书屋主人不得不在《申报》上,刊登辨别"画稿真伪"的广告,可见当年《海上名人画稿》是何等的受欢迎了。今天,我们在古籍市场上,还能见到当年木刻翻石印的仿制本,用今天的话说就是盗印本,至于原版的石印本反而很少见了。

闻所未闻的历史碎片
——读《复旦同学会会刊》

读史老张

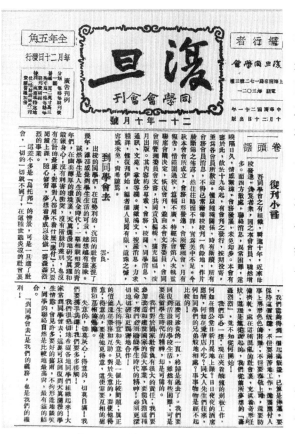

1932年10月号会刊复刊号封面

《复旦同学会会刊》（以下简称"会刊"，凡引自会刊者，不列刊名，均标刊期）创办于百年前，是由复旦大学同学会主办的一份校友刊物。复旦同学会成员由当年复旦毕业生组成，类似于今日之校友会；会刊以记载校闻简讯和师生动态为主，初为不定期刊，1932年复刊后改版为每月20日出版（后因时局动荡又为不定期刊）。

近日，我阅读部分会刊后发现，改版后的会刊，有趣、生动，在不经意间，为复旦校史乃至近现代上海史保留了鲜活史料，不可多得。其中有些细节，闻所未闻，若醍醐灌顶，颠覆了我的历史认知。现摘引会刊若干，点评如下。

一、"费巩"之名的由来

1932年10月会刊改版时，由时在复旦任教的费巩兼任主编。他以"庄谐杂作，谑而不虐""注重趣味化"作为编辑方针，增设《杂俎》等栏目，专登回忆母校的小品文。从此，会刊"真是好看煞人，有'史记'读，还有'水浒'看，千奇百怪，层出不穷"[1]，深受读者欢迎。

费巩是复旦同学会骨干。他早年在徐家汇李公祠复旦校舍入读中学部，1927年毕

---

1 吴光鼎：《费巩的"两重性"》，1935年第4卷第5期。

费巩，1928 年摄于英国

费巩（左二）1932 年与复旦同学在上海

业于复旦政治系，1931 年从牛津大学留学归国后，先在中国公学当教员，后回母校任教。1933 年秋，费巩赴杭州浙大任教后，仍继续为会刊撰稿、编辑，还轮值过主编。抗战爆发后，浙大西迁，他应母校章益校长之请，一度想回复旦执教，后因浙大竺可桢校长恳挚挽留，才打消念头，"因此，益觉对友三[2]抱愧"[3]。作为著名的"民主教授"，费巩后来被国民党当局列入"黑名单"。1945 年 3 月 5 日，他在重庆被特务绑架，后被秘密杀害，毁尸灭迹。费巩失踪后，各方努力寻找，一直未果。直到 1949 年 4 月，会刊仍在呼吁查询费巩下落，称："费香曾[4]教授历任本刊主编，在民国三十四年乘浙大休假之便，赴重庆北碚母校讲学，不意三月五日于渝市千厮门码头搭船之际，突告失踪，事隔数载，不知下落，母校章校长、金问洙先生等为特联名上书李代总统，恳请下令彻查……"[5]

在复旦校史上，费巩烈士的英名，早已深入人心。但是，有关他的生平，尚有多处不为人知。费巩原名费福熊，后来为什么改名"费巩"呢？据会刊记载，"费巩"之名，竟是源于同学间的玩笑。在复旦读书时，费福熊人缘好，同学关系融洽。因刚

---

2 指章益——引者注。
3 《费巩日记》1943 年 8 月 16 日。
4 费巩字香曾——引者注。
5 沈麐：《我们的广播·自由呼声》，1949 年第 14 卷第 1 期。

入学时"长得如许痴肥",有福相,"福气好",同学们便称他为"福兄";当年大家年轻,喜欢倚"小"卖"老",如"称程中行君为'中老',裴复恒君为'复老'",费福熊也被称为"福老"。后来,校园里又流行以"公"代"老",他自然成了"费公","今改名曰'费巩'或即'费公'之谐声欤"[6]。对此易名,费巩似乎颇为得意,他曾多次自嘲:"奈原名福熊已废,改单名巩,恐不复有福矣,奈何!"值得注意的是,费巩在会刊中的笔名"薇公",或也来自"费公"。

二、"马夹教授"的另一面

费巩生性急公好义、不拍马屁、不趋炎附势,但他也并不总是"横眉冷对",会刊中的他,俏皮("惯会捣蛋")、话多("善于谈吐")、爱开玩笑("说笑话的领袖")、消息灵通("比路透社的消息还要详细明白")——对此,过去披露甚少。

在学生时代,费巩爱好踢足球。据说当年在李公祠校舍,复旦足球分两派,"技术精纯者,在饭厅前石板上作战;技术较次者,类集石狮子前"。费巩球技一般,属于"石狮子派",但对于体育运动,却异常热心。1922年复旦迁江湾后,因校内没有球场,费巩"苦无用武之地",即集合72名同学,联名上书体育教练蔡某,"请于子彬院前,

1949年4月号会刊上刊发的30名复旦教授致李宗仁代总统的联名信,要求查找费巩下落(复旦大学档案馆藏)

特辟一小球场",蔡某竟慑于费巩之"威","球场大小,球门高低,一一遵示照办,且限期完成焉"[7]。从此,子彬院前有了复旦第一个"小球场"。

---

6 吴光鼎:《读者偶谈》,1933年第2卷第12期。
7 冷面生:《体育软闻》,1935年第4卷第11期。

费巩当上教授后,一改往日"捣蛋鬼"形象:"身穿长袍,足登华履,大袍之外,再加以美小马夹。""入校执教,不携皮包,不带书本,一登教室,即将其'豆腐干'大的摘记,取出于马夹袋中,一一讲解,故途中相遇,不知其为教授,实不知其教书秘本,藏之于'东方式'的马夹袋中……同学中无以名之,名之曰马夹教授。"8 在同学眼中,"马夹教授"还有几个嗜好:爱听京戏,"不喜旦角",最推崇杨小楼;喜欢喝茶,"随身带一把精美的小茶壶","自喝自乐";常常口衔雪茄烟,"每逢发生一事,公口衔雪茄一支,瞠目不语……"9

对于上述刻画,费巩并不以为忤,反而称为"妙论"。1938 年 11 月,他随浙大辗转广西宜山时,曾致信会刊同仁:"夫马夹、雪茄烟与我,犹八卦衣、鹅毛扇之于武侯,今弃之以行,犹武侯之脱却道袍、抛却羽扇,其狼狈可知……明年今日,返途经港,仍得披上马夹、衔上雪茄,以还沪渎,与诸故人相见也……"10

长袍、马夹穿在身,举手投足却不乏英

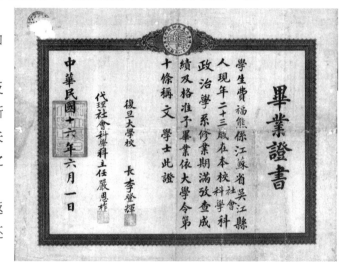

1927 年费巩的复旦毕业证书(复旦大学档案馆藏)

伦风范。费巩留英归国后,凡办事决策,"总要会议通过才做",有人问他,何以如此?他答曰:"我主张采用英国的 Parliamentary system(议会制度),我是英国派头。"与同学聚餐喝酒,只要有人找他对饮,"他就一饮而尽,不管人家喝不喝",大家笑他,他也说:"这是英国派头。"他的"英国派头"也有让人忍俊不禁的时候。有一次,一位高年级学生为某事与费巩争论,费巩耐心解释,对方根本听不进,称:"I am a senior student…(我是一个资深学生。)"这时,有人发现,费巩"终于忍无可忍","打起洋腔来说道:'Well, I come from Oxford, you know?'(我

---

8 刘期洪:《"马夹"教授》,1933 年第 3 卷第 1 期。
9 严济宽:《藏公在杭州》,1933 年第 3 卷第 2 期。
10 《前会刊主编费香曾同学又来一函》,1939 年《马相伯先生百龄大庆》特刊。

来自牛津，你懂吗？）"[11] 据说那位学生当场"吃瘪"，怅然离开。

三、令人意外的师生形象

在会刊中，与费巩形成鲜明对照的，是早期复旦师生群像。

与多数近代学校一样，早期复旦只招男生，没有女生。那时的校园，学生们大多衣冠不整："有头戴小帽，上加大红结子者；有身穿国货竹布长衫，衣襟上满布墨水而不除者；有戴法国式之自由帽，另加小辫者"，甚至有人将破旧呢帽改做成压发帽，"俨如皇冠，踥躞往来，怡然自得"[12] 这哪里像在课堂，简直是在市井弄堂！

学生们不拘小节，教授们也落拓不羁。不少学生记得，洪深"酷热的时候，他左手拿着一条很大的毛巾，右手拿着一把很粗的蒲扇，飘飘然步上了讲台"[13]；赵宋庆"剃了和尚头，爱读点子书，不修边幅，有名士风"，被称为"苏曼殊第二"[14]；曹聚仁"以穿蓝布长衫闻，不知其人者，以为茶役，盖不知乃一散文大家也"；汪馥泉"以长头发闻，黑板上辄有'汪先生可以剪头发了吧'之名句，汪则一笑置之。平时嗜纸烟甚深，及课室门须便大吸三口然后弃其烟头于地"[15]；裴复恒课上到一半，就会早退，"盖烟瘾发作，须早痛抽几口老牌香烟，俾上下一课时，嗓子始提得起来"；伍蠡甫则"髭须满面"，隆冬时，"披厚大衣戴俄罗斯式高帽，犹宿其颈，镶其袖，若自西伯利亚来，不胜其冷者"[16]，大家戏称他"俄国人"，并赠以"伍蠡诺夫"之雅号。另外，会刊中尚有"刘大白先生之倒穿皮鞋，陈望道先生发将垂肩而不加修剃"的描述……这些教授形象人设，已完全超出了我的想象。

直到后来男女同校，上述状况才有改观。1927年秋，复旦开放女禁，开始招收女生。从此，男生衣着不再邋遢、随意，"虽非尽是革履西装，但类皆华服盛装、发光可鉴之美少年"；教授们也改变了形象，"在教室中讲解，亦似更觉兴奋，退课铃早打，

---

11 西客：《谈薇公》，1934年第3卷第7期。
12 刘期洪：《简公堂之今昔观》，1933年第2卷第11期。
13 顾曾彝：《离校后的回忆》，1936年第5卷第10期。
14 葛斯永：《复旦闻人画虎录》，1935年第4卷第8期。
15 雨澄：《教授群像》，1940年第9卷第2期。
16 薇公：《母校教授之绰号》，1933年第2卷第5期。

尚不忍离去,高坐讲台,专候好学者垂询。知有女弟子趋前叩问,则教授先生格外高兴,特别卖力,目灼灼视,心卜卜跳,若有无穷乐焉"[17]。会刊曾记一趣事:一天,一贯以蓬松长发示人的汪馥泉教授忽然理了发,"西式头赫然出现","甫入教室,众皆惊异,群呼'汪先生今日漂亮也'。汪师不觉忸怩,莫知所可"[18]。作者未注明日期,在我看来,事在男女同校后的可能性极大。

开放女禁,本是李登辉老校长与时俱进的一次尝试,没想到,竟还有改变师生形象之功效,令人捧腹。

四、东宫:"香艳"之外

记忆中,复旦东宫是个"香艳"之地。

1928年,复旦新建女生宿舍,因外观

1928年建造的复旦女生宿舍(东宫),1937年毁于日军炮火。

呈"宫殿之式","绿窗与红壁齐辉",又位于校园东侧,坐东朝西,遂被称为"东宫"。这里,留下过"爱的花"严幼韵的青春倩影,镌刻着"复旦皇后"陈鼎如与靳以的缠绵恋情,更见证了"东宫总管"毛彦文与熊希龄的尴尬相会……然而,除了余韵流芳,东宫也有过风雷激荡——这一点,常被人们忽视。

据《上海学生运动史》记载:1936年3月24日晚,国民党当局为镇压学生抗日救亡运动,派军警突然包围复旦,直闯东宫。"当特务闯到'东宫'抓人时,被学生发现,立即敲钟报警。学生奋起抵抗,把特务赶走,抓获了一名女特务。25日下午一时,正当全体学生召开大会,商讨对策时,大批军警又冲入校内,逢人便打,连前往劝阻的白发苍苍的李登辉校长,也未能幸免。学生大怒,奋起反击,用砖头石块与反动军警搏斗,最后将军警逐出校门……"这就是著名的"复旦三二五事件"。

过去,我一直有个疑问,当年复旦,男生远多于女生,女生宿舍仅东宫一幢,男生宿舍却多达四幢楼,为什么特务先闯入东宫呢?翻阅会刊,读到如下一段记述,我

---

17 刘期洪:《简公堂之今昔观》,1933年第2卷第11期。
18 曼石:《母校四教授》,1939年第8卷第1期。

才恍然大悟——

> 廿四年秋，塞上暗澹，北平发生大学生受打事，沪上闻之，舆论哗然。我校首先有女生贴布告作全体集会之举，开久闷之局面，学校当轴恐生事端，即将此布告撕去，东宫闻讯，大为震怒，群兴问罪之师。赓后即有学生在体育馆集全体大会之举，主席者为赵女士，巾帼英雄，领袖须眉。在场不久，群众间忽有枪声，莺燕乱飞、红粉失色。此均为一时之佳话也。[19]

原来，声援"一二·九"运动，复旦女生首当其冲！正因为如此，才有特务直闯东宫之举。"适一女侦探潜入女生宿舍，为群众所觉……共起逐之。女侦探履高跟鞋，越篱困难，不及兔脱，遂被学生所扣。"因女特务被扣，学生"声言易此女者须还之被捕同学"，次日（25日），当局派更多军警增援，遂有"学生与警察共斗，木棍与石子齐舞"之场面。

"三二五"抗争，巾帼不让须眉，改写了东宫历史，值得铭记。

五、《五奎桥》的"轰动"与"亏空"

1933年5月，复旦剧社首演话剧《五奎桥》。《五奎桥》是洪深教授"农村三部曲"之一，它第一次把农民形象搬上话剧舞台，是左翼戏剧的巅峰之作，该剧由复旦剧社首演，意义非凡。但是，如此重要一部戏剧，为什么不在市区大戏院首演，偏偏要选择复旦体育馆呢？

读会刊1933年5月第2卷第8期报道可知，因"《五奎桥》一剧，所需布景过大，上海各舞台中，不足以供其布置之用，故决定在校内体育馆公演"。报道还称，5月20、21日的演出，"观者拥挤，成绩优美"。然而，两年以后，会刊上另一篇回顾文章却说，虽然《五奎桥》首演时，"哄（轰）动一时"，但"在营业上，却亏空了四百元"，以致导演朱端钧一度灰心丧气，"不愿再来排演"[20]。这，又是为什么呢？

查当年报刊方知，《五奎桥》演出场面大、制作成本不低。第一，演职人员多达

---

[19] 鹿文：《壁上观》，1938年第7卷第4期。
[20] 守文：《复旦剧社十年的经过》，1935年第4卷第12期。

一百多人。除了复旦剧社成员外,"还有教职员,义务小学的小学生,复旦的校警、校工也都参加其内"[21]。会刊记载,"更有袁牧之先生加入扮演,益觉锦上添花"。袁牧之是著名话剧明星,当年正如日中天,演技一流,其是否有出场费,不得而知(若有,应该不低)。第二,舞美工程复杂。"在这剧里,灯光的变换,缜密周详,由残夜以至向晨,由曙光熹微以至于东方日出,一步一步由灯光暗示着……光这灯光一项,得花一百多块钱"[22]。第三,票房收入有限。5月20日开演那天,正是江湾跑马厅赛马的日子,"江湾路上的车马特别热闹。但热闹的是跑马厅那一边;复旦体育馆中,虽陆陆续续,来了些人,却直到开幕的哨声鸣时才勉强凑足了满座三分之一的看众"[23]。还有人抱怨,"全剧只演九十分钟,颇不合公演性质,若因布景拆装费事,最好前面加一幕幕外剧,免得披星戴月从上海赶到江湾去的观众,有'不能尽意'之憾"[24]。这一切,正是《五奎桥》"亏空"的主因。

另外,据会刊披露,为了让"沪上仕女前往共赏此轰动一时之伟剧",校方想方设法,"特于夜间免费汽车送客"。据赵丹回忆,他曾亲往复旦观看《五奎桥》,对袁牧之钦佩不已。当年他年仅18岁,尚未成名,晚归市区时,很可能是免费汽车的搭乘者之一。

袁牧之在《五奎桥》中扮演的周乡绅的造型

六、章益为何婉拒钱新之?

几年前,我偶然读到一则钱新之与章益校长的往来信函,颇令人玩味:1947年10月7日,钱新之致章益函称,某友之公子有志到复旦深造,"尚乞推爱成全,准予随班上课"。13日,章益复函,委婉地表示,"惟以大学一年级学生必须经过新生入

---

21 万鹏:《关于〈五奎桥〉》,《民报》1933年5月21日。
22 梯维:《〈五奎桥〉看后》,《金刚钻》1933年5月30日。
23 李儵:《〈五奎桥〉观演记》,《申报》1933年5月23日。
24 李儵:《〈五奎桥〉观演记》,《申报》1933年5月23日。

学考试，向例如此，无法通融"，推荐该公子"入补习班肄业"[25]。钱新之时任交通银行董事长，1936年8月至1940年5月，曾代理过复旦校长；章益是李登辉校长的嫡传弟子，1943年2月起任校长。应该说，钱新之是章益的前任，章益为什么不对他"通融"呢？在会刊中，我找到了答案。

原来，李登辉对于衣着打扮，可以网开一面；对于学术思想，更主张兼容并包，但有一点，他绝不允许乱来——践约履诺、遵章守纪。曾任总务主任的殷以文回忆，"昔在吴淞时，师[26]掌校务。时淞沪交通，未若今之便捷，而祈寒暑雨，至校未尝或迟。尝谓国人于时间，每不能守，故师在校，力矫此弊"，而复旦学生"俱能效师之克守信约也"[27]。一位学生记得："那是暑假后开学的时分，白发斑斑的校长，召集新生训话，他先讲学校的校规，并加以详细的解释和说明，末了坚决地说道，'考试不可作弊，如果作弊，一经发觉，当即开除，诸生注意。'"[28]

严师出高徒。在李登辉影响下，他的弟子皆以身作则，不敢造次。会刊曾速写过两位教师形象，一位就是费巩："其人恂恂儒者，谈起话来，十分幽默。可是一上讲坛，讲起英国宪法来，学生人人不敢马虎，考试时候，更加狰狞可怕。"[29]另一位是注册主任温崇信："性峻刻，好刑名之学，既主教务，用法严酷。……学子见温，侧目而视，号曰'阎王'……温处之泰然，曾不稍惧，用法反益刻深。曰：'非此无以肃纪纲。'"[30]某年，学校查出一伪造入学证件之女生，即令开除。该女生"平素品学兼优，颇得师长器重"，于是哭诉学校当局，请求继续学业，未得允准。"该同学泫然久之，最后泣请曰：'请俟生车运行李离校后，再出开除布告如何？'当局对此允照办。"有一位同学见此情景，"不觉潸然"，"返至合作社进餐，饭菜几不能下咽！"[31]

类似这种纪律严明、执法如山的例子，在复旦尚有不少。章益校长以"向例如此，无法通融"答复钱新之，也算一例。

---

25 《钱新之往来函电集》，上海远东出版社2015年版。
26 指李登辉——引者注。
27 以文：《贺李校长寿》，1933年第2卷第7期。
28 严济宽：《也来回忆一下》，1936年第5卷第9期。
29 泽：《同学消息注脚》，1933年第3卷第2期。
30 费巩：《复旦史记·委员列传》，1935年第4卷第4期。
31 杨灵：《燕园话旧·法令如山》，1935年第4卷第6期。

七、郭箴一的打油诗

会刊 1937 年第 6 卷第 7-8 期，由舒宗侨执编。他推出《我的生活》栏目，邀请校友写一写"自我生活介绍"，"聊为会刊补白"。在这一期中，有几位校友分别谈了"我的生活"：新闻系毕业生杜绍文感叹，自己在报馆上班，生活"反常""忙迫""恐怖"，做新闻简直是"非人的工作"；历史系毕业生吴道存则戏称，毕业留校后，白天上课、办公，晚上还要"改卷"，"比拉黄包车还要苦"；而教育系毕业生严济宽正忙于紧张办学，"反觉得时常与和睦的同事、天真的学生相处，有无限的兴趣"……这些文字，真实、幽默，颇接生活地气。然而，唯有一位署名"郭箴一"的校友，却别出心裁，只写了如下一首打油诗：

厌倦了治界生活，
放弃了起发的机缘，
投身到文化组织，
尝试这清苦的生涯：
环境的幽静，虽换了一口新鲜空气，
心灵的创痛，仍感觉最好流血边疆！
在国家、社会，没有解放之前，
谈不到，谈不到个人的情况！

这位"郭箴一"是谁？我在会刊中读到这样一段文字："查女同学之得名，不外四端：一以学问，如黄澹哉、郭箴一是；一以美艳，如严幼韵、周秀芳是；一以运动，如陈鼎如、何萼梅是；一以活动，如萧子雄、金衷愉是。"[32] 原来，郭箴一是复旦女生——而且，是一位有"学问"的才女！

郭箴一 1931 年毕业于新闻系，她的"学问"，体现在"集作家与学者于一身"：早在读书时，她就发表过多篇小说；她的短篇小说集《少女之春》，受到系主任谢六逸的热情推荐。毕业前后，她又有《上海报纸改革论》和《中国妇女问题》两部学术

---

32 三宝：《大女人传书后》，1934 年第 4 卷第 3 期。

论著出版，奠定了她作为杰出女性学者的地位。1939 年 5 月，她的《中国小说史》一书由商务印书馆隆重推出，成为影响力仅次于鲁迅《中国小说史略》的力作，轰动一时。

本来，在会刊上谈"我的生活"，郭箴一有充足资本，然而，她却避而不谈——"谈不到个人的情况"。原来，从复旦毕业后，郭箴一到上海特别市政府秘书处任职，一度对现状感到"厌倦"。她曾给会刊撰文称："无论谁，在学生时代总比较纯洁，一入了社会，因为要适应环境的原（缘）故，慢慢就变圆滑了。"[33] 她的"心灵的创痛"，直到几年后与潘芳结为伉俪，才得到抚平。潘芳原名潘蕙田，早年留学德国，熟读马恩著作，是著名翻译家、中共党员。丈夫的身份和经历，让郭箴一明白，要得到"新鲜空气"，只有实现社会"解放"。1941 年，为了"流血边疆"，她和潘芳双双奔赴延安。

上述打油诗，既反映了当时郭箴一的心境，也是她后来行动的最好注解。

八、"王实味案"中的复旦人

郭箴一到延安后，改名宗铮，与潘芳一起在中央研究院工作，夫妻俩隔壁的窑洞，住着另一位研究员——王实味。不久，他们意外地遇见了一对复旦校友：陈传纲和王汝琪夫妇，王汝琪 1936 年在南京就与王实味相识。校友、邻居、旧识，让五位年轻的知识分子有了交往。1942 年除夕，他们五人还在一起吃了年夜饭。然而，到了 1943 年"抢救运动"，他们却被康生定为"五人反党集团"（王实味还于 1947 年被错误地处决），蒙冤几十年——郭箴一的"学问"被长期埋没，概由于此。

这里，值得一提的是陈传纲。他于 1930 年入读复旦预科。1931 年考取新闻系，并在东吴大学法学院夜校读法律。九一八事变后，陈传纲积极投身抗日救亡运动，曾担任复旦学生赴京请愿大队总指挥。1934 年，他与法律系毕业生王汝琪结婚。1940 年，夫妻俩前往延安，陈传纲任职中央政治研究室，王汝琪在中央妇女运动委员会工作。"王实味案"后，他们被甄别后重新工作，成为新中国法制建设的开拓者。20 世纪 50 年代末，陈传纲调任复旦党委副书记、副校长。

---

33 箴一：《所谓"花瓶"不攻自破》，1933 年第 2 卷第 8 期。

陈传纲在复旦读书时,所用名字为"陈传钢",他的早期著作和文章,大多以"陈传钢"署名,其中一篇《校歌?》,呼唤重振"复旦校歌",刊于 1930 年 5 月 20 日《复旦五日刊》,给我印象很深。会刊中的陈传纲,用名比较混乱。1936 年第 5 卷第 12 期,用名为"传钢":"王汝琪、陈传钢、郭汝玲三同学,担任商务印书馆特约法律编辑。"1936 年第 6 卷第 1 期刊登的沈之焕《述留鲁同学》一文,在介绍陈传纲夫妇毕业后蛰居济南时,竟出现了"传刚"与"传纲"两种名字:

> 王汝琪与陈传刚——具出复旦之门,而结为伉俪之同学也,汝琪来济服务,已一年,任教于市立女中,主讲英文公民等科,王君虽女性,具有丈夫气,学识优迈,长于演说,该校学生敬畏之余,咸视为不可多得之才士焉。传纲同学,锐心于著述,日惟埋头书城,创作翻译,积稿满室,《农村经济》一书,几二十万言,已付梓,《法律哲学》,复将脱稿。畴昔之日,彼统领母校学生军,远道呼吁,劳怨并任,今者雄姿未减,英气依旧……

1959 年陈传纲(左二)与陈望道校长(左三)等在莫干山(复旦大学档案馆藏)

1949 年后,陈传纲在公开场合的名字均为"传纲",似乎再也没用过"传钢"——为什么以"纲"易"钢",我一直没弄明白。

1966 年"文革"初起,陈传纲是复旦党委最先被抛出的"走资派"。旧冤未雪,又添新债——他不堪受辱,自杀身亡,成为"文革"期间复旦最早的殉难者。1978 年 12 月,陈传纲骨灰安放仪式在沪举行。据说,王汝琪见某领导敬送的花圈被置于大厅,遂命人"请"出,谓传纲之死,某有责任也……此一轶闻,足见她与陈传纲比翼连枝、伉俪情深。对此,《述留鲁同学》中的一个细节也可佐证:

> 笔者曾于某次与渠夫妇,偕游市北五三公园,该园以纪念五三国耻而设者也,傍山面水,景物天然,若杭州西湖,风光之佳,甲于历下,是行适夕阳西下,晚

霞普照，微风拂面，渔歌互答之时，在大自然怀抱中，彼二人携手相将，细语缠绵，秋波飞渡，情绪滂沛，陈君喜极而告余曰："今日遨游，仿佛昔年初期追求之景况。"……益知由同学结为夫妇之幸运，即此一端，母校造福人伦，诚不可度量测之矣。

1982年2月2日，中共中央组织部做出决定，"对潘芳、宗铮、陈传纲、王汝琪等四位同志参加所谓'五人反党集团'的问题，予以正式平反，推倒强加给他们的一切不实之词"。此时，离"王实味案"发生已近40年……

女子解放还是女色消费？
——早期人体摄影中的中国女性

严洁琼

自摄影技术传入中国，将时代洪流中的各色人物于照相中定格后，人们终于不用仅仅依靠繁琐细致的文字描写来还原当时人物形象，影像清晰地再现了晚清至民国似水流年间人们在衣着、面貌、气质上的变化，这一变化又尤以在女性身上体现得更为淋漓尽致。从某种意义而言，抓住了女性形象变化的轨迹，就仿佛抓住了这百年时光流转的脉搏。

从宽袍大袖到高领窄袖再到紧身旗袍，晚清以降，每隔几年，女性的装束就变着法儿换花样，但总体趋势十分明朗——料子越来越省、剪裁越来越紧，原本深藏在层叠衣裙下被遮蔽的身体终于有了自由呼吸的权利。最激烈的变化则出现在 20 世纪 20 年代"人体美"的旗帜被祭出后，当人体脱离衣物成为独立的审美对象后，女装革命跨越式地步入新阶段，泳装、短裤、跳舞裙粉墨登场，女性开始全面支配自己裸露身体的权利。然而，走得更远的无疑是艺术摄影作品，继裸体模特写生悄悄进驻美术院校后，女人体拍摄也成了摄影师们感兴趣的题材，虽因题材敏感，不敢大张旗鼓地进行，但其实不少摄影师都有所尝试，也涌现了一些构图布光都极为讲究的佳作。这一颠覆伦常的先锋行为，不仅开拓了摄影史的涉猎范围，更是中国女性形象变迁和再造过程中不可分割的部分。

"人体模特事件"与"人体美"思潮

人体摄影说来神秘，但其实自摄影技术诞生之日起，便如影随形。1839 年，据说是世界上现存最早的人体摄影作品问世了，拍摄者即是现代摄影术的发明人达盖尔。然而很多研究者质疑其作品的真实性，认为他是拍摄了一幅人体画作，而不是直接拍摄模特。但不可否认，大批利用达盖尔银版照相法拍摄的人体照片在市面上悄然出现，成为当时追求新奇的上流人士手中偷偷传看的时髦玩意儿。西方一直保有人体绘画传统，虽然照片因为强烈的写实性和直观性，更容易流于物欲而缺乏美感，但对创作者而言，不过是从画笔转到相机，对模特而言，对面是画家还是摄影师更是几无差别，所以虽有明令禁止带有明显色情意味的裸体相片传播，人体摄影艺术还是逐渐发扬光大起来了。

但在中国，人体摄影的起步要晚得多，遇到的阻碍也大得多。一方面摄影技术的传入和日臻成熟需要一个过程，但更重要的是中国传统审美中，向来是没有"人体美"概念的。在士大夫看来，裸体差不多等同于粗鄙猥亵，是只能在春宫画中存在的事物，何以谈美？即使风流如李渔之辈，说起女子之美，也只重在雪肤、秀目、纤手、玉足这几处，至于身体曲线，则避而不谈。第一次让国人切实感受到"人体美"冲击的，应该是西洋裸体画的引进，震惊的不仅是画作纤毫毕现地捕捉人体肌肉线条和肌肤光泽，而且是如此白花花敞着身子的作品竟可以公开展览并被奉为艺术。而当最早一拨留洋画家陆续回国开始艺术实践后，

上海美术专科学校第17届西画系毕业班的教师、学生与裸体模特儿合影

更是迅速在艺坛掀起一场"文艺复兴运动"，最突出的事例便是闹得沸沸扬扬的上海美专"人体模特事件"。

1912年，刘海粟创办上海美术专科学校，1914年他在学校开设人体写生课，1920年聘到了第一个女模特，但也因此遭到社会舆论一致攻评，斥其为"艺术叛徒"。1924年到1926年间，事件不断升级，最后由五省联军总司令孙传芳出面，勒令其取缔模特写生课程，重压之下，刘海粟不得不屈服。但这么一折腾，本来一个艺术圈内的行为经由报上唇枪舌剑的论战渲染，竟成了一桩轰动全城的社会新闻，模特写生课程看似被取缔了，人体模特写生这一艺术行为却被广而告之了。尤其1927年孙传芳

倒台后，不但美专的课程重又恢复，继起效仿者也日益增多，人体写生作为美术创作的一个分支得到越来越多画家的认可。

与开设人体写生课同步进行的，则是一系列有关"人体美"理论著作的出版。1924 年，同为美专教师的俞寄凡开始在报上发表系列文章《东方人与人体美之思》，后来集结成为《人体美之研究》一书出版。1927 年又出版了郑吻仌编写的《人体美》，陈抱一、李金发为其作序。这些文本无不借西方文艺理论为"人体美"正名，提出真正的"人体美"不是色情的而是艺术的，是由一定的客观标准予以支撑，且由内而外散发出生命本真之美。论著虽然影响不大，不足以转变社会舆论，但至少给了艺术家正当的理论武器，人体再也不是不可触碰的禁区了。

也正因为艺术先驱们做了如此多筚路蓝缕的开拓工作，尤其是催生了首批人体模特，人体摄影才得以缓慢起步。当时最困扰摄影师的一点就是模特难找，第一批稳定的模特来源就是供职于美专的模特，每次 20 大洋，不计时间，人体摄影自此开始了自我探索之旅。

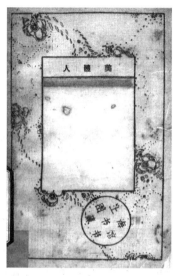

郑吻仌编著《人体美》封面，1927 年版

人体摄影的早期实践

中国的人体摄影开始之初，和人体绘画一样，也是从引进、观摩西方作品开始的。1912 年，上海书画天成公司出版《世界美术画丛刊》，书中包含 20 幅外国人体艺术摄影作品，这是中国最早出版的包含人体作品的画册。与此同时，则是西方摄影师在中国的摄影实践。20 世纪 20 年代初，德国摄影家汉茨·冯·佩克哈默在中国澳门以当地妓院的风尘女子为模特拍摄了多幅人体肖像，这些作品后来曾在法国的杂志上刊出，并于 1928 年结集为《裸体文化在中国》一书出版，这是世界上第一本以中国女性为模特的人体摄影集。

国人最早的实践则出现于民国八年（1919），北京大学"光社"成员，尚是学生的黄坚和北大教授刘半农、吴辑熙三人首次尝试拍摄人体摄影作品，模特是一位人力车夫的妻子。然而这并不是一次成功的拍摄，刘半农、吴辑熙两人一个忘记了打开快门，一个相机抖动且曝光过度，仅黄坚拍下一张，但至今未在公开出版物上见过。这段波折的开荒史在郎静山的回忆文《我国第一张裸体摄影》中有所描述。

不过人体摄影发展势头最蓬勃的地方还要数上海，被誉为"东方巴黎"的上海，是当时中国商业气息最为浓郁的繁华大都市，同时也是文化和出版中心，许多开风气之先的事物都最先在此地孕育，人体摄影也不例外。最早一批探索人体摄影的摄影师大多出自上海，在上海出版的报刊上发表作品，而其中的代表人物就是著名摄影师郎静山。

郎静山以集锦摄影闻名于世，世人皆知其带有水墨意境的风景照拍得唯美，却鲜知其在人体摄影方面也是最早涉猎且成绩最为卓著的，是中国人体摄影发展史上的一位重要人物。20世纪30年代各类画报纷纷刊载人体艺术摄影作品，署名郎静山的频次最多。40年代业内人士撰《谈人体摄影艺术》一文时，也说"研究得最早的，要算郎静山与刘旭沧二位，他们联合请了一位身体健全的女性，作为摄影的对象，共同研究角度光线和构图，凭于多年的经验，他们第一次的成绩，就很不差。"这说的应该是1928年郎静山创作的摄影作品《人体》亦被冠名为《静默有忧思》)，曾在文华影展上展出过，今天被认为是中国现存最早的人体艺术摄影作品。1930年，郎静山又出版《人体摄影集》，这是中国第一本个人人体摄影画册。同时他的人体摄影作品还在国际摄影沙龙中展出，

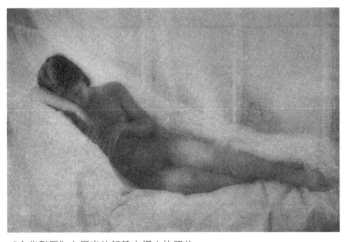

"文华影展"上展出的郎静山摄人体照片

并曾入选1935年瑞士摄影年鉴。

另一位较早涉足人体摄影的海上摄影师是后来转做电影导演的但杜宇。但杜宇为画家出身，以替报刊画封面、插图为生，创作题材上尤钟情于女性，擅长用西画技法绘制女性服饰与人体，20年代初即以《杜宇百美图》名噪一时。同时他也非常爱好摄影，在买下一架"爱拿门"牌摄影机后，又开始尝试拍摄电影。而从绘画转向摄影和电影制作后，他对"女性美"的偏爱也自然融入了进来。1927年，但杜宇根据《西游记》

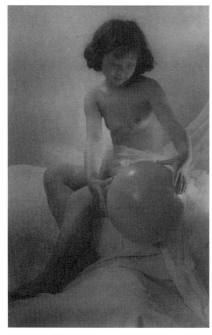 

抱球少女 郎静山摄　　　　　　　　《电影月报》上刊登的但杜宇摄"人体美"照片

中蜘蛛精片段改编拍摄的影片《盘丝洞》上映，因为其中有蜘蛛精身着吊带小衫或薄纱入水的镜头，被舆论批评"艺术堕落""大卖色情"，但这也是早期电影首次充分展现女性身体之美。1928年，但杜宇又在《电影月报》上刊登题为"人体美"的摄影作品，是为国人人体摄影作品公开出版的先锋之举。1930年，他还将自己历年摄影作品集结成册，题为《美的结晶》出版，其中也包括部分人体摄影作品。

此外，继起尝试者还有卢施福、陈傅霖、丁悚、黄伯惠、黄仲长、胡伯翔、万籁鸣、叶浅予、方雪鸪、陈谨诗、秦泰来、魏南昌、吴印咸等，可以说是囊括了上海摄影界半壁江山。到30年代中期，人体摄影已不鲜见，《良友》《北洋画报》《中华画报》《摄影画报》杂志上时常刊登各摄影师的作品，此外还有中国美术刊行社出版的《世界女性人体比较集》，良友图书公司出版的《女性人体美写真集》等。

但有一点必须提请注意的是，这些人体摄影作品，其创作对象多数为"女人体"。虽然艺术家们在创作时不会特别指出，在论述时也笼统地标榜"人体美"，但从其成品看，报刊杂志上登载的作品九成以上为女性人体。而上文罗列的那些摄影师，除了魏南昌和吴印咸在男性人体拍摄上有所建树外，其他都以女性为拍摄对象，以至于我们在谈论人体摄影作品时，基本等同于谈论女人体摄影作品。而创作者，即摄影师们，则无一例外俱是男性。这一男摄影师和女模特之间互为对应的张力关系贯彻人体摄影发展始终，和人体摄影究竟是"色情"还是"艺术"的论争交相辉映，成为研究人体摄影之于女性形象变迁的两把密钥。

男性凝视下女人体摄影的中国特色

但杜宇摄影《美的结晶》封面

从人体摄影诞生之日起，女性就是主要创作对象，东西方皆不外如是。西方有流传有序的裸女绘画传统，古希腊罗马时代就有裸体雕像，虽然在漫长保守的中世纪，此一传统一度中断，但文艺复兴时代重又焕发光彩，并在绘画领域发展地更为绚烂夺目，涌现了诸如《沉睡的维纳斯》《春》《维纳斯的诞生》等杰作，此后在巴洛克和洛可可时期亦连绵不绝，最后在新古典主义大师安格尔的手中大放异彩，如《泉》《大宫女》等名作将女性人体之美推至极致。受此传统影响，人体摄影起步之初，亦是裸体女性占绝大多数。在此大背景下，中国摄影师多选择女性作为创作对象似乎是一种自然而然的下意识选择，且女性尤其是年轻健康、发育完好的女性，曲线自然优美，肌肤细腻光泽，相比之下，的确更容易拍出符合"人体美"标准的优秀作品。

这是摆在明面上的理由，另一个暗潮涌动的理由可能是，市场对女人体摄影作品的需求远大于其他种类。不论是展览、刊载、出售，女人体摄影作品总是会得到更多关注。在艺术与色情之间，是一道难以区分的灰色鸿沟。当时有不少商家，打着"人体艺术"旗号浑水摸鱼，出售带有色情意味的裸女相片。即使是本着艺术目的创作的摄影作品，在心怀"杂念"的观者看来，也无异于普通裸女相片。而观看裸女相片，无论如何也算不上是"道德的"，对于女人体摄影可能引发的道德问题，当时舆论多有批评。

也正因为人体摄影含有如此巨大的道德隐患，正经良家妇女对充当模特都避之唯恐不及。当摄影刚进入中国时，普通妇女连面对镜头都十分羞涩，更不用说赤身裸体被人拍摄。寻觅健康理想的女模特一直是困扰摄影师的难点，20世纪20年代初德国摄影师汉茨·冯·佩克哈默在澳门拍摄时，由于找不到合适的人体模特，不得已在妓院中找到了合作伙伴。郎静山的首位人体模特是一位十几岁的张姓女孩，据说她因为这一大胆行为，四天后被父亲打得遍体鳞伤。大部分的模特都是妓女出身，或者是非常贫苦的劳动妇女，为了钱才愿意牺牲自我。30年代开始，这种模特荒的情况有所好转，但这依然是一个低贱卑微、遭人非议的职业。中国女性出现在裸体相片中，几乎都是被动选择的结果，像好莱坞的玛丽莲·梦露那样，主动要求拍摄裸体照，"要全世界来看我的肉体"的女性是不存在的。

这种被动性决定了当时的女模特并不具备自主意识，从本质上而言，她们就是男性摄影师展开自己美学理念的道具。也正因如此，当我们回看民国时期的女人体照片时，和外国摄影作品相比，具有自己的鲜明特点。

其一，女子眼睛几乎没有对准镜头的。西方有很多直视镜头的人体照，脸上表情丰富，或嗔或笑，但中国女子甚少如此，头永远是低着或背着，面部表情不是被虚化了，就是毫无波动。其二，女子摆拍姿势无一例外的低眉顺目，呈现一种静谧之美。而外国摄影作品中，除了常见的横卧、斜倚、S形站立等内敛型姿势外，也有昂首挺胸、张开双臂等外放性姿势，甚至有跳跃、舞动等充满动感的姿势。但此种动态照片在中国摄影师手中十分鲜见。

对于这点，40年代一篇分析人体摄影的文章中特别提示注意的一段或许能解释得通："还有一点须要注意的，就是人体的姿势不可摆布得太放浪，尽量的设法用东西，或灯光去遮蔽或隐藏其太显露的地方，要认清这是研究摄影艺术，并不是描写生理构造，拍女性人体，只求肩膀、乳、腰、臀、腿、膀的曲线柔软与圆润。而面部最好不要拍得太清楚，尽可能避去正面拍取，第一，不使被摄人太抛头露面，虽然这不是一桩低微的事；第二，看照片的人，而看不清楚面目，也有一些减少引诱性的意义。"

也就是说为了避免拍成放浪形骸的"荡妇"形象，且为了保护被拍摄者的尊严，致力于艺术创作而非卖弄色情的中国摄影师，主动选择了这样一种静态、低首、怯目的相片构图和审美意趣。当时摄影师最喜欢模仿的就是新古典主义代表人物安格尔的画作，比如他的名作《泉》，描绘的是一个手持水罐的少女，有好几张取名为"抱瓮"或"汲瓮"的摄影作品，皆从此画汲取灵感。还有经典的维纳斯卧姿（从《沉睡的维纳斯》到《乌尔比诺的维纳斯》到《奥林匹亚》都有极佳诠释）也是摄影师经常借鉴的构图，郎静山的第一张人体像，模特采用的就是这个卧姿。

人体，郎静山摄

甚至连给作品起名字也采用"倦卧""低头沉思"这类词汇，这样从构图、用光、布景、名字都追求宁静柔美，不能简单归因于是为了避免色情流露，毕竟国外照片中也有一些表现女子动态的照片并不色情。尤其如果对比当时少量的男性人体照，无一不是展现健硕的肌肉，很多还直接命名为"力"，不难看出其实摄影师在拍摄时早已不知不觉建立了两性的二元对立，即男性＝肌肉＝健壮＝力，女性＝曲线＝柔美＝静，这种审美取向才是造成中国人体摄影风格相对单一的最大原因。

这里一个最大的悖论出现了，从女子解放运动伊始，就致力于打破旧有的以女子"柔弱为美"的审美观，赞赏健美、阳光、运动的"新女性"形象，在这一风潮浸染下，时髦女性越穿越少、越穿越短，还玩起了跑步、网球、游泳等运动，在公共场合一展长腿纤腰，但等到除却全部束缚进入镜头时，却又回归了那个柔美、静谧、顺从的古典女性形象，这不啻为一个巨大的嘲讽。而原因可能是，这些裸身出镜的模特多是为钱牺牲的底层妇女，在拍摄中并没有自主表现意识，而是完全顺从男摄影师的安排，所以相片体现的完全是男摄影师的意志，而不幸的是，当时男性所能表现的女子人体之美，不是色情照片中的"荡妇"，便是艺术照片中的"纯真少女"。那些在时装照片中英姿飒爽的都会女性在人体摄影中缺席了，自诩新潮的女性可以接受泳装，但裸体依然是禁忌。民国人体摄影中女性影像的单一化虽让人略感遗憾，但却跨出了至关重要的一步，开启了去除一切束缚的先例，那些战胜耻感、勇敢面对镜头的妇女，为后来者铺石筑路。

胡适与章士钊

王金声

  1925年正月，章士钊与胡适两人在北京前门外廊坊头条"撷英番菜馆"里偶遇，有人要给章照相，章邀胡一起合影，谓相片洗出后各题诗于其上。章先呈一首："你姓胡，我姓章，你讲甚么新文学，我开口还是我的老腔。你不攻来我不驳，双双并座，各有各的心肠。将来三五十年后，这个相片好作文学纪念看。哈哈！我写白话歪词送把你，总算是老章投了降。"胡适一看曾拼命反对新文化的盟主竟然写出了白话诗，也一改自己擅长的白话新诗，写起旧体格律诗来："但开风气不为师，龚生此言吾最喜。同是曾开风气人，愿长相亲不相鄙。"才过半年，章又在《甲寅》杂志上刊文"评新文化运动"，向新文学发起攻击，胡不甘示弱，回了一篇"老章又反叛了"予以还击，他们虽在各自阵营中争论不休，私下饮馔相见倒也十分客气。今观章、胡的合影，不期而遇是莫名的感动，是两位大咖的气度足够博大？还是在新旧文化的碰撞中妥帖地达成和解？或者两人寻找到了某种共识？我凝思良久，终于明白"这个相片好作文学纪念看"！

141
Shanghai style

正面

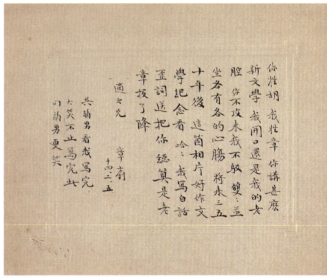

反面

时代女性肖像画

微 硕

如果我们来给月份牌的历史作一个简单分期的话：周慕桥在 20 世纪初的可贵尝试应该说是拓荒期，从晚清到民初，他应外国洋行的邀约画了很多月份牌，出陈入新，筚路蓝缕，开创之功实至名归；郑曼陀 1913 年从杭州到上海，发明用擦笔水彩技法画月份牌，在被揭秘以后更受到几乎一致的效仿，使之成为这一领域内最具有代表性的一种画法，其对月份牌的基础奠定居功至伟，他是定型期的代表人物；而杭稚英从 20 年代初涉足月份牌画创作，并创设艺术画室，组织集体创作，开一代之新风，其一生作品，无伦是内容之丰盛，还是数量之繁多，绝无第二人可以相比，他代表了 30 年代月份牌的鼎盛期，堪称月份牌历史上集大成之人物！

笔者一直以为，如果要选择几幅月份牌来作为不同时期的代表，那么，周慕桥的《民国万岁》以及徐咏青的《时报十周年纪念》可以代表 20 世纪的最初十年，它们都创作于 1913 年；郑曼陀的《梅边倩影图》和胡伯翔的《秋水伊人》可以代表 20 年代，前者作于 1921 年，后者创作于 1929 年；而 30 年的代表作，杭稚英的作品无疑是最合适的，如果挑选，那么《琵琶少女》和《机车女郎》似乎比较有代表性。

现在，我们就一起来欣赏这几幅画。

周慕桥和吴友如一样，手中掌握着两套笔墨，既擅长画古装仕女和历史故事画，也同样擅长绘制时装女子和社会风俗画，笔者甚至认为周慕桥这方面题材的作品更佳也更有意义，以其能画此类作品者稀少而更接地气也。他为协和贸易公司绘制有一幅题为《民国万岁》的 1914 年月份牌，远处是一座高耸的宝塔，近景是一条河流缓缓流淌，两岸夹荫，树木郁郁葱葱。中间突出位置，一位佳人临水而立，婉约动人，一身当时流行的高领窄袖旗袍裙，上身蓝底白花，下裙黄底褐花，色彩艳丽，搭配和谐。一对天足，脚蹬一双半高跟皮鞋，似乎在宣示和传统女子纤纤缠足的永远告别。整个画面呈现出一派平和静穆的气象，透露出浓郁的民国气息，并展示了对未来生活的满腹憧

143
Shanghai style

周慕桥绘《民国万岁》,协和贸易公司 1914 年月份牌

徐咏青 1914 年为《时报》创刊 10 周年绘时装仕女图

憬。可以说，这代表了当时社会的一种普遍思潮。

　　1900年前后的上海报界，《申报》和《新闻报》是当仁不让的两大天王，排名第三的则数得上是《时报》了。《时报》1904年6月12日创刊于上海，创办人狄楚青，由罗普任总主笔，梁启超也参与过策划。该报首创"对开报纸，分为四版，两面印刷"的现代型版式，彻底摆脱当时盛行的书页式报纸痕迹，并对标题、字体、圈点符号等编排形式进行改进。它将《新民丛报》所创的报章文体"时评"移植于日报，开辟《时评》专栏，由陈景韩、包天笑、雷奋分别主持，评论国内大事、外埠新闻和本埠新闻，并率先创办报纸周刊，每周分别设立教育、实业、妇女、文艺等7个专版，聘请专家主持编辑。这种种革新举措，均为后来各报所效仿，并一直沿袭至今。1914年是《时报》创办十周年大庆，一年前该报就开始筹划各种庆典活动，其中就包括邀请各界名流为《时报》题词作画。徐咏青和该报多位重要人物有交往，也曾在该报上发表过画作。作为当时崭露头角的画坛实力画家，徐咏青也收到了邀请。这是一份荣誉，也是对自己画功的考验，徐咏青自然不会轻率对待。当时他正为狄楚青创办的《小说时报》和《妇女时报》绘制封面，主要形象大都为女学生和时装妇女，但受制于刊物封面的狭小面积以及刊名、刊号等字体的排布，颇感约束。这次，他终于可以放开手脚舒畅地作画了。这是一帧直幅水彩画卷，背景淡色敷彩，整整一半篇幅都是蔚蓝色的天空和随意舒卷的云朵，着意突出那种自在舒展的感觉，令人赏心悦目。画幅中央，是一位优雅地端坐在藤椅上的年青女子，一头烫发自然松卷，高领窄袖的上衣显示着时尚，下身为宽松的黑色长裙，凸显出大方稳重。女子左手随意捻弄着刚刚摘下的红花绿叶，一付悠闲自得的神态，右手边那张摊开的报纸，貌似闲笔，却巧妙地暗示出女子的身份。就是草地上乖巧地蹲坐着的那只黑白斑花狗，看似随意勾勒，却也起着佐证女子家境的妙用。寥寥几笔，画家就为我们塑造了一位民国初期知识女性气定神闲的典型形象，而且，这应该就是当时关心时事、订阅报纸的主要人群，正好寓意了画家对《时报》创刊十周年的祝贺。这是一幅优秀的水彩佳作，美人靓丽，色彩明亮，着意宣传的商品自然是《时报》，若再加上月历，不啻就是一幅标准的月份牌画。事实上，这应该可以算徐咏青所绘最早的月份牌画了。以后，他就正式闯进了月份牌画界。1915年，上海举行征集月份牌画稿大赛，最终一等奖由日本人村井获得，二等奖二名则均由徐咏青荣获，三等奖三名由胡伯翔、周柏生和俞涤烦三人分获。

郑曼陀所画月份牌，经过最初几年试验调整，至 20 世纪初已趋成熟定型，即使后几年他特有的擦笔水彩被人解密，已无法凭借这一"秘籍"独步天下，但他依然是擦笔水彩的权威，无人能在短期内撼动他在此领域内的地位，找他定制月份牌的商家依然可以"户限为穿"来形容。那几年，他为南洋兄弟烟草公司、广生行有限公司等大客户连着几年绘制月份牌，身价不可谓不高；但在民间，他最受欢迎的作品却是为家庭工业社绘制的那几幅月份牌，尤其是他 1920 年画的《梅边倩影图》，被当时刚成立家庭工业社股份公司的陈蝶仙（天虚我生）看中，以 400 银元买下，作为公司 1921 年宣传的主打月份牌。陈蝶仙文章写得好，生意也很会做，他在报上发起为《梅边倩影图》配诗的征文活动，最终"所得不甚当意，乃由天虚我生自题五绝"，诗曰：

晴窗嫩日绣帘开，岚影波光扑面来。居处无郎谁作伴，胆瓶新插一枝梅。

雪貌花颜暖欲融，怯寒人立峭寒中。自怜不敌东风莽，携个蒙茸小袖笼。

长身玉立孤山鹤，小步惊回洛永鸿。绝妙词牌三令巧，比梅多丽鬓云松。

已过寻芳与采莲，湖山未必足留连。知音料有牙期在，不在梅边在柳边。

侧帽无须花插鬓，小名应是步非烟。却嫌脂粉污颜色，洗尽人间海水莲。

家庭工业社 1921 年"诗配图"的月份牌一出，市场大为赞赏，叫好不绝，甚至有人于 20 年后还在报上撰文，对这幅《梅边倩影图》记忆犹新，赞誉有加："我眼高笔低，对于当时的月份牌中，最赏识的家庭工业社的出品，《梅边倩影图》画

郑曼陀绘《梅边倩影图》，家庭工业社 1921 年月份牌

既幽雅，诗更清新，特地配了一个镜框，悬在南市老家的书斋里。不幸八一三事变，此图已不知去向。'美人已归沙咤利，义士今无古押衙。'每为此图叹息。"作者赞叹此图"画既幽雅，诗更清新"，其实，这"清新"的诗里大有玄机，陈蝶仙为此图写了五首绝句，如细细读来，可以发现，每首绝句的第三句都嵌了一个字，连起来读正是"无敌牌牙粉"——家庭工业社这年的主打产品。陈蝶仙可谓聪明，而市场更是买账，此图初版两万幅，不出半月即已售罄，于是很快又发行了陈蝶仙另配新诗的再版；而家庭工业社生产的无敌牌牙粉也销路走旺，凭借本身的质量和奇思妙想的宣传，声誉大振，产品甚至远销国外，压倒了日本的狮子牌和金刚石牌这两个舶来品。一幅月份牌，在一个月内竟然出现了不同版本，可以说是月份牌史上颇有意义的一则插曲，也成为中国民族工业砥砺前行的一个印证。

在民国绘画史上，胡伯翔以擅画山水而享有大名，但他的人物画同样十分精彩，否则，像吴昌硕这样的大人物也不可能请他为自己的夫人画像。在现还留存的胡伯翔所绘月份牌中，人物画占有相当比例，而且，有不少经典之作。他为英美烟公司所绘1928年月份牌《冷艳》，画中少女，明媚清丽，姿势生动，双眸格外亲人，观者凝视而令人印象深刻，当年就深受好评。作家周瘦鹃在报上撰文评析："吾友名画师胡伯翔君，人皆知其善绘山水，兼精摄影，而不知其亦善为美人写照。近见其为英美烟公司作一月份牌，画中一美人，御嫩绿色绛花长袄，围白色鸵毛围巾，两手加肩际，作怯寒状。波眸凝睇，颊辅间呈微笑，真有呼之欲出之概。诚佳制也。"胡伯翔为英美烟公司绘制的1930年月份牌《秋水伊人》更为出色，画中美人临湖侧坐，双手抱膝，肩佩红花，衣饰落落大方，发式清清爽爽，尤其那抿嘴微微一笑的姿容，可说捕捉到了女性最妩媚动人的

胡伯翔绘《秋水伊人》，英美烟公司1930年月份牌

147
Shanghai style

杭稚英绘《琵琶少女》

表情，非常精彩地传达出了《诗经·蒹葭》篇中"蒹葭苍苍，白露为霜。所谓伊人，在水一方"的意境，可谓神来之笔。

　　作为徐咏青学生的杭稺英更是擅画人物的高手，他笔下的时尚女郎在当时可谓引领了时代潮流，其中，《琵琶少女》尤其出色。

　　《琵琶少女》画面非常简单：一位少女在湖边弹奏琵琶，一身通体红色的旗袍，洋溢着喜气，身后的绿叶红花和远处具有民族风格的楼台亭阁，点明了季节和场地；最让人感到莫名惬意的是少女的表情，温婉柔美地甜甜一笑，就把少女的最美展露无遗，微微露齿的双唇弧线，若隐若现的浅浅酒窝，仅仅显出三分之一的耳郭隐藏在乌黑美发之中，一切恰到好处，一切尽在不言处。此景此情，似乎只有《诗·卫风·硕人》中赞美女子的千古名句才能形容："手如柔荑，肤如凝脂，领如蝤蛴，齿如瓠犀。螓首蛾眉，巧笑倩兮，美目盼兮。"这是20世纪30年代最具有民族风的中国少女！

　　如果说杭稺英的这幅《琵琶少女》展示的是静态的少女美，那么，他的《机车女郎》则尽显动态，充满活力。相比"琵琶少女"，"机车女郎"的开场亮相就是她的一头烫发，简单明了，直观时尚；而她身后一远一近的两座高楼，更是默默地展示了现代化的城市背景，可谓不着一言，尽显风流。相比于女郎的娇小身材，她胯下大马力摩托的霸气体量更抓人眼球。世界公认的摩托发明者是德国的"汽车之父"特利布·戴姆勒，1885年，他制成用单缸风式汽油机驱动的三轮摩托车，同年8月29日他获得了这一发明专利。与德国摩托车相映生辉的是美国摩托车，1907年，哈雷-戴维森公司制造出了第一台V型双缸发动机，它能为摩托

杭稺英绘《机车女郎》

车提供更大的动力，旋即风靡世界。摩托何时传入中国？《机车女郎》中的摩托又是什么品牌？笔者并不想考证，于本文也并不重要，虽然，画中的摩托和30年代的哈雷摩托（比如1934年款及1938年款）非常相似。其实，在《机车女郎》中摩托只是一个符号，它代表着大城市，代表着现代化，代表着动态，代表着发展；而将女郎和摩托结合在一起，更利于显示柔与刚、静与动、暖色与冷色、娇小与庞大、美丽与野蛮的视觉对比效果，造成所谓"美女与野兽"的喜剧性。喜欢好莱坞影片的杭稚英对这些艺术规律并不陌生。

《阎瑞生》：中国首部故事长片

汤惟杰

引 言

"自1920年至1921年，在上海开始了第一批中国长故事片的摄制，这就是中国影戏研究社的《阎瑞生》，上海影戏公司的《海誓》和新亚影片公司的《红粉骷髅》。"[1] 这是程季华主编的《中国电影发展史》中的一段文字。从已知的放映时间看，《阎瑞生》应该是中国的第一部长故事片[2]。可是，这部百年之前的影片早已湮没在时光之中，每当提及它，人们不禁揣想：《阎瑞生》究竟长什么样子？

搜寻那个年头的报刊资料，除了文字，我们也查找到少量的影片图片，其中以《图画时报周刊》最为集中，1921年5月15日和6月12日两期上均刊载了《阎瑞生》的剧照，数量分别为10张和2张；此外，上海图书馆张伟研究馆员在1922年的《新声》杂志中查找到的"阎瑞生影戏'向题红馆假（借）钻戒'之一幕"的整版大幅剧照，是早期电影研究在图像领域的重要收获，尽管《图画时报周刊》上也有，但尺幅和清晰度完全不能与《新声》杂志所载的相比。

影片《阎瑞生》曾经有过一册剧照印成的小画册——《阎瑞生谋害莲英案全图》，可以说，这本小册子也是中国电影连环画的鼻祖，但除了一张模糊的封面照——也与前述报刊上的剧照相同——之外，多年来少有研究者和收藏者公布过这本画册的详细内容。

《阎瑞生谋害莲英案全图》，1921年版电影连环画封面

---

1 程季华主编：《中国电影发展史》（第1卷），中国电影出版社1998年版，第43页。
2 《阎瑞生》首映日期为1921年7月1日，放映地点为上海的夏令配克影戏院，当天上海的重要报刊（如《申报》《新闻报》和英文报纸《字林西报》《大陆报》）均有刊载。

说来也巧，笔者在几年前曾经匆匆见过此画册的照片，并在报刊上略为提及[3]，近日有缘得到此画册的扫描图，仔细检看之后，简述如下：此画册封面上方印标题"阎瑞生谋害莲英案全图"，中间图为"三案犯麦田谋毙莲英"场景，两侧各有"最精致""最美观"两行文字，封面下侧有"每本铜元十枚"的标价。内文一共20页，每页一图，并配有内容介绍文字，数十到百余字不等。从图文编排的格局上确实已开后世电影连环画之先端。

《阎瑞生》剧照

《阎瑞生》剧照

这本画册，连同封面图，一共保存了《阎瑞生》影片剧照21幅，对照之前报刊上刊载剧照，有12幅相同，数量上较之前多出了9幅，连同介绍文字，整本图册较为完整地展示了影片《阎瑞生》的全片构架，也让没有拷贝存世的《阎瑞生》影片有了更为详实的视觉资料，留给后人以更多的研究空间。同时，这本电影小画册，也是20世纪20年代初视觉文化史、出版传媒史和上海城市史的一份重要物证。

这本小册子，为我们掀开了一百年前早期中国电影史的一页。

一

1921年7月1日，一个周五的夜晚，已然入夏的上海，许多影迷早早地

3 汤惟杰：《电影小书》，《新民晚报》2014年4月26日。

吃过夜饭，从城市的各个角落出发，涌向静安寺路，去夏令配克影戏院（Olympic Theatre）抢看七点钟新片《阎瑞生》的头场放映。

早在该年的4月6日，上海最有影响力的新闻报纸《申报》的本埠新闻中便透露"阎瑞生活动影戏行将出现"：

> 阎瑞生谋害莲英案，喧传社会，无人不知。现闻由中国影戏研究社，将全案事实，编为影戏，业已开始摄演。所有案情，均实地拍摄；扮演人员，多富有演戏经验者。此案本属离奇，又经该社多人研究，参加材料，必大有可观。全片制成，共费五万元，长约万余尺，不日即可出演，届时必可轰动一时也……

5月16日，《申报》再次曝露中国影戏研究社的拍摄花絮：

> 十四日，中国影戏研究社社员多人，携带最新式摄剧机，在江湾赛马场摄取《阎瑞生》剧中"赛马"一节。饰阎瑞生者，为陈寿芝；饰吴春芳者，为邵乐平。化装表情，并皆佳妙。又是日第八次比赛，李大星得第一，该社亦摄入片中……

终于，6月29、30日两天，沪上两家大报《申报》《新闻报》都在娱乐广告版面刊登了以中国影戏研究社名义发布的放映新摄影片《阎瑞生》的预告：

《阎瑞生》剧照

> 《阎瑞生》这出戏，谁不爱看？影戏这个玩意，谁不欢迎？
>
> 各舞台上所演《阎瑞生》这本戏，都是敷延时刻，要连看二三夜功夫，才能看完，看客坐得腰酸腿麻，看了还不到一半，我们用最经济的"法子"来做这出戏，只费一次功夫，可以看完；而且座位舒服，定能使看客绝口称好。
>
> 这出戏共分十大本，是我们费了六个月的经营，几万元的资本，合了一百余人的心血的结晶，扮演的明星，都受过高等教育的青年；而且阎瑞生莲英两个角色，面貌都是一模一样，尤其难得。

各种背景如:"百花里""福裕里""王德昌茶叶店""跑马场""一品香""麦田""佘山泗水""徐州车站""上海地方检察厅""龙华护军使署"……等,都是实地真景,和画出来的假背景不同。

其实,上海的英文读者,也早已知道这部影片的存在,4月7日《字林西报》(The North China Daily News)也转引了上海本地中文报纸的消息,还特地强调此片的"写实性(realism)",以及摄制费用"五万元"。5月13日,《大陆报》(The China Press)也作了近似报道。6月30日,两报都在娱乐版提前预告了《阎瑞生》的上映消息,我们得知《阎瑞生》的英文片名为"Abuse of Rich Ornaments",较之中文报纸,两张英文报的影片预告、广告都配了剧照,显得很是郑重其事[4]。

放映的影院安排在夏令配克,这座雷玛斯游艺公司(Ramos Amusement)旗下的豪华影院,之前还从未接纳过中国人拍摄的影片。同时,它高昂的票价,就足以把大多数华人观众屏于门外[5]。

然而此刻,夏令配克的大门即将开启。

二

如果要大众评选民国九年的沪上重大新闻,那"阎瑞生谋毙花国总理莲英案"无疑会在榜单上名列前茅。该年年底,《申报》在它篇幅有限的年度大事纪中,却有三处叙述了阎瑞生莲英一案的细节;在阎瑞生被枪决后,《申报》和其他几家报纸还足足用了一个月天天刊登案犯供词和证人证词,这编排,足见其不同寻常之处[6]。

《阎瑞生》剧照

---

4 《字林西报》的配图是"三案犯麦田谋毙莲英",而《大陆报》的配图则为"阎瑞生向题红馆借钻戒"。
5 夏令配克此次放映《阎瑞生》,票价为"正厅一元,登楼一元五角"。
6 1920年12月27日,《申报》本埠新闻版开始连续刊载"民国九年上海大事纪",回顾盘点本年度上海的重要事件,至12月31日共五期。其中列有:"六月九日阎瑞生纠同吴春芳方日珊谋毙小花园妓女莲英并劫取饰物","八月八日……谋毙妓女之阎瑞生在徐州就获是日移提回沪","十一月二十三日龙华枪毙谋毙妓女莲英凶犯阎瑞生吴春芳"。

影戏，那时候人们这么称呼电影，并非上海首次呈现阎瑞生莲英案的媒介，从案发到影片上映的将近13个月中，这桩事件已经横扫了上海报刊、出版、戏剧曲艺诸多领域。

作为罪案，其本事并不复杂：1920年6月9日，沪上名妓，曾在1917年度新世界游戏场的花国群芳选举大会上评为"花国总理"的莲英，被一名叫阎瑞生的青年男子以乘汽车兜风为由接走后，就未见下落，直到一周后，她的尸体被人发现在徐家汇一带的麦田中，她所佩戴的珠宝首饰被劫掠净尽。

6月16日"麦田发现女尸"甫一见诸报端不久，7月2日《申报》的广告版就登出新华书局的通告：《莲英被害记》一书正式出版。"特倩海上大嫖客熟悉莲英之身世者""将其一生事实……编辑成书"，"并附凶手阎瑞生之历史以飨阅者"，"卷首附莲英电光照片两张彩色精印光耀夺目书出无多欲购从速"[7]。

同年11月23日，该案主犯阎瑞生、吴春芳被枪决，伴随次日大小报纸上"本埠新闻"的报道的，便有大世界乾坤大剧场《莲英劫》的预告；25日，大世界和笑舞台就分别上演了海派京戏《莲英劫》和文明戏《莲英被难记》；27日，汉口路上的大舞台开演头本《阎瑞生谋害莲英》。最为火爆的，是到了次年的二三月间，上海一天之内同时有五家剧场上演莲英案改编的剧目。笑舞台的郑正秋甚至找到了王莲英的生前相好上台助阵：

请莲英意中人杨君习珪牺牲色相，当场加入，现身说法，源源本本，直将可

《阎瑞生》剧照

---

[7] 新华书局位于麦家圈（今山东中路从福州路至广东路两侧），仅隔三天，不远处四马路（福州路）上世界书局编辑的《莲英惨史》《阎瑞生秘史》也上市了，这家"昼锦里口第一春对门萃秀里内"的世界书局，照样奉送"莲英阎瑞生五彩电光精印照片"。之后《阎瑞生自述》《莲英痛史》、号称"惨情小说"的《枪毙阎瑞生》之类的小册子不一而足，纷纷登场，一时间充斥街头报摊书肆……

怜人六年来旧账重翻。(《申报》娱乐版广告)

法租界共舞台的《阎瑞生谋害莲英》卖的是唱功。一月份正式上演,两个月后,带"红公鸡"标志的百代公司就出品了由共舞台名角露兰春录制的"阎瑞生惊梦"头两段的唱片(百代公司编号为 33445)。一时间,那段"你把那冤枉的事对我来讲"大街小巷谁都能哼上几句。

九亩地(今大境路露香园路一带)新舞台的剧目推出较晚,但上来便不同凡响——

我们为了这本戏的布景,也大费了手续。各处地方都由布景部主任张聿光君率领几位画师去实地写生。现在特制的有:《新一品香》《福裕里》《虹桥麦田》《百多洋行》《过街楼转台》《阎瑞生的家庭》《会乐里妓院》《奇巧梦景》《青浦大水景》《真船上台·阎瑞生泅水》,诸君大概相信新舞台布景总能略高一筹。"(《申报》娱乐版广告)

随后又有"九音联弹""许多汽车、马车兜圈子""真马上台"等各色花样。

而电影《阎瑞生》的出现,和一个名叫"中国影戏研究社"的团体密切相关。

我们已经不太清楚"中国影戏研究社"创立的确切时间,目前能获得的有关它最早的信息,是 1921 年 1 月 23 日《申报》《新闻报》上刊载的一则出版预告,宣称一份"开风气之先"的叫《影戏杂志》的刊物即将问世,发布预告的"中国影戏研究会"(后改称研究社)位于"山西路 32 号"[8]。而《阎瑞生》则是该社拍摄的唯一一部影片。

而具体的制作,则由研究社交予了当时上海拥有活动影戏部门的商务印书馆[9]。

三

作为中国第一部故事长片,十本长度的《阎瑞生》是一个商业奇迹。

据《中国影戏大观》(1927)中徐耻痕的叙述,该片在夏令配克放映的一周内"共

---

[8] 资料显示,该社由顾肯夫、施彬元、徐欣夫等发起,组织出版部,筹办《影戏杂志》,陆洁也是该刊重要撰稿和编辑成员。同年 3 月末到 4 月初,该会又分别在《申报》《新闻报》上刊登广告"《影戏杂志》第一卷第一号出版了",并公布了详细的该期目录。5 月中旬,他们的新一则广告中提到会名改为"中国影戏研究社出版部",地址也迁往浙江路,该则广告中也透露了该社正在拍摄《阎瑞生》。

[9] 商务印书馆为此片投入的主要制作人员是:编剧杨小仲,导演任彭年,摄影廖恩寿。

赢洋四千余元", "自是厥后，中国影戏足以获利之影像始深映入华人之脑"。

当从一册民国十一年（1922）出版，极为少见的《新声》杂志上见到那张迄今发现尺幅最大的该片剧照时，可能会让我们对《阎瑞生》的商业成功别有领悟：

在这张标为"向题红馆假（借）钻戒'之一幕"的照片上，陈寿芝[10]扮演的阎瑞生正腆着脸从熟识的妓女题红馆手中取走一枚戒指，递出钻戒的题红馆则矜持而略带一丝自得。钻戒，在现实案情中是诱使阎瑞生最终犯罪的重要物件，当时媒体对此就多有评论，而以1920年11月16日《时报》的一篇短评尤为传神："一钻之费，辄数千金，中人之产不若也，耳之环，指之戒，荧荧然如豆，人前相语，每借故以示人，观之者啧啧羡……"这篇题为"钻石时代"的文字，婉而多讽，却标识出了一种新的都会风尚，以及物的呈现方式。

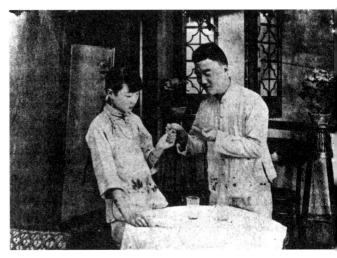

《新声》杂志上所刊影片《阎瑞生》的剧照：阎瑞生向妓女题红馆借戒指

与此相应的，"物"，无论舞台剧还是影片版本的《阎瑞生》中着意强调的，还有汽车，新舞台的剧目广告中标榜自己舞台上有"许多汽车、马车兜圈子"的壮观场景，不仅对应了阎案中的作案工具[11]，直接凸显了20世纪20年代前期上海城市马路上的有趣景观。就在阎瑞生案发生的前后，上海小报经常有这样的记载：

著名青楼爱国家妙莲老四昨日下午乘黄色汽车过南京路向东驰去。

福裕里红情昨偕杨某昨乘红色汽车过此（大马路），行甚速。

以上两则，摘自1920年8月上海著名娱乐场小报《先施乐园》的社会杂闻版面，这个"电报房"的栏目时常刊登上海名伶名妓的消息，如看戏、购物、兜风游乐等。当然，你还会读到"花国总统好第昨乘黄报车至（南京路）明明眼镜公司购墨晶克罗

---

10 陈寿芝也是中国影戏研究社的活跃成员，除了出演阎瑞生，我们可以在该社编辑出版的《影戏杂志》上读到她的电影文章。
11 阎瑞生诱骗莲英外出兜风的那辆1240号牌照的汽车，乃是从朱稚嘉（上海总商会会长朱葆三第五子，阎大学同学之弟）处借得，这有阎瑞生的供词和判决书为证（据笔者查阅公共租界警务处档案得知，这是一辆法国产的Delage轿车）。

克眼镜一架计洋十八元", "总理金湘娥昨至（棋盘街）中华书局购侦探小说四部"这样的报道。这两则琐碎消息，和阎瑞生案本身的情节提示我们，作为"流动现代性"重要表征的1920年的上海街景中，汽车已经取代《海上花》年代的马车，成为时髦妓女在城市中观看/被看的新的样式。

另外一点让我们惊讶的，是比对阎瑞生的真人照片，会发现演员与其扮演的对象非常相似。影片预告中所谓"两个角色，面貌都是一模一样，尤其难得"果然不是虚言[12]。一模一样，作为观看的效果，也许可以转译为"真实"，它同时会合乎逻辑地指向观看方式的重要维度。《阎瑞生》"反映"了"阎瑞生"吗？也许《字林西报》对阎瑞生事件的一则评论突出了问题的这一自我悖反、冲突的性质。

在《字林西报》1920年9月20日的题为"莲英与电影"的评论中，作者提到，阎瑞生谋害莲英一案，与当时输入的不少欧美类型电影有着惊人的细节上的相似，比如行凶的"浪荡子弟三人组"，受害人则是"美丽却不安分的少女"，以及"晚间驰车兜风""月夜下的残忍凶杀"的桥段。学者张真在认定《阎瑞生》是一部高度现实主义的作品的同时，也认为由于它视觉策略上的浓重的现代性成分，使得这部电影与其他多数中国电影产生了明显差异，让人"又爱又恨"[13]。

四

上海本地《阎瑞生》的放映异常火爆，同年9月6日（农历八月初五）到8日，老城厢"西门外方板桥"的共和影戏院再次放映了《阎瑞生》，三天里观众络绎不绝，该影院的正厅座位平时票价一角二十（文），《阎瑞生》放映期间提价至四角八十（文），是平日的4倍，然而，影院生意好到又延长了两天放映。半个多月后，9月29到10月2日，虹口海宁路的新爱伦影戏院又一次放映《阎瑞生》，在此期间，影院各等座席票价全部翻倍，将映期延长三天，每天放映三个轮次[14]。

---

12 此点也同样为该片编剧杨小仲所证实，据他回忆，阎瑞生本人和陈寿芝不仅相像，而且相识，陈擅长模仿阎的举动。
13 张真：《银幕艳史》，上海书店出版社2012年版，第139页。
14 主要参考这一时期上海报纸（《申报》《新闻报》）娱乐版的影院广告。

电影最早到达上海，经过了漫长的国际旅行线路。同样，上海本地的影片一旦问世，也不会满足于把自身固置于上海一地。在夏令配克放映的一周里，《申报》《新闻报》两报上每天在刊登广告，提醒着上海人"此片开映为日无多"，并再三申说"《阎瑞生》影片将运往外埠""北京天津汉口等各地方早已向本社订定预约，现在各处拍雪片似的信来催促去开映，再不能挨迟了"[15]。北京1921年10月30日的《顺天时报》记载，《阎瑞生》首度到京，于该日起到11月3日共放映5天，地点则在东安市场开明电影院。同年11月，中国影戏研究社还在上海报纸上刊出两轮"《阎瑞生》影片出租出卖启事"。

1922年11月到12月间，上海报刊刊载公共公廨的"讯案汇志"中，我们发现中国影戏研究社打了一场官司[16]：

> 中国影戏（研究）社诉郑翔翚受委将《阎瑞生》影戏片带往香港映演，赚洋二千一百二十九元二角，不交账目，并不将该影戏片交还，请追偿代价洋一万元案，被告避不到案，原告代表台维所律师请求登报传达、结果，准间日登《申》《新》两报各十四天传达。此谕。

> 中国影戏（研究）社台维斯律师诉郑翔翚不将映演影戏所赚洋二千余元交出并不还《阎瑞生》影戏片案，被告代表高露律师称，今被告已将该影片先行交还、结果，影戏片先交原告领回再夺。

这多少透露了《阎瑞生》拷贝曾经的行踪。

由于上海公共租界工部局1923年应中国政府内政部和教育部的要求，对影戏研究会实施调查，也使我们意外地得到了《阎瑞生》旅行线路的其他细节：笔者掌握的上海公共租界警方档案里，有影戏研究会成员施彬元向捕房提供的材料，他称该片除广告中所提地点，还曾运至苏州、广东和香港上映[17]。

---

15 见1921年7月3日《申报·本埠新闻》。
16《申报》，1922年11月16日、12月7日。
17 上海档案馆，"电影检查"专题卷宗。此外，查1923、1924年《申报》，得知《阎瑞生》在出品之后两三年里于闸北影戏院、法国影戏院、中国大戏院以及新爱伦、沪江影戏院等处多次放映。

五

《阎瑞生》影片的热映，自然也引发了传媒的热议。7月的首轮放映不久，《申报》即刊出署名"木公"的"顾影闲评"[18]，对影片颇为褒扬：

> 影戏研究社有自摄《阎瑞生》影片，假夏令配克园开演。余寓址相距匪远，儿子等均亟欲往扩眼界，遂于星期六夜携之往观。然余意中窃谓亦仅犹各舞台之《阎瑞生》，不过稍加以实地布景而已，不意开幕后一切布置均与西片相仿殊，与各舞台之乱七八糟者不可同日而语。国人自摄影片竟能臻此境界，殊出意料之外。
>
> 此剧中之情节编制尚紧凑，演男女各员均能适如其分，就中主要而最精彩者为饰阎之陈君，神情状态活画一堕落青年，观之殊足发人深省。

当然，从此片的写实路线出发，木公也对若干细节提出了质疑：

> 欧美影戏凡车船必真实开行，绝不含混。此片有数处车已开而轮不转，是最露破绽处。又如外国影戏遇作字时必认真书写，此片中除阎在捕房于供单上举笔略书，及饰领事之西人亦举笔真书外，其审判厅与铜山县公案旁之速记，若画数圈即算了事未免如旧剧之草率。

甚至英文《字林西报》的娱乐版评论也给予了较好的评价：

> 书寓生活刻画得真切，男演员扮演男角，女演员扮演女角。许多熟悉的上海地点都在其中予以了展示，包括中央捕房，会审公廨，上海地方法院，护军署衙门，一品香旅店，沪宁铁路火车站。……总的来说，这部影片很是生动并让人充满期待。

颇有意味的是，评论中"充满期待"并未最终化为现实，《阎瑞生》的某种"真实犯罪"指向，让它在不久之后承受了较好评为多的指责，它的纪实风格的直接承继者，首先要数明星公司在次年摄制的《张欣生》。取材上海浦东的一桩家庭逆伦凶杀案，在血腥程度上，更强烈地考验观众的耐受力，以致不久后便遭北洋政府的查禁。在影像美学的航道中，《阎瑞生》一片开辟的航线行驶得异常短暂，在随后的年月里占据了中国影史主流的，是东方"影戏"路线[19]。

---

18 《申报》，1921年7月11、12日。
19 2014年的12月18日，姜文导演的《一步之遥》公映，这部影片同样取材阎瑞生王莲英故事，相隔93年，向影史深处的中国首部故事长片致敬。

爱普庐影戏院里的上海默片时代

李圣恺

在今天的电影院里，观看一部彩色的有声电影显然是一件理所当然的事。然而在电影院诞生之初，里面播放的影片不仅不是彩色的，也没有人声配音，甚至连每次安排的内容都不全是电影。百余年前，正赶在时尚前沿的上海恰好全程同步见证了早期电影的发展。

1912年早春，爱普庐影戏院前的北四川路街景，海宁路口附近北望

1912年，在卢米埃兄弟巴黎大咖啡馆里世界上首次电影公映的17年之后，上海电影院的发祥地——北四川路海宁路口附近已经聚集了至少三座放映电影的戏院。在北四川路上成片的中式建筑中，一栋气派的西式两层红砖大房子显得格外显眼。这座不到半年前开的戏院叫爱普庐影戏院（Apollo Theatre），由葡籍俄人郝思倍（S. G. Hertzberg）改建之前在此的美国影戏公司（American Cinematograph Hall）而成。1911年12月21日开幕的爱普庐，在今天看来可算是上海最早的几家室内电影院之一。最早的一家维多利亚影戏院则紧靠其南侧。

在戏院气势宏伟的石艺大门旁贴着两张海报，海报上宣传的是当晚放映的两部百代公司（Pathé）1912年出品的影片。每天晚上到了八点多，远近的影迷在此聚集一齐来观看九点开演的节目。进了大门后先来到了宽敞的入口大厅，大厅里有售票亭和通往楼上座位的大楼梯，大厅的旁边还有衣帽间、供男士休息的酒吧和供女士休息的咖啡屋。

放映厅里两层楼上下贯通。底层阶梯式的座位从前往后逐渐上升，确保了所有观众的视野都不会被遮挡。二层的观众则向下俯瞰舞台。票价分楼上楼下，楼上反较楼下贵。如在1923年的一次演出中，楼下的票价是银元9角，而楼上的票价则是1元

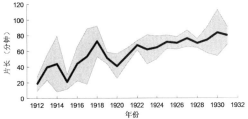

爱普庐播放影片的单片长度变化

1929年，沪江大学西剧社演出"值得登广告"剧照

5角（分别约合今日购买力人民币70元和120元）。戏院的座位是木质的，围绕着舞台层层排出。舞台上挂着红色丝绒质地的幕布。天花板上隐蔽地装备了当时最先进的通风系统，以保持戏院内空气的清新，一改传统戏院中常见的浑浊环境。

在爱普庐开设之前的十年里，电影还仅仅是作为新兴的西方把戏，仍未成为主流娱乐方式。那时的电影只是偶尔在传统娱乐场所里作为临时点缀，而不是一项有固定场所的常规娱乐方式。在爱普庐经营之初的20世纪10年代初，刚刚尝试独立成为常规娱乐方式的电影院里放映的电影仍然非常短小，完全没有今天动辄长达两个小时的大片，一卷典型的胶卷仅能播放十余分钟。在影片的题材中，除了今天最常见的故事片，还有不少如今很少在影院里看到的题材：风景影像和新闻报道。在电影还作为新鲜事物的时代，仅仅是展现异域风光的外国风景片就可以吸引观众。比如在1912—1913年，百代公司制作了一系列十几部西方各地风光手工上色影片。通过这些影片，在沪的国人可以一睹域外风情，来自西方的外侨也能了解故土的近况。每部的长度约十余分钟。

门口的海报上是两部百代公司 1912 年 2 月出品的电影：《蒂罗尔洋娃娃》（The Tyrolese Doll）、《我在等我妈妈》（J'attends ma mère）。

贴光复共和票的挂号明信片，图案正是北四川路上的爱普庐影戏院

爱普庐在 1912—1913 年间放映过此系列中的不少影片：法国图赖讷（Touraine）城堡（爱普庐 1912 年 9 月放映）、巴塞罗那公园（1912 年 9 月）、西班牙城堡（1913 年 7 月）……

类似于风景片，时事新闻影片作为 20 世纪初打开世界大门最先进、最直观的载体也深深地吸引着观众。如 1912 年 4 月 14 日泰坦尼克沉船事件发生后一个月后的 5 月 13 日，爱普庐就在晚上播放了有关这则事件的新闻片。"亲眼"见证万里之外最近发生的事，在十几年之前是想也不敢想的事。

此时的故事片仍在启蒙期，由于技术和片长的限制还显得非常原始：制作粗糙、情节简单，甚至于拙劣。但是相较于之前的美国影戏公司时代放映的实验性电影，此

时的影片还是有所进步，渐渐步入我们所熟悉的默片模式：间幕中的字幕卡、代替语言的夸张动作和表情、手摇制片产生的不均匀帧率。由于没有配套的配音，爱普庐则有时会聘请专业乐队在放映时为影片配上戏剧性的背景音乐。

这些短小的影片不禁让人生疑：这些热心影迷难道每次仅仅为了看一部不超过半小时的影片就从各地赶来吗？想必戏院也不敢如此怠慢客人。其实在这个时期，每次戏院安排的演出远不止半个小时。办法有两种，一种是每次播出多部影片，另一种则是在播放电影之外还穿插别的演出。如 1912 年 10 月 15 日放映《最后的表演》的那一晚，爱普庐先是放了两部别的故事片，再是播放了长 20 分钟的《最后的表演》，最后再由 Gladys Spencer 小姐演唱了歌曲并表演了舞蹈。这种歌舞表演其实就是闻名 19 世纪和 20 世纪初的 Vaudeville（歌舞杂耍表演）。这种在当时北美极为流行的演出有些较为粗俗，甚至会含有畸形秀等猎奇节目。但爱普庐安排的主要是俏皮的通俗歌曲演唱和舞蹈。除此之外则有时还有西式滑稽剧、动物杂耍、杂技和器乐演奏作为补充。

之后随着电影技术的提高和成本的降低，影片长度逐渐变长。在 20 世纪 10 年代后期，爱普庐安排的节目里先是出现了由系列短片连成的长片。对于这些类似于今天连续剧的影片，爱普庐往往每天晚上会播放两集。之后随着影片长度进一步增加，播放模式终于改成现代电影院一次放映一部电影的模式。在 20 年代末，随着影片变长，影院已逐渐不需要 Vaudeville 来"充数"了。正式"成为"电影院的爱普庐虽不再需要其他表演来充数，但仍偶尔提供舞台用于戏剧表演。如 1929 年 3 月，沪江大学的西剧社就在爱普庐

1923 年 5 月 26 日爱普庐在《申报》上刊出卓别林新片《逃犯》的广告。

大戏院进行了首次校外公演"值得登广告",曾轰动沪上一时。

在爱普庐刚开张之初,去观影的国人并不太多,但之后随着电影质量越来越高,以及国人逐渐接受这一新鲜事物后,国人去的也越来越多了。中文报纸《申报》从1916年起就开始常规刊登爱普庐的广告。住在附近的鲁迅也是爱普庐的常客。如其日记所记,在1929年2月11日他曾和柔石、三弟周建人、许广平在傍晚去爱普庐看了《皇后私奔记》(The Private Life of Helen of Troy,1927)一片。

今天,爱普庐曾经播放过的影片大多已经不被人记得,甚至所有的拷贝都已遗失。比如文首影像中爱普庐当时上映的两部百代公司1912年的作品,在今天皆被列为遗失影片。但在默片黄金时代的20年代,在爱普庐曾播放过的热门影片有些在今天仍为经典。如在1923年5月,爱普庐放映了卓别林的新片《逃犯》。此时距同年2月26日的美国首映仅仅三个月。

为了吸引观众,爱普庐从1916年起就开始想尽办法引进卓别林作品:Tillie's Punctured Romance(1916年放映)、《航海风潮》(A Day's Pleasure,1920年放映),等等。但之后随着越来越多电影院的开设,也许还有老板年龄的增长,爱普庐越来越难引进热门影片了。1926年,卓别林最重要的作品之一《淘金记》就被上海大戏院抢去。爱普庐在之后仅是拿到了卓别林哥哥雪泥·卓别林(Sydney Chaplin)的一些影片。

到了20年代末,爱普庐跟着形势也引入了有声电影。但在不久后的1930年,老板S. Hertzberg就离开上海去美国好莱坞过退休生活,并在1931年8月去世了。其儿子Edward Hertzberg虽在上海,但无心经营,准备拍卖收场。维多利亚大戏院已于五年前被租给了中央影戏公司,改成新中央大戏院。出租后,其老板雷玛斯也回国了。故至此当年一起把电影引入上海的两家主要戏院都消失了,取而代之的是辉煌的有声彩色电影时代:国泰、大光明、南京……

1911—1931年的20年里,爱普庐见证了电影从西洋把戏到默片的成熟和鼎盛的过程。1931年的12月28日,在放映完《负心郎》(Sative)后,爱普庐最后一次落下了帷幕。同时落幕的还有上海的默片时代。

民国学人舒新城和他的私家电影

龚伟强

私家电影,这四个字组成的词组是笔者杜撰的,意在区别于机构拍摄的、以面向公众放映为目的的电影生产方式。私家电影,又可以称作"家庭电影",是纪录(纪实)电影在特定时期出现的一种特殊样式:包括拍摄、制作和放映方式,均不同于我们已经熟知的由专业机构(影片公司或新闻媒体)以及受机构雇佣之独立的或职业的摄影师拍摄的电影新闻短片或电影纪录片。私家电影,其本质是以拍摄者个体的视觉角度拍摄(记录)自己的、家庭的日常生活与非经常事件(如结婚、生子、满月、升学、升职、丧事、出殡等),以及周边的生活环境、社会事物、旅行中所见的景观与事物。私家电影,一般在拍摄前没有明确的目的,拍摄中没有固定的脚本,拍摄后不用于公开发行与放映,具有私密性、纪念性和非商业化的特征。

民国时期,私家电影的拍摄者,大多是非职业的电影摄影爱好者,他们中有行政官员、教授、学者、洋行职员、演艺明星以及境外旅行者和传教士。由于那时的拍摄器材(摄影机)和电影胶片都非常昂贵,首先你得有钱,其次要有闲,有时间和精力。当然也有部分私家电影是委托专业人士或电影专业机构拍摄的。但有一条是确定无疑的,那就是,无论掌镜者是什么人,其影片拍摄的目的主要不在于传播,而是个人或家庭、家族纪念,自我观摩欣赏,绝不以盈利为目的。影片完成后,主要是在家庭、家族或同好者小圈子里放映,一般不会也没有必要甚至也没有能力拷贝。所以,现存的私家电影胶片,通常是唯一性的。

舒新城(1893—1960),湖南溆浦人,是我国现代著名的教育家、出版家和辞书学者,一生爱好摄影,曾经出版有摄影作品集《晨曦》《西湖百景》《美的西湖》《美术照相习作集》和专著《摄影初步》。在20世纪二三十年代的《上海画报》《图画时报》《旅行杂志》《新中华半月刊》《浙江新闻图画增刊》等报章期刊上,时常有舒新城的大幅摄影作品发表,有的还成了当期刊物的封面图片。但对于他在纪录电影方面的作品与成就，倒是很少有人知晓，即便在他的早年散文集《漫游日记》《狂顾录》和通信集《十年书》中屡有影片拍摄的记载，却一直没有引起人们的关注和足够的重视，甚至连他的子女都不曾记得他们的父亲曾经拥有过摄影机，拍摄过电影（多年前笔者曾携电视摄制组前往北京拜访并采访其公子舒泽池先生）。

2012年年初，一个偶然的机会，笔者在国内的收藏品市场发现了一批破旧不堪的老电影胶片（八本16毫米胶片，两本8毫米胶片），随即以上海音像资料馆的名义采集，全部收藏入馆。其中八本16毫米的电影胶片被送至上海电影集团属下的上海电影技术厂施行物理清洁、整理和修复，并在此基础上参照国际上通行的标准与技术对胶片进行了数字化逐帧扫描。扫描后获取的视频格式文件，经与民国时期出版的舒新城日记、书信等文字材料比对后确认：这批电影胶片的拍摄者无疑就是舒新城本人。

杭州影片之截图：舒新城与友人在杭州湖滨

舒新城拍摄的电影胶片，目前已经发现并确认的总共有60多分钟，且全部为黑白无声影片，其中一半以上的内容是拍摄于1930年9月12日至10月23日的《中华书局总经理陆费伯鸿先生暨夫人公子赴日考察》，其他的则还有《杭州之游》（1930年）、《苏州之游》（1930年）、《虹口公园》（1930年）、《兆丰公园》（1930年）、《北平之游》（1931年）、《开封》（1931年，拟名）、《淞沪抗战阵亡将士追悼大会》（1932年，拟名）、《宜兴》（1932年，拟名）、《中华书局二十周年庆祝活动》（1932年，拟名）、《庆祝上海市政府十周年纪念》（1937年，拟名）等短片，以及拍摄年份不详的《相泽十周岁》（又名《佛教会花园》）。

访日影片之截图

影片《中华书局总经理陆费伯鸿先生暨夫人公子赴日考察》是目前已知的舒新城纪录电影中最长的一部，片长30多分钟。影片详细记录了1930年秋天中华书局创始人陆费逵（1886—1941）携家人及书局主要骨干舒新城（编辑所所长）、王瑾士（印刷所所长）、钱歌川（秘书）及李暮（翻译）赴日考察教育、出版、印刷及文化事业40天的经过。影片内分《上海丸离沪时情形》《神户》《天华俱乐部（神户市上之华人餐馆）》《天王寺公园》《大阪一瞥》《宝冢歌剧场》《奈良（公园之鹿群）》《东京车站》《上野公园》《日比谷公园》《大桥家园》《美术印刷所》《三省堂》《春日神社》《早稻田大学》《大畏会馆》《东京高师》《女子高师》《城西小学》《千代田小学》《中国公使馆》《中国留日学生监督署》《东京之双十节》《海港博览会》《神户送别》《海上落日》《返上海》等30多个段落。

1930年9、10月间随中华书局总经理陆费逵访问日本的经过，舒新城在其散文随笔集《漫游日记》（中华书局1945年版）中有专门一章《扶桑纪游》对此详述，譬如某月某天去了哪里，见了什么人，拍了几帧照片，摄了多少呎胶片电影，事无巨细均有记录，这正好弥补了这部无声影片画面之外的背景及其解读的缺憾。在此，笔者略略地抄录若干文字，以飨各位：

今日起行去日本。七时三刻钱歌川夫妇来寓，同去虹口汇山码头。此行共七人：陆费伯鸿夫妇及其公子铭中与王瑾士、李暮、歌川及我；李与歌川均任翻译……八时二十分到，当为摄电影数呎；八时三刻伯鸿等始到，九时开行。船起碇时，留声机奏西洋乐曲，用无线电放音。送者、行者各持彩纸，纸长数丈至十余丈，直至船行纸尽，再扬巾扬帽各与亲友道别，以致于彼此形影不见而后已。此情此境，日日演于黄浦江头，但我尚为初尝也。（民国十九年九月十二日星期五）

十一时同钱、李、王等去宝冢，车行一时便到……初到宝冢时摄影四张，并电影三十呎，有十余呎专摄于剧场，恐光线不足。（民国十九年九月十八日星期四）

十时参观森田印刷厂，以凹版著称，设备颇旧，十一时半即返。十二时伯鸿等自宝冢归。下午一时半同去参观精版株式会社。此社为日本精版印刷所之最大者……历时一小时余，坐谈亦近一小时，四时出社，并由该社摄一影，我则摄电影十呎。（民国十九年九月二十日星期六）

午前十时同伯鸿、歌川访汪荣宝公使及留学生监督王克仁。汪他出未遇，在王处谈半小时。（民国十九年九月二十四日星期三）

至高师已十时一刻,因欲遍观全体,故各处均走马看花。初至小学,次至中学,高师大学仅略看其授业情形及设备而已……电影摄及学生活动者五十余呎,设备三十余呎……(民国十九年十月八日星期三)

午前十时同克仁参观女子高等师范……因时间匆忙,仅走览一过……共摄电影五十余呎,烹饪实习亦摄入。(民国十九年十月九日星期四)

下午一时……我则与克仁梦麟去三会堂出席国庆大会。会堂设四阶,可容千人,我们到时已满座,一时半开会时,已立无隙地。与会者以学生为最多,女子及孩亦数十人;由此可见侨民对于国家之热忱……均摄有电影。(民国十九年十月十日星期五)

十一时步行至皇城,摄电影六十余呎。(民国十九年十月十二日星期日)

三时半去海港博览会第二会场参观。会设于凑川公园,陈列者半为海军模型,半为海洋产物。有世界一周馆,设各通航地模型,以神户为出发地,横滨为归宿地。购照片数种,摄电影三十余呎。(民国十九年十月十八日星期六)

九时半同克仁等去博览会第三会场参观设于观西学院(商科大学)。入门之街,悬灯结彩,甚整齐,但场内陈列者几为商品及游艺品;盖海港军事设备均在第一会场也。匆匆一览,摄电影二十余呎。(民国十九年十月十九日星期日)

船于十一时开行,摄电影三十余呎。船开渐晴,经过内海,风景甚好,摄电影五十余呎。(民国十九年十月二十日星期一)

这些看似零星松散、没有中心主题的影片,无疑是中华书局创始人、出版家陆费逵和中华书局早期涉外业务活动的重要影像文献与档案,也是中日企业间经济文化交流的历史佐证。

拍摄于1932年5月28日苏州的《淞沪抗战阵亡将士追悼大会》之影片,是舒新城作为游客参与记录重大历史事件的一部重要短片。"一·二八"淞沪抗战停战以后,国民政府决定在西撤之前于5月28日在苏州五卅公园举行淞沪抗战阵亡将士追悼大会,正在上海的舒新城事前从军中友人处获知消息,特地携带着自备的电影摄影机提前一天坐火车赶去苏州,"一面凭吊沿途的战场,一面舒散胸中的郁气","远在数百步外,我们便看到会场周围屏风似的挽联,因风震荡,有如银波;中间一座青绿高

追悼会影片之截图

杭州影片之截图

北平影片之截图

台,耸入云霄;所有隙地均站满是人……无法移动。对于台下的陈设,台旁的联语,以及祭奠时的种种动作,只好请自用的小电影机代为记忆;携归映诸孩子们,使他们于读书之余,知道一点关于国难的具体事实。"(舒新城《狂顾录·苏锡之行》,1936 年中华书局版)

诚然,追悼会当天的现场有多部官方机构和新闻媒体的摄影机在同时进行电影拍摄,而且影片相当完整地保留了下来,但舒新城以一个中国国民个人的视角拍摄记录的这段影片,同样具有不可替代的历史文献价值。

《杭州之游》和《苏州之游》诸短片,是 1930 年舒新城携其亲友前往苏杭名胜旅游休闲时拍摄的自我纪念性影片。在《杭州之游》中,我们可以看到杭州著名旅游景点"湖滨公园""西湖中""六和塔""龙井"等处的自然风光、人文景观和当年的社会现象。很多景物,现在已经被拆被移,不存在了。《苏州之游》一片中则有江南名园"留园""西园"等名胜景观。

拍摄于 1931 年的影片《北平之游》,除了"北海""天坛""颐和园""西山"等著名旅游景点之外,笔者个人觉得最珍贵、最有历史价值的,还是舒新城为今天的我们留下了"清华园""清华学堂"以及"正阳门火车站"等历史建筑及其周边环境未被毁改之前的原有风貌,这是功德无量的事,也是历史影像的价值所在。

舒新城纪录影片中的另一个大亮点,那就是 1932 年中华书局二十周年大庆期间在上海静安寺路(今南京西路)总厂举办游艺晚会,邀请了沪上众多戏曲、歌舞、杂耍艺人助兴表演,其中有黎锦晖创办的"明月歌舞团"的表演,一群十多岁美少女穿着迷你短裙在临时搭起的舞台上载歌载舞，很是前卫，其中就有后来成为电影大明星的王人美。舒新城同样用他的电影摄影机记录下了这欢腾的一幕。或许是笔者孤陋寡闻，王人美那批小演员演唱的唱片保存下来的并不少，但她们表演的影片影像一直未有见过，舒新城拍摄的这段纪录电影，是迄今为止我们所能见到的唯一一段"明月歌舞团"的现场表演影片。

《虹口公园》和《兆丰公园》等短片，是舒新城携家眷、孩子们假日里游玩拍摄的私家影片，既有当年上海公园里的自然风景，也有不经意中记录下的时代风貌和民众的生活状态：包括人们的服饰与神态。

厂庆影片之截图

在短片《宜兴》中，舒新城不仅拍摄了知名的旅游景点，还有意识地拍摄宜兴汽车站、江南汽车股份有限公司宜兴车库以及车站附近的行人和游客，为当地的城市景观留下了珍贵的不可再生的影像档案。同样，在《开封》一片中，舒新城还拍摄了黄河大桥、火车铁路、开封郊外的农田农居，为开封留下了90多年前珍稀的历史影像。

上海设市10周年影片之截图

1937年，是上海有史以来第一次设市十周年大庆之年，上海的地方政府、民族企业、社会团体在新的市政中心江湾举办了一系列的庆祝活动：新建的上海市博物馆内举办"上海文献展览会"，新建的上海市图书馆内举办"上海市市政展览会"和"图书馆学图书及工具展览会"，新建的上海体育馆内举办"工业展览会"，天厨味精、大中华橡胶厂、三友实业社、商务印书馆、中华书局都在江湾设馆设摊举办活动……

或许，民国一代的文人、学者，大多抱有教育救国、实业报国的心态。同样，舒新城也是一位热心、热衷于

上海设市10周年影片之截图

开封影片之截图

教育与社会活动的学者,对社会、经济发展及其周边事物十分敏感,爱好摄影与电影拍摄的他,用自己的摄影机再一次地为我们记录下了那些年一幕幕欢乐、喜庆的场景,为中国现代史进程中的又一个关键节点留下了珍贵的活动影像。

总而言之,舒新城拍摄的私家电影,虽然只有短短的60多分钟,但其涵盖的地区之广,影像的内容之丰富,历史的价值之深远,是我们目前收藏的所有影片中绝无仅有的。尤其是一些已经湮没在历史长河中的自然景观、城市风貌、历史建筑、历史人物、生产与生活场景,得以在影片中鲜活地再现,无疑是当下各地城市史、生活史以及其他专门史研究的重要影像档案与文献。

最后,坦率地讲,舒新城拍摄的纪录影片,肯定不止本文所罗列的这些片目,肯定还有更多的遗落和遗失。继续寻觅,必然是笔者和笔者的同事们不可推卸的职责。

逝去的风景
——记1930年创建的消夏胜地丽娃栗妲村

祝淳翔

1930年之前一年，无疑令中国人记忆深刻。在北方，由于国民政府推行强硬的"革命外交"，引发了中东路事件，东北军在张学良的指挥下劳师动众，激战多月却损失惨重，至年底总算战事平息。几乎与此同时，在江南上海，为了争取独立自主的目标，打破公共租界与法租界垄断城市中心的局面，国民政府制定了雄心勃勃的"大上海计划"，并开始积极运作。到了第二年，似乎一切的一切正逐渐迈入正轨。

诚如李欧梵在《上海摩登》书中第一章开宗明义的，1930年时的上海已跻身为世界第五大都市，也是中国最大的港口和通商口岸，是一个国际传奇，号称"东方巴黎"，一个与传统中国其他地区截然不同的充满现代魅力的世界。也恰是在这年的年初，上海的一流豪华影院大光明大戏院上映了美国歌舞片《丽娃栗妲》，引起了一波观影热潮。

美国影片《丽娃栗妲》剧照

《丽娃栗妲》电影隆重上映

请先将目光聚焦于太平洋彼岸的美利坚合众国。1927年2月2日，由美国歌舞大王齐格飞创排的歌舞剧《丽娃栗坦》（Rio Rita）在刚落成的纽约齐格飞剧院（Ziegfeld Theatre）首演，获得空前成功。两年后的1929年9月15日，由导演Luther Reed据同名歌舞剧改编的电影在美上映，由当红明星琵琵·但妮儿（Bebe Daniels）和约翰·鲍尔斯（John Boles）领衔主演，与喜剧团队"Wheeler & Woolsey"通力合作。影片为雷电华公司（RKO）斥巨资打造，由男女星倾情献声，又集歌伶舞女共五百人，场面极为恢宏，最终赢得当年票房与口碑的双丰收。

1930年初，《丽娃栗妲》原版电影被引进国内，首映于有着"远东第一影院"之称的大光明大戏院。电影未上映之前，影院方面便已做足了准备工作，连续多日占据《申报》大幅广告版面，展开紧锣密鼓的宣传。至1月9日周四影片上映当天，更是购下《申报·本埠增刊》整版广告，论手笔之大，令人啧啧称羡。

广告的版面设计亦有不少看点：只见顶上一栏是"大光明大戏院"六个大字，为庄重的魏碑体，下书柳体"今日开映"四字，左右分列观影者亟需注意的价目（1元至2.5元不等）、时间、垂询电话与地址。接下来是一行美术字"美国一九二九年震动世界之唯一歌舞对白五彩有声巨片"，以上内容占广告版面约三分之一。中央三分之一是视线最为集中处，左边为影片中文译名"丽娃栗妲"四字，以笔划肥厚的行楷写成；右边有男女主角拥吻剧照，其下引用《字林西报》与《申报》的相关报道，为影片的预热作"保证书"。底下三分之一，正中间直接搬用原版电影海报，其下注明

《丽娃栗妲》电影海报

"此片中之歌曲在本院可以购得每份洋二角"。左右对称的两片区域，左边节译美国电影杂志中《丽娃栗妲试映记》一文，传递该片在美国本土试映时的盛况：女星琵琶歌声曼妙，"金声玉振，惊动四座"，引起掌声欢呼声雷动。观众热情万斛，道贺的鲜花与礼物堆满了化妆间。右边是四句短评，称《丽娃栗妲》曾在纽约连演二年，售价美金七元七角，是最伟大的歌舞名剧。整张广告的左右两边还有自上而下的两列通栏黑体字，称该片"曾得一九二九年美国有声电影金牌奖"。

记者发现丽娃栗妲村

1930年6月，在沪西真如偏南梵王渡西北，有位白俄侨民在自家住宅附近打造了一处度假村，乘着几个月前热映的《丽娃栗妲》电影的余热，取英文名为 Villa Rio Rita，提供诸如划船、垂钓、跳舞、打小型高尔夫球等娱乐活动。此村地处近郊，在租界之外，植被葱郁，充满野趣，故吸引了周边不少外侨来此消夏。

到了8月16日，沪上著名的中国摄影学会主办的《摄影画报》第251期以记者专访的形式，首次图文并茂地向本市中文读者披露了这处新兴景点：

> 流丽得快乐宫，原名VILLA RIO RITA，以译名者不善迎合沪人心理之故，遂废现成之"丽娃栗妲"而以"流丽得"为代，地处极司非尔路之底，梵王渡桥之堍。客之游村者可由静安寺路经过约翰大学而至兆丰花园动物院门口，过梵王渡沪杭铁路桥，经中山路大桥，约行数百步，即至该村自设之码头。

因是全然陌生的所在，读者第一关心的当然是怎么去，接下来则述及"村地历史"：

> 该村旧主，原为一华人之私产，后以营业失败，转售于柯罗莱夫夫人即今之主人也。主人为人极干练，思想亦极新颖，鉴于沪地无乡村之乐园，故特将其私园公开，而加以高雅之点缀，成为今日全沪绝无仅有之夏间乐园矣。固世外"桃源"也。

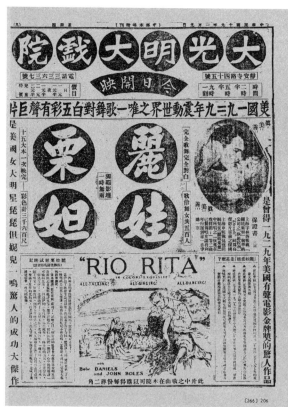

《申报》上刊登的《丽娃栗妲》电影广告

《摄影画报》是民国时期最富盛名的摄影类画报，周刊，创办者林泽苍在大学期间便组建了摄影研究会，被推举为会长，毕业之后更是凭借对摄影艺术的热爱，向国民政府内政部提交了"创办中国摄影学会及出版摄影画报"的申请，并取得了"警字第一号"的注册登记证。1925年8月22日，林泽苍等人以中国摄影学会的名义创办了《摄影画报》，至年底常年订户已经达到了300余户。

第251期《摄影画报》同时在头版显要位置披露将于24日举行5周年联欢庆祝会，选址即在此处，并刊出多张照片，其中有码头，树上挂有牌子或旗帜，印着"VILLA RIO RITA, No.1 JESSFIELD ROAD"字样。此外，另有几张照片揭示村口的狭窄小径、沿河的藤制桌椅、供游客使用的小艇等。而透过字里行间还可知晓，"丽娃栗妲村"这个中文名称，是记者擅作主张替那主人改的。平心而论，这名称直接与电影译名挂钩，自是要比拗口的"流丽得快乐宫"更易普及。多年以后，已无人记得此村原来的译名了。

丽娃栗妲村原来的女主人柯罗莱夫夫人

第252期《摄影画报》继续报道丽娃栗妲村，刊出女主人的半身照，以及三名西方女子在小艇上荡舟的照片，表示此处常有外侨光顾。无独有偶，8月23、24日，英文《大陆报》亦刊有广告推荐Villa Rio Rita，看来效果挺不错。

月底出刊的第253期《摄影画报》还报道了8月24日摄影学会组织众多会员搭乘35辆汽车，浩浩荡荡共赴丽娃栗妲村举办郊野联欢大会的前后经过，真是盛况空前。与会者除了美女名媛，当以新闻记者、摄影家、画家为最多，只见周瘦鹃携带一台精致摄影器材，四处寻觅拍摄对象；戈公振默坐一旁，等待消息；叶浅予东奔西跑，注意新装……

8月24日那天，《申报》副刊编辑黄寄萍也去了，3天后他撰写的《丽娃栗妲庄联欢记》刊于《申报》，文中写道：

《摄影画报》于八月二十四日举行读者联合会，预定沪西"丽娃栗妲庄"（Villa Rio Rita）为园游之地。我素来对于园游很感兴味，尤其是从未涉足的"丽娃栗妲庄"

引起我好奇的心理。下午四时许，登车出发，车过梵皇渡站，至极司非而路底，渡苏州河便到了目的地。穿过一条长约百米的绿荫间道，踏进园门，折向溪边草地休息。来宾先后共到二百余，其他百人都是黄发碧眼，他们本是常到的顾客。我华人游者绝少，这次士女云集，还算破题儿第一遭。

"丽娃栗妲庄"主人为俄国可鲁勒夫，菜畦陇亩，四面环绕，园中有两方浅草平铺的旷地，可以拍球。花木扶疏，空气清新。场西有溪，不与苏州河相连，溪深丈许，水颇清澄，片舟荡漾，或入水游泳，倒很宽畅。中间一座小洋房，每晚都有西人来此聚餐或伴舞，不过物质上还很简陋。这庄并不在租界，而入口几个门上，大书 No.1 Jessfield Road，与公安局编订之《苏州河北岸第一号》并不符合，又是工部局越界筑路的证据，此虽细微之点，我们似乎也未可疏忽。

这里所提"可鲁勒夫"与之前摄影画报记者所提"柯罗莱夫"应是同一姓名的音译，若还原成俄文，估计是 Королёв，今通译"科罗廖夫"，当是她的夫姓。

小报记者们当然也不甘居人后，他们迅速行动起来，其中有个署名"舍"的作者在《上海画报》刊出短稿，文中借一个喜欢"轧闹猛"朋友之口披露说：

> 这村的地盘不大，至多四亩，一座房子也很小，跳舞厅即在此处，有三五俄舞女，有一个开音乐片子机器，廊子上摆着七八个棹子，侍者二中二俄。据侍者说，平日只此四人侍应，每逢星期日，临时添雇二十个侍者，每人工钱二元，平日的二人，则月薪二十五元，那俄侍没工钱，给一碗饭吃罢了。房主是一个当地乡下人，现一俄国人拿每月七十五两租下来，开了这一个餐舞时髦顽艺，有公安局给的照会，资本共有一千五百元云。末了又说，这地方论风景不过比外滩公园的一角罢了。

拜小报记者们所赐，可获取更多轶闻，但真假莫辨。如（阎）重楼《记丽娃栗妲村之游》[1]披露了此村大致的开幕时间："此村经西妇柯罗莱夫盘得后，开幕已两月余。"名字里似乎缺少了一个音。又如浪蝶《探丽娃栗妲庄记》[2]除了称："庄占地不广，风景虽不如兆丰公园远甚"，还爆料称"某会之大事宣传，据闻由该庄津贴宣

---

[1] 《小日报》1930年8月27日。
[2] 《礼拜六》1930年8月30日。

传费百五十番"。而毅盦（尤半狂）《亵渎了丽娃栗妲》[3]则抱怨此前《摄影画报》宣传言过其实，认为此地不过"为三数俄人，就一郊野之区，以极简陋之设置，为郊外卖酒之地。所有风景，亦殊平庸"，并指出小艇不安全，茶点价格偏高。

丽娃栗妲村究竟方圆多大呢，似乎众说不一，从四亩、五六亩至十亩不等。总的来说，此处不大，但是麻雀虽小，五脏俱全，除了地处僻地有野趣，还能玩乐，足够使不甚富裕的年青侨民有一个开销不高却可尽一日之欢的好去处。

丽娃栗妲村易主

令人意外的是，过了没多久，原先由那白俄妇人经营的这项事业就易主了。据灵蛇《丽娃栗妲河之交涉》[4]："去夏，有俄人于梵王渡间，辟一村，曰丽娃栗妲，以为沪人迟暑之处，顾以地址荒僻，设备不周，以致往游者，寥若晨星，不久即转归惠尔康主人接办矣。"1931年7月1日《申报》刊有《新丽娃游记》一文，说得更为详细："丽娃栗妲村，地处沪西大夏大学之邻，面临古吴淞江，风景绝佳。去岁由一妇人向村主租得，设咖啡店。妇俄籍，早寡，绌于资，致设备未能尽美，坐使大好园地，问津无人。俄妇维持乏术，遂让渡与惠尔康主人顾、周二君。二君固斯道能手，乃出四万金为点缀建设之费。历七月之久工程始告完成。于是一片清静土，顿觉别有奇趣矣。"其实早在1930年10月25日，《大陆报》即刊有启事，宣称此地自10月1日起已由惠尔康咖啡馆（Welcome Cafe）主办人（proprietors）接手，此后其一切债务与之无关。今按，惠尔康位于兆丰公园对

表示新主人接手的《丽娃栗妲村启事》，刊1930年10月25日《大陆报》

---

3 《小日报》1930年8月31日。
4 《福尔摩斯》1931年6月8日。

过,以一道炸子鸡闻名沪西,主人顾、周本名为顾文彪、周星发。同时由于周边地块为面粉大王荣宗敬所有[5],于是顾、周花费五千元盘下这处产业,原计划在河上建造舞厅,"以压倒各露天舞场而足为俊侣清游之所",事先需要"与大夏磋商,卒被拒绝,于是河上舞厅,乃不能兴工"。好在历经多月重新装潢,并请周世勋从旁擘划[6],丽娃栗妲村面貌已焕然一新:村前小径铺上水门汀,溪中小艇有所增加,还新辟了露天舞场,餐食亦由惠尔康专门提供。1931年7月4日《上海泰晤士报》(The Shanghai Times)亦刊出英文报道,盛称此地拥有"许多令人愉快的特色"(many delightful features)。想是新主人请来一众中外记者聚餐,引后者在报间为其鼓吹。

不久,生意上门了。7月16日(原订7月1日举办,因天雨顺延),美亚丝绸厂在此组织了300人的园游会。当日下午天气凉爽,人们熙熙攘攘,或是据椅而坐,或驾艇中流,或凭溪垂钓,或挥杆于小高尔夫球场,无不兴高采烈,流连忘返。

1931年7、8月份,长江流域发生百年一遇的大水灾。赈灾成为社会上的热门话题。9月13日《新闻报》刊出广告:丽娃栗妲村今日举行赈灾跳舞游艺会,特重

1932年丽娃栗妲村消夏同乐会

1932年丽娃栗妲村消夏同乐会——打考而夫球

---

5 1930年9月29日《大夏周报》报道了荣氏将西河捐赠给大夏大学的事。
6 周世勋时任《玲珑》杂志娱乐版编辑,曾与人合编小报《罗宾汉》,也参与过《摄影画报》《影戏春秋》编务。

金聘请上海著名歌舞明星表演香艳舞蹈二十余种，"其动人不亚于当年梵皇宫"；又请来玲珑舞场著名乐队配奏名乐，随时伴舞，是"全沪不可多得之高尚雅乐"。时间在晚上五时至八时，售门票一元一张，将门票收入悉数助赈。从兹可见新主人作风积极。

然而连日大雨，游乐场生意终究是不好做的。据说"须每日售六百元，方敷开支"，故其维持之艰苦，可想而知了。进入1932年，更是祸不单行，一·二八淞沪抗战爆发，丽娃栗妲村邻近真如、闸北，都是战区，游客不敢光临。原先大夏大学因近在咫尺，学生们常来此欢渡周末，这时均以抗战为念，积极行动起来。情况愈发惨淡。

幸而多月之后，情况有所转圜。1932年6月10日，丽娃栗妲村将逢开幕周年，主人请来本地新闻记者，不拘大报小报，赴村参观，于是"群贤毕至，如严独鹤、蒋剑侯、黄转陶、沈秋雁、胡憨珠、冯梦云、来岚声、施济群诸君，不下五十人"。郑逸梅也"叨陪末座"，两天后他的游记刊于《金刚钻》，文字雅驯，言简意赅：

村滨苏州河，备有轻舫迎客，长林夹道，别有洞天，设有考尔夫球场、网球场，以及跳舞场，高尚娱乐，应有尽有，惟跳舞场不雇舞女，客之欲舞者，必须挟舞侣以偕来。时骄阳西坠，电炬灿然，缓步浅草平莎间，凉风习习，袭人裾袂，几欲仙去，既而设宴于水滨浓荫下，西肴纷陈，刀叉骈列，放浪形骸，宾主尽欢。而罗西亚女子，方荡舟中流，作柔媚之蛮歌，随风飘送入耳，心弦为之震颤。席散已八时有余，闻星期日尚有赛船之举，不售门券，游客得自由参加，船凡十有二组，每组三人，竞渡夺标，想必有一番盛况云。

自6月12日起每逢星期日，村内都安排了赛艇活动，每舟三人，人各纳费一元，分批比赛，第一、第二名即为冠亚军，可得银杯等奖品。此地平日不须门票，只在餐食及摇船、高尔夫球等方面略收费用，而将竞技体育引入游艺活动，洵为一种新颖的生财之道。

进入7月，丽娃栗妲村还举办了消夏同乐大会，于7、8、9三日，每天自下午二时起至晚十二时止，节目有：①明月歌舞社王人美、薛玲仙、黎莉莉、胡笳等诸女士歌舞表演；②名媛闺秀时装表演；③化装滑稽跳舞；④霄霁乐团及大同乐会之国乐；⑤忠义国术社国术摔角；⑥十九路军抗日战绩焰火；⑦蒙面女郎；⑧朱睿隆、顾凌莲女士探戈舞；⑨猜豆游戏等数十项。此外还有摇船竞赛及游泳竞赛，均属最高尚之娱乐,帕拉蒙影片公司并将在场摄取有声新闻片,需在各影戏院放映。门券每张售洋一元,另有精美之赠品赠送。

此次活动声势浩大,热闹非凡,吸引大量俊男靓女来此欢聚,甚至有人全家出动,只见村内草坪上的桌椅,有人满为患之势,看来之前真是憋坏了。

系列活动中"时装表演"一项,据说电影明星谈瑛也受到了邀请,却因联华公司反对,最终未能现身。"蒙面女郎"活动更是惹出了乱子。当7日那天,《申报》《新闻报》两报刚刊出女郎相片,就有眼尖者认出是夏佩珍。所以许多人守候于村口,场面拥挤不堪。等到夏佩珍的汽车刚到丽娃栗妲村时,就有人喊着蒙面女郎是夏佩珍,忽然给另外一个人听见了,马上跑到账房里去报告,账房不信,说活动还没开始你怎么知道?这人不由分说,拖着账房出去指认,但是第一个喊出名字的人哪肯罢休,两人差点动武。最终捷足者得到了一只很大的银杯。说起此人,竟是日后鼎鼎大名的青年作曲家聂耳,当时在明月歌舞团任小提琴手,尚默默无闻。有意思的是,不知受了什么刺激,几天之后聂耳写下短文《中国歌舞短论》,辛辣地讽刺他的老板、歌舞事业的鼻祖黎锦晖"十几年来所谓歌舞的成绩",只是"香艳肉感,热情流露"。

至1933年7月,《新闻报》又有报道,称本村"不日将开放夜湖,并雇名匠赶制杭式荷花灯,来宾入场非特不收门券,并奉赠华灯,现已积极筹备,不日即将实行云"。

本年度,此地除了有广敞的跳舞厅,还有露天舞场,如《摄影画报》第9卷第28期《沪上夜花园的巡礼·丽娃栗妲》介绍,此村"与大沪大小相埒,有露天舞场,为沪上真正无顶露天舞场(别处因畏雨,均有顶遮盖)"。虽无职业舞女,却有职业乐师为舞客伴奏。据署名"晓筠"的女游客在一个夏夜游览此村后撰有《丽娃栗妲之夜》[7],文中描述露天舞场的盛况:"舞场的音乐突然冲破夜的沉寂,电灯光也分外亮起来。首先是一对中国舞侣,随后又加上一对外国人,都在舞场上轻移莲步起来。……舞场上已经有了十几对,除了一两对不相衬的配合以外,大都是体态轻盈,步法灵活;尤其是当那平正的肩膀,曲线美的腰肢,秀巧的脚踝,随着音乐的拍子,进退回旋的时候,舞者薄袖长衫的飘动都似乎化成有声的音乐,音乐抑扬顿挫的节拍又似乎传入舞者蜻

---

7 《文艺茶话》第2卷第1期。

蜓点水式的脚尖。"而报人张慧剑选择在一个"新凉的秋夜"约十一点钟前往游览，因夜已深，眼中景象便有些落寞："露天跳舞场连着一片草地，清寂得有如雨后的沙滩一样，一个老乐师，高坐在音乐台上，凄然地在读着一本乐谱，他颔下略有些羊髯，许是一个美国人吧，这时看来，实完全是一个悲哀的山伯伯了。外还有几个乐师，却躲在靠西的咖啡座上，对着几只空酒瓶发痴。"[8]

1934年9月，由沈伯经、陈怀圃编撰《上海市指南》第三编"上海生活"第四章"游览娱乐"之"丁、公私园林"项下收录有"丽娃庄"，翻到内页，则是介绍"丽娃栗妲"："在沪西曹家渡，远绝尘嚣，为新开辟之游憩地，结构虽简，入门草坪如茵，洋楼数椽，小池纡绕，植树成屏，豢鹅三五，红掌泛绿波，亦绕诗意；有轻舟供荡桨，夏令可饮冰，每当炎威稍戢，晚霞正浓，散步其中，直忘时在溽暑，身在市廛也。"表明本村已名列沪上名园之一。此后1936年8月版柳培潜编《大上海指南》，全文抄袭了这段介绍。

这一年，本村加装了电炬、电灯牌楼，生意也格外兴隆。据张帆（张天畴）《惟我独醉楼散记·丽娃栗妲游后感》[9]，将舞客的狂欢场面描述得有如亡国之兆：

一班小市民心目中所认为乐园的夜花园而兼露天跳舞场，里面的建筑物和布置自然也和其他的酒吧间差不多。当我们踏进去的时候，菲列滨的洋琴鬼正在奏出古巴的情歌，草地中央一块士敏土浇成的舞场上有着许多人在那里跳舞，男的女的，小市民和寓公，高等华妇和马路政客，贾宝玉之流的哥儿和林妹妹式的小姐。在他们"年年歌舞不知愁"的心理上着想，他们确是现实的，享乐的，每个人都愿意找求一刹那的官能的刺激，把自己的生命陶醉在女人的怀抱里，浓烈的酒浆里。但是，睁开眼睛做梦的朋友，恋爱至善主义的崇拜者，你们忘记翻开了史纪的后一页——阿尔卑斯山的风云，太平洋的红流，东三省的火药库……

然而到了1935年，祸事来临。4月23日《新闻报》报道《驾小舟游戏倾覆惨毙二命：丽娃栗妲村惨剧》，称几天前的周日，33岁的定海人陈文澜偕堂妹等五人共驾一舟，划至河中央时小舟倾覆，等被人捞起，陈与堂妹已救治无效。8月27日报上又见《丽娃栗妲村又溺毙人命》的新闻，这次是一个19岁的工厂学徒沈根有在河中学习游泳，

---

8 《在丽娃栗妲》，《新上海》第1卷第3期。
9 《时代日报》1934年8月10日、11日。

"未见冒起"，为人察觉呼救后捞起，已气若游丝，送院之后生命未能挽回。几日后，有人往游，见大门紧闭，谢绝游人。原来已被公安局下令暂时取缔，谕令"每只渡船上，须有救命圈设备"，"黑夜中，更派水上救护，随时监护，以免再蹈覆辙"。园方则答以船只过多，殊难照办。双方在交涉中，便暂停了公开游览。

1936 年 7 月 10 日《铁报》上有《丽娃栗妲邨消息》，称此村"已约妥乐队，舞女亦在罗致中，日来携腻侣往游者渐多，若一星期后，则舞池并已开放，游者于打球划舟之外，兼得一试舞履矣"。看来又有新的娱乐项目了。

1937 年，丽娃栗妲村已由虞洽卿题名称为"丽园"。6 月 19 日，名流许晓初、林康侯等人邀请各界人士在此举行游园会，设门票五角，可作代价券。小报编辑黄转陶偕余空我同往，只见佳宾云集，美女如云。此夜节目繁多，中以十四岁童子的钢琴独奏、梁赛珠赛珊姊妹的歌舞为著，毛子佩接待甚忙，孙筹成代表主人报告一切。"维时夜月如银，照耀电炬，幻成五色斑斓，为景乃奇绝"[10]。

风景已逝

怎奈好景不常。1937 年 8 月中旬，沪战全面爆发，大夏校舍多毁于炮击，丽娃栗妲村亦大受波及。1938 年 7 月 17 日，有署名"士心"的人在《力报》撰短文《忆丽娃栗妲》，起首是漂亮的排比句："像一个怀乡者似的，当炮火在我耳际息止的时候，当夏的和风吹来的时候，当一切的毁灭引起我内心的憎恨的时候，我又忆到丽娃栗妲了……"并在文末概叹，"现在，这美丽的丽娃栗妲，也同样的遭到不可避免的命运，葬埋在无理性的野兽的嘴里。"

丽娃栗妲村的风景与故事在随后几年沉入人们的回忆之中，谈者语气中无不透出伤感与无奈。终于抗战胜利，山河重光，此地重现报间。然而当有人实地踏勘，只见此地已变为"丽娃栗妲农园"，"农夫耕作于此，过去境像，除沿河三株法国巨型梧桐，及磨石子筑成之舞池外，其他则毫无令人追忆之处"[11]。又过两月，等来的却是坏消息：

---

10 猫庵：《丽园嘉会记》，《金刚钻》1937 年 6 月 21 日。
11 施律生：《丽娃栗妲今游记》，《上海人报》1947 年 5 月 25 日。

沪西的丽娃栗妲花园，在战前也是一个消夏的好去处。及至战事发生后，由于郊区多垒，游人裹足，这画一般美丽的丽娃栗妲也就日益荒芜了。……经过建筑工程师视察以后，预算表上所开列的费用，竟需五亿元，遂使复兴该园的投资人，为之咋舌。复兴的计划，也就由此告吹了。……据说，丽娃栗妲中的许多树木，及其它建筑，全都毁掉了，仅剩下两棵梧桐树和一个水泥舞池。甚至通达该园的一条马路，也坍毁得不成样子……[12]

十日后，金小春在《力报》再度报道"确实消息"："因复兴工程浩大，所费过巨，致筹备复兴者之计划，全部打销，不仅今年告吹，恐市面长此动荡，若干年内无法复兴之，比闻'丽娃栗妲'之内景，已成一片荒芜，当年披'秀丽夏装'的夜花园，已不复有陈迹，并有棺材数口，横陈园内，满目荒凉，前往凭吊此名园者，莫不为之黯然焉。"

解放后此地被整饬一新。1988年《普陀区地名志》"历史地名"一节中记载："丽娃栗妲村位于本区西南部"，"今华东师大一村495、496、561号附近"。2001年，一村内三株年逾百年的巨大法国梧桐已纳入"古树名木保护名录"，四周围以铁栅，为二级保护类。

---

12 小春：《"丽娃栗妲"复兴成泡影》，《铁报》1947年7月9日。

静安寺路庙弄忆往录

食砚无田

静安寺东侧的小路形成于光绪年末期,是一条静安寺与愚园间的南北向通道,因比邻静安寺得名庙弄(Temple Lane)。庙弄西侧的弄堂房子(1664弄与1634弄之间)始建于清末民初。1918年的地图上就有了庙弄的标识。笔者仔细查看北华捷报1904年版《上海外国租界地图》发现,愚园路先辟筑东端一小段路,且初名为新闸路(Zinza Road),到了20世纪10年代后期才向西延伸,并由东端的愚园而得名愚园路。

1919年后期,愚园渐废,庙弄遂向东拓展,就有了东庙弄(愚园路67弄,弄堂因位居老庙弄东侧故得名,而老庙弄也俗称西庙弄)。周瘦鹃在《歇浦零话》一文中写到愚园,并"闻园今已拆去"。兹摘录周原文如下[1]:

1918年,静安寺路Temple Lane(庙弄),北华捷报1918年版《上海地图》

> 愚园在静安寺路支路,路亦以愚园名。园面积不甚广,颇饶花木之胜。啜茗手谈其中,亦足令人忘门外之甚嚣尘上也。蝶仙先生有游愚园纪事诗云:"玲珑窗户半遮花,几折回归抱水斜。不去药拦闻门草,浴莲深处学筝琶。一曲红桥跨碧溪,绿杨如画夕阳低。笙歌歇后香车散,风卷飞花逐马蹄。"又有"四面桃花三面水,中央亭子正梳妆"之句。愚园春景,确有此妙。闻园今已拆去矣,惜哉!

说到东庙弄,就会想到曾在东庙弄44号居住了十几年的郑振铎先生。郑振铎的儿子郑尔康在《我的父亲郑振铎》一文中回忆道:"我家在地丰里(乌鲁木齐北路地丰里)

---

[1]《申报》1919年11月1日。

住了不到一年，1936年初，父亲便将家搬到了愚园路东庙弄44号，在上海著名古刹静安寺东侧，故名之（西侧为西庙弄）。这是一座三层楼的欧式古典建筑，建于何年何月，已无从查考。他在这里居家过日子、写文章、会朋友……"从1936年至1949年间，郑振铎先生一直住在上海愚园路67弄东庙弄44号，这里是当时上海进步文化人士重要的活动场所，也成了上海滩善本古籍的避难所。日后，郑先生多位同道好友，都在回忆文中提到郑先生与东庙弄44号。现摘录文字如下：

在我的记忆里，上海静安寺附近一带，是一个令我特别不容易忘记的地方，不仅仅因为我自己在那里住过多年，就是许多朋友也曾经在那里住过。寺旁有几排弄堂，称为庙弄，可以想象原先一定也是庙址的一部分。庙弄里的房屋，都是一幢一幢的小洋房，虽然建筑年代久远了一点，但是看来仍很精致。郑振铎先生就在这里住过

1936—1949年间，郑振铎先生居住的愚园路东庙弄44号

多年。楼下前后两间都是藏书的地方，四壁都是书架，桌上也堆满了书。自从他对中国戏曲小说俗文学发生了兴趣后，所搜集的全是线装书。书架上原先放的是西书居多，因为他早年本是研究西洋古典文学的。自从他的研究兴趣有了转变以后，书房里的线装书愈来愈多，因此原先架上的西书，都被挤到书架背后，而且蛛网尘封，很少去动它们了。[2]

文操同志曾和我谈起，一九四六年秋天在愚园路庙弄郑振铎先生家里，为商量编辑《瞿秋白文集》的事，谈到《文学大纲》那一节，看文章的风格不像是瞿秋白同志写的，因而向郑振铎先生问起是否为瞿秋白同志作品，他才发觉原来是记忆错了。并且很谦虚地说："当时写得很幼稚。"[3]

解放之初，郑西谛自北京来上海小住，视察文物工作，住在沪西一家宾馆里。

---

[2] 叶灵凤：《静安寺的雪泥鸿爪》，摘自《叶灵凤·霜红室随笔》，海豚出版社2012年版。
[3] 丁景唐：为《瞿秋白与〈文学大纲〉》一文订误，《新民晚报》1961年8月27日。

1936—1949年间,郑振铎先生在愚园路东庙弄44号家中　　1937年,静安寺路庙弄外街景

我去访问,在案头看见三四册旧书,是他回庙弄旧居书丛中随手取出,准备带回北京去的……[4]

　　钥匙把我的心吊了起来。每个月总有一二次去看看"法宝馆",再弯到愚园路东庙弄去看看郑先生,虽然人是随着图书馆的"国际交换处"搬到乍浦路办公了……1949年冬天,董老率领的工作团到达上海,文教组长便是郑西谛先生,我在上海大厦楼上汇报情况,把法宝馆的钥匙亲手交还西谛师,几乎喜极而涕……[5]

　　现回过来再说说庙弄(西庙弄)的那些人和事。到了20世纪20年代,庙弄内洋房已具规模。《申报》上已有多则庙弄洋房拍卖和出售广告:

---

[4] 黄裳:《人参与烟草》,《新民晚报》1991年3月14日。
[5] 吴岩:《沧桑今已变(下)——纪念西谛师百年诞辰》,《新民晚报》1998年12月28日。

美亚叫货行礼拜四拍卖上等住宅

准于二月初六日上午十时,在愚园路(即庙弄)十九号住宅内拍卖串堂书楼大菜间,房间一应上等木器、留声机器、缝衣机器连马达及电打发机、假面书、楼椅、高屏风、印度、天津地毯、日本雕花圆台、藤椅、来路铁灶、冰厢、银器、车料器、刀叉等一切上等家用什物不计,于礼拜二三可看。此布。美亚洋行启。[6]

礼拜一拍卖住宅

鲁意师摩洋行创始自同治十三年即英一千八百七十四年,准于十一日十时在静安寺庙弄路第念一号拍卖串堂房间厨房,一应上等木器、绒地毯、油画、烹银器、钢床、风扇、洋琴什物不计,礼拜六起可看。此布。鲁意师摩洋行启。[7]

洋房出售

兹有坐落静安寺庙弄大洋房一间,占地二亩三分六厘二毛,内有精美花园、拍球场、汽车房、花房、假石山、大堂、厕所,会客室、餐室二间,招待室、浴室又卧室八间,另有别室五间,装有新式厕所并冷热水管等,售价极廉,请向四川路七十号中国营业公司接洽。[8]

1949年,南京西路,静安寺庙弄外街景

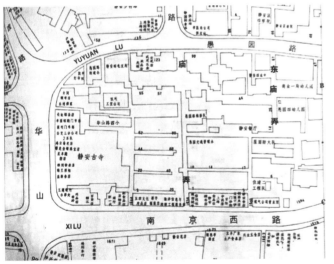

静安寺东侧庙弄及其周边街市(1989年版《上海商用地图》截图)

6《申报》1923年3月18日。
7《申报》1924年8月11日。
8《申报》1927年7月5日。

庙弄内上等洋房，住了许多大户人家。如，福新第七面粉厂经理王尧臣（1876—1965）家住庙弄 18 号[9]，其弟王禹卿（1879—1965）为福新面粉总公司经理，住庙弄 14 号，另有王家花园即东平路 10 号花园。至 1920 年，福新面粉公司已有 8 个分厂，其中福新七厂规模最大，日产面粉 1.4 万包。王禹卿任福新面粉总公司经理兼福新七厂副经理。王尧臣一直担任福新一厂、三厂经理，福新七厂驻厂经理。王尧臣、王禹卿昆仲互尊互让，合作无间。1938 年，王尧臣与王禹卿在上海共同创办寅丰毛纺织厂。顺便说句题外话，沪上名嘴曹可凡的祖父曹启东乃王尧臣之东床，王尧臣是曹可凡的曾外祖父。又如，已故颜料巨商江阴人薛宝润之子薛佳生娶旅沪苏州富商周渭石之女为妻，并有妾二，分居静安寺路庙弄及霞飞路 1412 弄 5 号。再如，新新公司总经理李泽[10]曾住静安寺路庙弄 7 号。李泽，广东中山县人。敌伪时期，李兼任伪上海市百货业同业公会理事长。1937 年冬，国军撤离上海后，李泽先后聘请伊藤三木下丰为新新公司顾问，委办与敌军接洽事宜。抗战胜利后，李泽因通谋敌国及资敌罪被依法惩办。

　　静安寺路庙弄虽地处静安寺、愚园之间，但相对静安寺路商业街来说，还是一块闹中取静的适宜居处。可到了夏季，窗户敞开时，不时传来周边小贩的叫卖声，噪音扰民，令人顿生烦恼。于是，庙弄某居民致函《北华捷报》社，反映小贩的噪音对他生活的妨害，对当地巡警的失职表示愤懑。次日，报社按该居民请求，刊登此信，伸张诉求（从 1952 年一则报道中获悉），愚园路东庙弄 20 号的房租原先高达 130 单位（折合新人民币 71.83 元），后来房东经"五反"运动教育，才减半收租 65 单位[11]（折合新人民币 35.91 元）。东庙弄 20 号房租就算减半收租，还比范雪君住的淮海中路康绥公寓租金高出五块多。到了"文革"时期，庙弄里那些大洋房的人家会有怎样的遭遇，众所周知，就不用多说了。

　　20 世纪七八十年代，每趟去南京西路，我就喜欢从庙弄穿过去。到了 80 年代，庙弄内个体摊位也极少，偶见几个流动小贩，还是一条挺安静的弄堂。可到了 90 年代，

---

9 《福新面粉厂小麦被窃　探捕侦悉拘获二十人》，《申报》1939 年 1 月 28 日。
10 《李泽被检举案》，《申报》1946 年 1 月 30 日。
11 1951—1952 年以后，上海折实单位牌价回落，并稳定在 5525 元的水平上。比如，房租 55.2 单位，折合新人民币 =55.2×0.5525=30.5 元。上海一个"折实单位"规定为 1 斤标准米、1 斤标准面、1 尺龙头细布、1 斤煤的前 5 天的平均价格。中国人民银行每天挂牌公布折实单位的价格，称为"折实牌价"。

在全民经商的大环境下，庙弄逐渐变成了小商品街，流动小贩更是随处可见。那里供应的各种专用鞋带就近 50 余种，如旅游鞋带、高帮鞋带、童鞋带、保暖鞋带等。各类风衣系带也有近 30 种，扎头绳也不少于 60 种，大小规格的宽紧带约 20 种，还有多种色彩的裸裸带和粗细各异的纱线团等。在这条小商品街上，不仅供应形形色色的绳带，还有 30 余家个体摊点，分别经营小百货、服装、小五金、土产杂品，以及一些修理项目。这里供应的"小不点"日用品达上千种，如缝衣针、揿钮、竹制绒线针、盐水瓶、橡皮塞和软木塞、铝锅或水壶盖提钮、晾衣竹木夹、板刷、撑衣杆（丫叉头）、旅行剪刀、指甲钳、水果刨刀、钢丝头箍、蛇皮袋和尼龙网袋、鸡毛毽子、卡通服饰贴花等。庙弄里的摊头都是"前摊后家"（沿街住家门前设摊开店），每天清晨六点，摊主就开门设摊，晚上八点才收摊关门，即便顾客因急需半夜敲门买货，店主也会开门照应之。

　　2004 年 9 月 29 日，在庙弄旧址上由上海九百（集团）有限公司与香港崇光百货有限公司共同出资建造的"销品茂"——久光百货城市广场闪亮揭幕，门牌号为南京西路 1618 号（一路要发，好彩头）。对照不同时期的天地图可看出，久光百货广场西侧边就是昔日庙弄主通道所在地，而静安寺步行街则是庙弄主通道西侧地块。如今，静安寺路庙弄已无迹可寻，但愿此图文能为庙弄留点记忆吧。

因创造社引发的沪上咖啡店疑案（上）

孙 莺

一、上海咖啡店的老板

1928年，第五次来上海的日本作家村松梢风，在一篇访问记中这样描述北四川路上的一家咖啡馆：

> 有一家沿街的店名叫"上海咖啡馆"，底层是书店，三楼是咖啡馆。这是一间四方形的大屋子，放置着大理石的桌子和坐起来很舒适的椅子。这家店虽只卖咖啡和酒，但你若想点菜，也可从别的菜馆里叫来。这家店的特色是使用女招待。学日本咖啡馆里女招待的样，也有这样的三四个中国女郎在忙着。这些女郎都长得挺漂亮，她们穿着西式的皮鞋和衣领很高的闪光衣服，剪着短发而在前额垂下一大片刘海，一脸的沧桑世故，她们或端着咖啡，或坐在客人的膝上，或吞云吐雾地吸着香烟，或轻声地哼着歌，或语调亢奋地聊着天。
>
> 我常与朋友两个人去那家咖啡馆，坐在三楼临窗的安乐椅上，俯视着夜深的街景。这样的咖啡馆也营业到夜里两点多。听说这家是毕业于日本某大学的张资平开的。张君是创造社的同人，在上海也是最为激进的文学家之一，可我不知他是出于何种想法而开了这样一家咖啡馆。

村松梢风并不知道，这家他常去的咖啡馆，正是创造社与语丝社掀起滔天骂战的"革命咖啡馆"；他也不知道，这个名为"上海"的咖啡馆，幕后筹划并提供资金的人是成仿吾，主持咖啡馆事务的人是郑伯奇，而非他听说的张资平。当然，张资平和这个咖啡馆也有点关系。

在20世纪20年代的上海，开一家咖啡馆，各种设备，如火车座、布艺长沙发、大菜台、藤椅、冰箱、电扇、电灯、冰淇淋桶等用具，是一笔不小的投资。资金从何而来？成仿吾为何要开这个咖啡馆？1924年，成仿吾任广东大学理学院教授期间，还兼任黄埔军官学校兵器处技正一职，曾受校方委托代购化学用品，领到五万元的采购经费。成仿吾在上海和日本两次化学用品采购之后，还剩下五千元经费存放在银行。1928年5月，成仿吾远赴欧洲，临走前，将此五千元分成两份，三千元留给创造社出版部做准备金，两千元留做自己在欧洲的生活费和路费。

正如龚持平在1942年第2卷第3期的《作家》上所发表的《我的朋友——几个创造社人物》文中所述：

> 成仿吾出国的时候，给了他的从湖南乡下出来的哥哥一千块钱。并且告诉他哥哥，拿了这一千块钱，可以在上海做做生意，以维生活。当然，创造社的几位老朋友，是有资格做他顾问的。恰巧这时候张资平从武汉回上海，向创造社算了一笔并不怎么多的版税，思想开始转变，想做老板起来。他听到了仿吾的哥哥有这一笔现款，正投所好，乃以顾问资格，代为设计，结果乃出现了"上海珈琲"，就是那个被鲁迅称为挟着女招待，写普罗文学的"文艺珈琲"。"上海珈琲"一共开了三个月，在小吃大回账和大吃不回账下，听说张资平赚了几个钱，到真如住他洋房去了，仿吾的哥哥就此蚀回了老家。

龚持平即创造社的重要成员龚冰庐，其言想必不假。他说"恰巧这时候张资平从武汉回上海"，是1928年3月，张资平应成仿吾之邀，到上海参加创造社出版部的工作。"成仿吾出国的时候"，是指1928年5月初，成仿吾离开上海赴日本，而后由敦贺到海参崴转赴欧洲。

如果按照龚持平的说法，张资平设计让成仿吾的大哥开上海珈琲，在小吃大回账和大吃不回账的操作下，仅仅三个月便歇业了。假设上海珈琲是4月份开张，6月底歇业，正好三个月。歇业之后，店里的桌椅沙发怎么办？成仿吾指示郑伯奇接手，在创造社出版部楼上开设咖啡馆。据郑伯奇回忆：

> 我在创造社中是分工管总务的，创造社的那个咖啡馆就是我经办的，开办时间约在与鲁迅论战期间，名称叫上海咖啡馆，记得开张后去喝咖啡的人很多。当时上海还有一个公啡咖啡馆，好像是外国人开的，左联成立后开会可能就在这个咖啡馆，因为这个地方一般中国人是不去的，外国人喝咖啡又不大注意，比较安全。

海派

在我记忆里好像没有在创造社的上海咖啡馆里开过什么会。[1]

一切皆现成,所以创造社这个咖啡馆在短短数日便筹备完毕。1928年7月4日,创造社在《申报》上刊登了一则《聘请女招待》的广告:

> 本店开幕在迩,现拟聘用女招待员数位,以精通沪粤方言者为合格,能略谙英语者更佳。年龄在十六岁以上,月薪从优。愿就者请即投函本埠望平街民众日报馆一百五十号信箱。考期定本月十五号上午十时,地点在北四川路五百五十八号(即上海大戏院对门)。上海珈琲店启。

上海珈琲店,与上海咖啡馆同义。"珈琲"一词,为coffee译名之一,来自日语。创造社同人均为留日学生,如郭沫若、郁达夫、张资平、成仿吾、郑伯奇、穆木天等,在日本生活多年,言行举止免不了有日本文化的痕迹,取名"上海珈琲"即如是(为保持行文一致,文下皆用上海珈琲店)。

上海珈琲店招聘启事

8月初,上海珈琲店开幕。在"创造社"和"女招待"的号召下,文学青年和猎奇者络绎不绝,各怀目的。文青们期待能在咖啡店里结识知名文人,猎奇者则以饮咖啡之名借机与年轻貌美女招待搭讪,店里生涯极盛。如1928年10月7日的《小日报》上就刊登了一则《张资平开设咖啡店》的新闻:

> 北四川路之龙宫旧址,今之上海咖啡店也。开幕以来,已将两月,营业尚称不恶,店中招待,胥为女子,闻之黄文农画饰云。上海咖啡中,有女招待,极为曼妙,是则上海咖啡之女招待,已得艺两家赞美矣。闻设此上海咖啡者,为新文学家张资平先生。张且擅描写新的生活,为创造社之健将,今竟开设店铺,做大老板,

---

1 郑伯奇著、郑延顺编:《忆创造社及其他》,生活·读书·新知三联书店1982年版。

殆亦视文人生涯之不足恃欤。

张资平被外界误以为是上海珈琲店的老板，原因已如前述。而张资平是以写三角恋爱出名的作家，其《苔莉》《性的等分线》《不平衡的偶力》等性爱小说的出版，在社会上风行一时，此时正是张资平大红特红的时期。外界风传张资平是上海珈琲店老板，店里生意兴隆自然与此有关。

另一个原因，则和女招待有关。20年代末的上海，虽然咖啡馆已不是街头的新鲜事物，但是，咖啡馆中的女招待却甚为罕见，这种风尚也是自日本而来。在日本，咖啡馆是兼餐厅及酒吧的营业，咖啡馆女招待被称为"珈琲女给"，特指貌美的年青女子。日本的珈琲风发生于昭和时代（1926年）前后，至昭和三年（1928年），大为盛行。上海珈琲店沿用日风，以女招待为幌，猎艳好奇尝鲜者趋之若鹜，小报亦津津乐道。如1928年10月8日《小日报》所刊登《上海咖啡一位王小姐》：

"咖啡店"三字，已成为今日新文坛上一个时髦的名词，霞飞路上，俄国人所设之咖啡店至多。……今北四川路，已开设多处，而以"上海咖啡"为最受人称颂。该店实为创造社一般同志所合股开设，资本共计五千元，店即设于创造社发行部之楼上。开幕之前，尝登报招请女子店员，开月薪颇丰厚，而学历亦自不弱，且有两人，为中学之毕业生。一王君语我，谓其中一王小姐，姿态最妙曼，而招待座客亦最殷勤。客有入饮咖啡者，辄呼以小王，而咖啡之价，每杯计小洋一角有半。佳丽当前，可以伴客，作清谈。……

值得注意的是，此文虽然是写上海珈琲店中的女招待，然而文中却提及上海珈琲店是"创造社一般同志所合股开设，资本共计五千元"，这一句话，让刚被停刊的创造社出版部同人警惕起来。

1928年10月10日，《小日报》上刊登了一则《上海咖啡启事》：

上海咖啡纯系渠个人资本所经营，与创造社无关系。又张资平君系渠在武昌时旧交，由彼之介绍将楼下门市部租与创造社出版部为门市，外间有谓咖啡店系张资平

上海咖啡启事

君所开设,纯属传闻之误,特为珍重申明。

上海咖啡店陈渠启

这则声明在此时刊出,是有政治上的原因的。首先,此声明将上海珈琲店与创造社撇清关系。

1928年1月15日,创造社的《文化批判》月刊创刊,由朱镜我、冯乃超编辑,这是创造社后期重要的刊物,提倡革命文学,强调革命理论的重要性,由此引发国民党刊物《青年战士》的猛烈攻击,并招致当局的出版审查。据1928年6月2日《时报》所载,"创造社出版部因发行批判刊物而受市政府审查,认为思想不正,通知停刊,不得再印,并于1928年6月9日九时许,闸北第五署公安局又派出局员及暗探二人,前往检查"。

在此情形下,创造社出版部决定搬迁,以避国民党当局的检查,于1928年6月16日在《申报》刊登《创造社出版部迁移申明》:

> 本部以原址地位过于偏僻,本埠读者殊感不便,今特觅定北四川路虬江路北一百零一号,经营门市批发一切业务。现正从事搬移及装饰。明日准可照常营业,并举行廉价办法。股东七五折,非股东八折。外间孔未周知,特此登报声明。再者,新出书籍,如张资平的《蔻拉梭》等,均在廉价之列,希诸读者注意。

7月,创造社出版部迁往北四川路老靶子路(今武进路)518号,上海珈琲店正是在此处三楼开幕的。

其次,此声明将上海珈琲店与张资平撇清关系,因此时的张资平已脱离创造社。张资平因创造社拖欠了他三千元的版税,数次交涉,直至成仿吾赴欧之前,才从留给创造社的准备金中支付了五百元给张资平,兼以当时张资平每月还向创造社支取生活费百元,"不单激怒了独清,并且激怒了出版部的小伙计吧。他们到现在还借用革命的口实来向我放冷箭,在小报上投稿诬陷我,都是起因于那时候对我的恶感吧"。三年后,张资平在《絮茜》上发表《读〈创造社〉》一文[2],提及当年和创造社同人交恶的原因。 此后,张资平离开创造社,在闸北东横浜路德恩里开设乐群书店,并创办

---

[2]《絮茜》,1931年第3期,第27–29页。

了《乐群》半月刊（后改为月刊）。

至于陈渠声明中说和张资平为"武昌旧交"可能为真，1924 年秋，张资平应聘武昌师范大学岩石矿物学教授，1926 年，张资平担任武昌第四中山大学（即武汉大学）地质学系主任，讲授地质学、自然地理等课程，直至 1928 年 3 月应成仿吾之邀，到上海参加创造社出版部的工作，可见"武昌旧交"之说是有其基础的。

1929 年创造社出版部被查封后，张资平又将此地租下开设环球图书公司，想必也是因"武昌旧交"这一层关系。

二、革命咖啡店之战

1928 年 8 月 8 日《申报》刊登署名慎之[3]的《上海珈琲》一文，说在上海珈琲店里遇到鲁迅、郁达夫等人：

> 我在那里遇见了我们今日文艺界上的名人龚冰庐、鲁迅、郁达夫等，并且认识了孟超、潘汉年、叶灵凤等，他们有的在那里高谈着他们的主张，有的在那里默默沉思，我在那里领会到不少教益呢。假使以后有机会能再遇到他们，或者能再结识几个文艺上的新交，那当然是我的希望，以后我还想做一点详细的报告呢。这一家珈琲店名为'上海珈琲'，在所谓神秘之街的北四川路上，并且就在'新雅茶室'的隔壁，我们渴望着文艺珈琲店的实现的诸同志，一定会欢迎我这一则小小的报告的罢。

此文迅速引发了郁达夫和鲁迅的猛烈反击。鲁迅和创造社的笔战自 1928 年 1 月 15 日便开始了，创造社的《文化批判》创刊号上发表了冯乃超的《艺术与社会生活》，提倡革命文学，文中批评了叶圣陶、鲁迅、郁达夫等人。鲁迅立即在《语丝》上发表《"醉眼"中的朦胧》加以反驳，痛斥创造社提革命文学的不当，由此展开一场关于无产阶级革命文学问题的论争。痛骂嘲讽如匕首投枪，你来我往，针锋相对。鲁迅的反击可以理解，而郁达夫身为创造社元老，又是为何？

3　慎之，疑为龚冰庐本人。龚持平（1908—1945），字冰庐，上海崇明人，毕业于南通大学纺织科系，在上海纱厂任职。后留学日本研究美学，回国后在山东博山煤矿工人子弟学校担任校长，创作了小说《炭矿生》，而后去上海拜见创造社郭沫若，此文得以在《创造周报》上发表，并留在创造社工作。而后龚持平加入左联，历任现代书局编辑，暨南大学讲师等职。1945 年因肺病过世。

说来话长。其实早在 1927 年 8 月 15 日，郁达夫就在《申报》和《民国日报》上刊登了脱离创造社的《郁达夫启事》：

> 人心险恶，公道无存，此番创造社被人欺诈，全系达夫不负责任，不先事预防之所致。今后达夫与创造社完全脱离关系，凡达夫在国内外新闻杂志上发表之文字，当由达夫个人负责，与创造社无关，特此声明，免滋误会。

郁达夫脱离创造社的原因，起于他在 1927 年 1 月 16 日第 3 卷第 25 期的《洪水》半月刊上发表了政论《广州事情》，揭露革命队伍中的不良现象和存在问题。而当时郭沫若正任国民革命军总政治部副主任，认为郁达夫此文意在给政府难堪。郭沫若写信给郁达夫，指责《广州事情》一文"倾向太坏"。成仿吾则在《洪水》第 3 卷第 28 期发表了《读了〈广州事情〉》，批评郁达夫。郁达夫一怒之下，声明脱离创造社。

1928 年 8 月 16 日，郁达夫在《北新》半月刊第二卷第十九期发表《对于社会的态度》，文中谈到脱离创造社事，说："我看了左右前后的这些情形，深恐以后再将以文字而召祸，致累及于创造社出版部的事业经营，所以在去年八月十五日的《申报》《民国日报》上登了一个完全与创造社脱离关系的启事。这是我和创造社所以要分裂的实情实事。"

其实，郁达夫离开创造社，还有另一个原因，当时他为了查创造社出版部的账目问题而和创造社小伙计们闹得极不愉快。从郁达夫 1927 年 3 月 28 日的日记中可以看出当时的情形以及郁达夫的心情："回到闸北出版部，已经是午后六时，雨还是下得很大，从前出版部里用过的几个坏小子，仿佛正在设法陷害我，因为我将他们所出的一个不成东西的半月刊停止了的原因。"且郁达夫在创造社出版部的工作也未得到在广州的郭沫若、成仿吾等人的认可，他们指责郁达夫工作懈怠，仅出版了一期刊物。所以郁达夫离开创造社时，是带着愤懑和郁闷之情的。

故慎之文中说在创造社的上海珈琲店里见到他和鲁迅，还见到创造社小伙计潘汉年、叶灵凤等人，让原本就心存芥蒂的郁达夫勃然大怒，他当即写了《革命广告》一文予以反击[4]：

---

[4] 载《语丝》，1928 年第 4 卷。

在今天的革命八月八日的这革命日子的革命早晨革命九点钟的革命时候，我在革命《申报》上，看见了一个革命广告。（注：现在革命最流行，在无论什么名词上面，加上一个"革命"，就可以出名，如革命文艺，革命早饭，革命午餐，革命大小便之类。所以我也想在这里学学时髦，在无论什么名词之上加以革命两字，不过排字房的工人的苦处，我也知道。所以以后若铅字不够的时候，只好以〇〇来代替革命两字。读者见到〇〇，就如念阿弥陀佛者之默诵佛号一样，但在心里保存一个革命"意德沃罗基"就对了。）

这〇〇广告是在说，上海有一家革命咖啡，在这一〇〇咖啡里，每可以遇见革命文艺界的〇〇名人革命鲁迅，革命郁达夫等。

后来经我仔细一问，才知道果真有一位革命同志，滚了一位革命女人和几千块革命钱，在开革命咖啡馆。

郁达夫通篇冠以"革命"一词，是暗讽创造社冯乃超等人言必称"革命"的普罗文学口号，而郁达夫文中所说"一位革命同志，滚了一位革命女人和几千块革命钱，在开革命咖啡馆"是有所指，且有其事。郑伯奇在《创造社后期的革命文学活动》文中提及，成仿吾的侄子成绍宗当时在创造社负责会计事务，因账目问题而和创造社一位女职员携款潜逃[5]。这位女职员，便是徐葆炎之妹，亦即郭沫若长诗《瓶》的主人公。

郁达夫写完《革命广告》，当日即将文章送与鲁迅过目。两天后，即1928年8月10日，鲁迅便写了《革命咖啡店》一文。和郁达夫的尖刻文笔相比，鲁迅的文风明显沉着镇定，然而却字字如沙包掷向对手，正中要害，一种哼也哼不出的闷痛：

这样的乐园，我是不敢上去的，革命文学家，要年青貌美，齿白唇红，如潘汉年、叶灵凤辈，这才是天生的文豪，乐园的材料。如我者，在《战线》上就宣布过一条"满口黄牙"的罪状，到那里去高谈，岂不亵渎了"无产阶级文学"么？你看这里面不很有些在前线的文豪么，我却是"落伍者"，决不会坐在一屋子里的。

以上都是真话。叶灵凤革命艺术家曾经画过我的像，说是躲在酒坛的后面。这事的然否我不谈。现在所要声明的，只是这乐园中我没有去，也不想去，并非

---

[5] 郑伯奇：《创造社后期的革命文学活动》，原载1962年8月《中国现代文艺资料丛刊》第2辑。

躲在咖啡杯后面在骗人。

杭州另外有一个鲁迅时，我登了一篇启事，"革命文学家"就挖苦了。但现在仍要自己出手来做一回，一者因为我不是咖啡，不愿意在革命店里做装点；二是我没有创造社那么阔，有一点事就一个律师，两个律师。

所谓"满口黄牙"是指 1928 年 4 月 15 日《流沙》第 3 期上刊有署名心光的《鲁迅在上海》一文，攻击鲁迅说："你看他近来在'华盖'之下哼出了一声'醉眼中的朦胧'来了。但他在这篇文章里消极的没有指摘出成仿吾等的错误，积极的他自己又不屑替我们青年指出一条出路来，他看见旁人的努力他就妒忌，他只是露出满口黄牙在那里冷笑。"故，鲁迅以"年青貌美，齿白唇红，如潘汉年、叶灵凤辈"之句予以反击。

至于说"叶灵凤革命艺术家曾经画过我的像，说是躲在酒坛的后面"是指 1928 年 5 月叶灵凤在他创办的《戈壁》杂志第 1 卷第 2 期上发表了一幅模仿西欧立体派的讽刺鲁迅的漫画，并附有说明："鲁迅先生，阴阳脸的老人，挂着他已往的战绩，躲在酒缸的后面，挥着他'艺术的武器'，在抵御着纷然而来的外侮。"

而最后一句"有一点事就一个律师，两个律师"倒也并非挖苦，1928 年 6 月 15 日，创造社聘请律师刘世芳在上海《新闻报》刊登《重要启事》，再次声明创造社"与任何政治团体从未发生任何关系"，"此后如有诬毁本社及出版部者，决依法起诉，以受法律之正当保障"。

关于革命咖啡店的论战并未结束。8 月 25 日，世安写了一篇《无产阶级的咖啡店》，刊登于 1928 年第 4 卷第 37 期的《语丝》上。虽然不知道世安是谁，但就其尖刻不失嘲谑的口气来看，和鲁迅文笔很像。

听说某社乔迁之后，就在楼上开设咖啡店，好叫一般文豪有一个集合的场所，并聘请了两位美丽的女侍。我没有功夫去瞻仰，但我的友人伯琪是常去的，据说只要出四角小洋的 TIP，就有人来客人的膝上坐一坐，兼做"无产式"的欢谈。但是那些有闲阶级文学家们都看不见一个，时时看见的，倒反是几位无产阶级文学家。

革命文学家们要谋什一之利，以作"革命"经费，便想出这样一种办法，但他们对外人则说这爿咖啡店和他们全无关系，他们只是在楼下卖书罢了。但我的朋友仔细一问那女侍，则说老板就是某某几位，不消说即是鼎鼎大名的革命文学家了。

"伯琪"是指郑伯奇。"但他们对外人则说这爿咖啡店和他们全无关系,他们只是在楼下卖书罢了。"创造社否认与上海珈啡店有关,是有背后的政治原因的。据郑伯奇在《创造社后期的革命文学活动》文中提及:"在出版部、门市部的楼上还成立了上海咖啡店,一方面作为文艺界接头、谈话的场所,一方面也可以起耳目的作用。创造社被封的时候,创造社成员没有受到当场逮捕的危险,就因为上海咖啡店方面及时通知的缘故。这些未雨绸缪的工作应多归功于仿吾。他不单筹划安排,并且提供资金,促其实现。直到一切就绪,他才出国的。"

对于郁达夫、鲁迅、世安等人在《语丝》上所发表的文章,创造社似乎并未就此予以反击,而是保持了沉默,原因可能有二:一是政治上出于保证上海珈啡店的掩护和耳目作用,不想引起当局的关注;二是郁达夫、鲁迅文中所述皆为事实,创造社无从辩驳,只能装聋作哑不予理睬。

要说明的是,革命咖啡店之战只是一种特有的文化现象,在当时,因观点不同,政见不同导致各种论战此起彼伏,比如创造社就曾经和文学研究会茅盾、新月派胡适、语丝社鲁迅等人展开论战,鲁迅更是和五四时期许多重要的作家都有过冲突。但不可否认的是,从这些论战中,可以捕捉到现代文化思潮萌芽和发展的整个脉络。比如为了与创造社、太阳社论战,鲁迅阅读了大量的马克思主义书籍,翻译了不少马克思主义文艺理论著作,由此对马克思主义有了更深的理解和认识。鲁迅后来说,当初要是没有创造社那班人挤兑他,使他发奋去读社会科学的书籍,恐怕思想的转变也未必会有这样快呢。换言之,所谓论战,其实就是文化思潮的碰撞,即使是百年后的今天,这些思潮碰撞仍然存在,并持续,这也正是整理和发掘近代文献的历史价值和意义所在。

(连载见《海派》第2辑)

海派文学的后起之秀
——李君维文学创作研讨会记录

主办单位:"九久读书人"
　　　　　华东师范大学中国现代文学资料与研究中心
时　　间:2005年11月2日
地　　点:华东师范大学逸夫楼宾馆431室

上半场(上午9:00)

陈子善:华东师范大学中国现代文学资料与研究中心和上海"九久读书人"联合主办的"李君维先生文学创作研讨会"现在开始。上半场主持是来自北京中国现代文学馆的原副馆长吴福辉先生。参加这次会议的来宾有:"九久读书人"的代表;吴承惠先生,上海《新民晚报》资深编辑,李君维先生的老朋友;吴劳先生,著名翻译家,也是李君维先生的老朋友;朱曾汶先生,20世纪40年代后期著名电影评论家,李君维先生的又一位老朋友;南通大学中文系陈学勇教授;浙江工业大学中文系左怀建教授;上海社科院文学研究所陈青生先生,他们都比较早地研究李君维先生的创作;南京凤凰台宾馆总经理、《开卷》文丛主编蔡玉洗博士,李君维先生的散文集《人书俱老》就是《开卷》文丛的一种;南京《开卷》杂志执行主编董宁文先生;《人书俱老》的编者严晓星先生;上海交通大学的青年作家张生副教授;复旦大学中文系刘志荣先生;同济大学郭春林教授、汤惟杰副教授;华东师范大学现代文学资料与研究中心副主任罗岗老师、倪文尖老师;北京师范大学中文系博士后李楠女士,她在研究上海小报的过程中接连发现了张爱玲的《郁金香》和李君维的《补情天》;华东师范大学对外汉语学院毛尖老师等。

1945年的李君维

吴福辉:今天的研讨会可谓高朋满座,李先生80多岁的时候,能开这样一次研讨会,虽然他人遥在北京，也是很关注这次会的。在文学史上有这样的作家，身前没有得到重视，甚至不为人所知，身后才被"挖掘"出来，李先生不是这种情况，到老年的时候得到人们的关注，是一件好事情。各种流派、各种作家，都能找到位置，这对于文学史研究者来说，是最欣慰的。今天的"小会"大家可以自由、平等、杂七杂八地发言、讨论，先请倪文尖先生代读李君维先生对本次研讨会的书面发言。

李君维（倪文尖代读）：在华东师范大学现代文学资料与研究中心的策划下，今年 6 月人民文学出版社推出了"东方蝃蝀小说系列"两册；中短篇小说集《伤心碧》、长篇小说《名门闺秀》。这是我自 1946 年至 1996 年断断续续写作、发表的小说汇集，各篇都保持初次发表时的原貌，以便读者了解我创作的历程。如果我也算是作家的话，我不是大家、名家，我只是从某一个角度、某一个层面来描绘人生，因为我的人生经验和才能有限，但是我要求用自己的语言来进行创作。"系列"只有在当代开放、宽容、和谐的社会氛围里才得以面世。"种瓜得瓜、种豆得豆"，我感谢当代社会对我的创作给予嘉奖和回报，感谢吴福辉、陈子善、张颐武、陈学勇、陈青生、左怀建等专家、教授，他们先后评论我的作品，促使我的作品更广泛地与当代读者见面。之前我与他们素昧平生，他们纯以文学研究为目标，来关注我的作品，我珍视他们的敬业精神，他们以及其他几位忘年之交，给我带来新鲜空气，活跃和丰富了我的晚年生活。20 世纪 40 年代结识的老前辈、老朋友冯亦代、姚苏凤、董鼎山、董乐山、何为、沈寂、沈毓刚、吴承惠、朱曾汶等，在我的创作上给予的引导、鼓励和帮衬，我是永世不忘的。我希望大家畅所欲言，对"系列"提出批评指教。我因年老多病，不能前往上海，当面聆听高见，望见谅。李君维。

陈子善：李君维先生非常认真，在这封信后，又来了一封信，在结尾特别提出希望大家多提意见，所以发言的各位可以肯定他的成就，也可以指出他的不足。

吴承惠：我和李君维是 1946 年在上海《世界晨报》认识的朋友，我们的友谊一直持续到现在。《名门闺秀》和《伤心碧》就是我主持《新民晚报·夜光杯》编务的时候发表的，是我编的。编的时候，我跟他打招呼，报纸上的小说就像书场说书，要有段落，稿子原文不动，但发表的时候，每天一段，要有悬念，他同意了。

我从前晓得的并不是他的小说，而是他的散文。他的散文有另外一个笔名，叫"枚屋"，他进《世界晨报》是写散文给冯亦代，认识后进去的。我们从前叫他"枚屋""枚屋"，既不叫他李君维，更不叫他"东方蝃蝀"。

总的来讲，我对他的散文比小说了解得更多一些，但我认为李君维的作品有几个特点：一是真实，写他熟悉的、有把握的东西，他生活在一个中上阶层的家庭，生活比较优裕。他住在永嘉路335号，从前我们在他家里每逢元旦的时候开party。有些人说李君维像张爱玲，但他和张爱玲不同，张爱玲有的东西他没有，比如张爱玲一些刁钻古怪的形容、想法李君维"搭勿够"，他的人物比较真实，故事平淡，但当时的确是那样的人，那样的情况，他懂得分寸感。不久前我跟他通信，讲起从前的一个女同学，老了，他说，这又是一篇东方蝃蝀的小说。他就是这样的感情趣味，反映中产阶层的家庭生活，这样的东西也是不可或缺的。这是他创作的特色，也可以说是他的自知之明。二是李君维作品的细节描写真实，《伤心碧》里面有个细节，讲一个在教会学校读书的小姐，家里很有钱，但她并不是穿很多好衣服，顶多和人不同的是，衣橱拉开，搭配用的缎带有很多种。从前即使有钱人家居家也是很朴素的，不是像现在的有些电视剧演的。有一部电视剧，里面的章伯钧从头到尾穿西装，其实章伯钧从来不穿西装。李君维跟我说，"没有细节的真实就没有作品的真实"。三是文字的功底，李君维受过传统的教育，文字有分寸感，得体、到位，又要意犹未尽，又要不剑拔弩张，很考究。

朱曾汶：对不起，我的夫人张芝是上海第一代的电视主持人，我跟她生活在一起55年了，就是普通话说不好。来之前，我夫人跟我说东方"didong"不对，应该念成"didang"。

说实话，我个人过去对他的作品并不放在心上，我和君维认识有将近60年，那个时候我们一帮人，比如董鼎山、董乐山等，对他作品没什么话说，就是觉得读起来很顺口，有股北京味道，待会儿我爱人可以读一下，因为她是在上海电台播讲《名门闺秀》的。

我们那时候"出道"很早，我20岁大学毕业进美国华纳电影公司，第二年就当了华纳公司宣传部经理，那个时候在中国算是最年轻的。马博良、李君维等都搞电影评论，会到电影公司找我要一些资料，这样就认识了。那个时候我们经常开party，李君维家开过两次大型的家庭舞会，请了很多名人，如白杨等，他把名字都写进小说里了。后来审查，很多人都受过罪。李君维很潇洒，很漂亮，很内向，他的妹妹李颦卿长得也很漂亮，多才多艺，君维的第一本小说集《绅士淑女图》就是他妹妹画的插图。1947年的时候，我家里开过一次大型的舞会，请了七八十个人，开到一半的时候，黄宗英来了，我不认识她，甜姐儿嘛，当时红得不得了，我的堂弟很崇拜她，想请她跳舞又不敢，后来说起来，是他一生最大的遗憾。

大家在一起，互相几乎不谈自己的作品，你写你的，我写我的，大部分时间就是玩，但我们工作非常努力，我一年365天每天都要写稿子，编过《水银灯》，第一期的封面就是英格瑞·褒曼的照片，黑色的，我就写过一篇《英格瑞·褒曼我爱你》。（吴劳先生：就像"老鼠爱大米"。）李君维是多才多艺的，他写小说，写影评也是一绝，他在《西影》上发表影评，笔法像《名门闺秀》，标题叫"剔银灯"。英语也很不错，好像翻译过南美洲的一些小说，散文也很好。今天我们称赞他的同时，也要学习他无所不包的精神，可惜后来进入单位，做枯燥的工作。

吴承惠：补充一点李君维的文学影响。为什么他跟张爱玲不同呢？张爱玲始终在她那个文学圈子，接触的人不广，李君维接触得比较广，比如他最好的朋友董乐山，接触革命早，董乐山写的小说和李君维写的完全不同，写老公务员、小公务员的悲惨生活很老道，"文革"后写《傅正业教授的颠倒生活》。当时的"新感觉派"作家，比如穆时英、刘呐鸥的作品，李君维也接触，受"新感觉派"作家影响最深的马博良，他最喜欢，所以当时有人也把董鼎山他们叫"新感觉派"。后来接触进步文学的冯亦代。他的作品张爱玲的烙印很深，文字的生动不及张爱玲，但接触面比张爱玲广。他写不了大题材。

吴劳：我写过一篇《我是怎样走上文学道路的？》，把刚才提到的那些人都包括在里面了，所以我来参加这次研讨会。当时上海解放，青年知识分子有三条出路，一个是北上，一个是南下，还有就是留在上海。我是北上的，后来回到上海，因为解放初期上海天时地利人和。

我的领路人是李君维，到他家参加 party，认识冯亦代、董家兄弟；后来到邵洵美家，开茶会，所以那篇文章的副标题是"从李 party 到邵家茶会"。李君维的小妹李颦卿是我同学，我 1946 年进圣约翰大学，李君维上一年毕业，我是跟他小妹到他家的。上海分了手，我跟他就没见过，后来在北京冯亦代家见过一次。他这个人啊，我说他是"不争"，不事张扬，也不夹着尾巴做人。五年前我搞过一套 16 本的海明威，送给冯亦代，李君维看到了，写信来，很客气，很真。

李君维的小说，我最喜欢的是《牡丹花和蒲公英》，肯定是受到《红玫瑰和白玫瑰》的影响。一个是宜室宜家的，一个是惊鸿一瞥的。我第一次约会李颦卿，吃蛋糕，我吃了三块，她才吃了一块，我感觉不对，就没再约会了。

张芝：我是 20 世纪 50 年代第一代的播音员，1958 年成立上海电视台的时候，被借过去的。电视台文艺性的节目多一些，80 年代末 90 年代初，也有一些文艺性的节目。那个时候，我负责一个"故事世界"节目，可以讲故事，可以请一些知名度比较高的作家、演员来讲讲他的生平，比如秦怡、孙道临，我都请过，其中，我推荐了《名门闺秀》。李君维把《名门闺秀》送给朱曾汶一本，我觉得他的文笔通顺流畅，而且非常通俗易懂，讲生活很细，席家的几位小姐，主要讲的是三小姐席与容，里面生活气息很浓，情节曲折。在 90 年代的时候，这一类的东西不是很多，所以我觉得这种生活气息比较浓的，大家一定会喜欢的。我联系了李君维先生，他同意可以播，可以随便删节，也不讲版权。然后，我就自己播了，小姐们的生活，女生播更加合适。我播了大概 20 讲，半小时一节，播出以后，效果不错。后来我把翻录的录音带，请吴承惠先生带给李君维先生。李先生很高兴，也很满意，由文字变成了声音，加了许多的感情色彩，他觉得生色不少。

李楠：上海小报不论是在报刊史、文学史还是文化史上都处于一种边缘的地位，都被大家忽视了，小报文人在大家的主观印象中好像是不太入流的。我做小报研究比较艰难，特别是历史的见证人很难找到，后来我的导师吴福辉带我见了李君维先生。李君维先生跟着冯亦代做过小报《世界晨报》，另外，他的朋友令狐彗，就是董鼎山先生，当时也办过小报《辛报》，他就给《辛报》写文章，跟小报文人比如龚之方、吴崇文、唐大郎等都有交往。李君维先生对我的研究有很大帮助。

《补情天》是李先生自己都忘记的一部小说，是我在查上海小报的时候在当时很有名的小报《铁报》上看到的。我看到的时间大概是2002年年底，张爱玲的《郁金香》也是这个时候看到的。《补情天》拿去给李先生看，他回忆，当时《铁报》的编辑陈蝶衣跟他有一些交往，想起这篇小说了。

我今天主要讲的是《补情天》这篇小说和上海小报的关系。第一点是我怎样在小报上发现《补情天》的，我在《中华读书报》上讲张爱玲的《郁金香》时已经讲到过。另外，不仅发现了张爱玲和东方蝃蝀的这两篇小说，还有很多，比如叶灵凤、邵洵美、张资平、令狐彗、苏青、东吴女作家群、潘柳黛等。现在我和吴老师正在着手编一个集子，把反映在小报上的海派作家作品，过去没有编入文集的，编一个集子，给已有的海派文学研究的成果做一个补充。海派研究到现在这个地步，为什么过

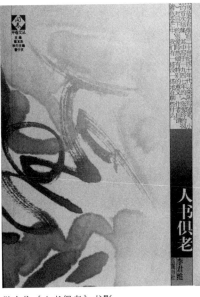

散文集《人书俱老》书影

去我们没有发现这么多海派作家的佚文呢？我觉得过去我们对小报有这样一种先入为主的认识，实际上我们现在70岁以下的人很少看过小报，觉得小报就是低级趣味的，有名气的作家不可能在上面发表作品的。但现在这种看法我们已经否定掉了，这么多海派作家，还有张爱玲的《郁金香》、东方蝃蝀的《补情天》，都否定了这样一种假想、认识。另外，还有人有这样一种说法，认为有的作家为了经济原因，把自己不好的作品发在小报上，实际上也不是这样的，比如徐訏的《风萧萧》最初就是发在小报《和平日报》上的；李君维的另一篇小说《忏情》发在《夜报》上，后来收进《绅士淑女图》；苏青的《饮食男女》最早发在《光化日报》，《鱼水欢》发在《力报》上，

《朦胧月》是发在《晨报》上；张爱玲的《半生缘》（《十八春》）发表在《亦报》。为什么海派作家作品在这个时期，具体是 1945 年以后，在小报上大量亮相？原因有二，一是海派作家这个时候与上海小报是一致的。早期小报的旧文人气息浓厚；20 世纪 20 年代以后，小报不仅仅是风花雪月、猎奇文字，把目光转向平淡的平民生活；到 30 年代后期、40 年代，市民化的力度更强，而此时的海派文学，像张爱玲、苏青、李君维等 40 年代的海派作家，也正是以日常生活的写作作为本位的。因此，这个时候，海派文学和上海小报达成了一致，而 30 年代则不同，穆时英、刘呐鸥的"新感觉派"太现代的气息，对小报是不适合的，小报是拒绝的，我到现在没见过刘呐鸥、穆时英的小说在小报上发表。二是 20 世纪 40 年代的小报是最好的。从晚清发展到 40 年代，不管是内容、版面，还是文人的整体队伍，都是最好的。晚清的时候主要是洋场名士、狭邪小说作家；30 年代中期以前是鸳蝴文人占多数；40 年代受五四新文学影响但又保留传统文化的文人共撑着小报的天下。这个时候，小报文人不是过去的旧文人，比如李先生的朋友冯蘅（凤山），他是李先生圣约翰大学的同学，当时在小报里面非常有名，他们本身受着新文化的影响，而且年纪比较轻，又是大学毕业，他们也在办小报，而且是小报里的名人。冯蘅并不在张恨水之下，他可以给七八家小报同时开专栏，写长篇小说，写小品文，都写得非常精彩。唐大郎用旧体诗词表现现代生活，他的旧体诗词，现在看来都很精彩，不能用旧文人来套他们。这两个原因促使小报在 40 年代达到了一个高峰时期，所以海派作家有这么多出现在小报上。

第二点谈《补情天》在李君维作品中的地位。大家现在称李君维是张派作家，张派的确是存在的，我认为他是解放前大陆的最后一个张派。过去大家觉得他的写作到 1948 的《绅士淑女图》就终止了，《补情天》的发现证明，《补情天》才是他第一个阶段写作的关门之作，因为《补情天》是 1949 年 5 月 4 日到 5 月 31 日在《铁报》上连载的。他的写作分为三个阶段：第一个阶段是 1949 年解放之前，第二个阶段是五六十年代偶尔的写作，第三个阶段是 80 年代给《新民晚报》写作，一直到现在正红的《人书俱老》。最高成就是第一个阶段，是以《补情天》来收煞的。《补情天》的人物，女主人公全娉婷和他妹妹的名字相似，不知道里面有何联系，主题也是写旧上海上层家庭男女生活的故事，恋爱、婚姻、精神生活，但《补情天》的恋情比以往的小说更纯一些，乐观一些，不像以前小说中都是失败的。它和张爱玲的《倾城之恋》可以比较来看，《倾城之恋》写战争撮合了男女，但最后还是失败的；而《补情天》露出了亮色，爱情最后战胜了一切，整个一反过去的乐观。文字和结构比较明快、简洁，少了过去的铺陈，多了一些通俗易懂的东西，笔墨比后来写的《名门闺秀》细腻，先锋味少了，向通俗的路上移动。如果不是解放的话，他很可能是向这个方向发展的，后来就戛然而止了。精神内核与张爱玲比较来看，张爱玲多的是对人生生存状态的逼问，特别注重苍凉，李君维更重视新旧交替时代的过渡性。

第三点，《人书俱老》在当下的网络上很红，这让我想起网络和上海当年小报的一种联系。它们都是大众媒体，承担着大众传播的功能，这是一致的，当年的小报为李先生的写作提供了一个平台，包括小说；现在的网络对李先生价值的重新发现起到了推波助澜的作用，特别是前一段时间李敖在北京两度题词都是"人书俱老"，引起网友的论战，大家重新找到李先生的《人书俱老》，从中寻找论据。网友们便一遍遍地引用陈子善先生的序言、李先生书里面的文字，因此将李先生的传奇经历都带入其中，使李先生重新被发现。现在李先生红遍京城，成为网络名人，各大报纸因为李敖又再次来炒作李先生。

陈青生：我主要的治学方向是上海文学。关于"海派文学"的定义和概念还值得研究，吴先生的研究主要将"海派"定义在新文学营垒里面的一部分作家，其实我们的现代文学研究很多年是把通俗文学排斥在外的，如果按照严谨的现代文学概念，通俗文学是应该包括在内的。如果按照比较严谨的现代文学概念来说，海派文学也应该包括一部分通俗文学。提出这个问题基于两点，做完抗战时期的上海文学和40年代后半期的上海文学，我现在在做五四前后的上海文学，这个时候恰恰是新文学的热点或中心正由北京转到上海，最初在上海文坛唱主角的是一批通俗文学作家，通俗文学作家的白话文水平高于或至少不亚于当时的新文学作家，这里面就有一个问题，即"海派文学"这个定义能否仅仅局限于后来我们所说的新文学营垒里？这个"不亚于"还包括当时的反帝反封建意识，这是第一点。第二点，两年前，北大的一个研究生来找我，谈到一些问题的时候，他说北大比较文学所三十多名博士生最苦恼的是找不到博士论文题。我重新研究五四时期上海文学的时候，发现了以往被忽视的问题，比如说第一个新文学社团是谁？现在所有的文学史教材都讲第一个新文学社团是 1921 年成立的文学研究会，但我发现第一个新文学社团是 1920 年 3 月在上海成立的，有刊物、章程、组织架构、文学追求，前后持续活动了一年多。为什么 50 多年的现代文学史研究居然忽略了它呢？我想提供给青年学子思考的是，不要在热门话题里转圈，如果去看别人不看的东西，你肯定能找出你的博士论文题，肯定会对中国现代文学的学术建设作出贡献。李君维先生后来发表的长篇，从艺术性上讲，结构比早期的短篇宏大，人物要多，情节要复杂，但是艺术性不如早期的《绅士淑女图》。在他的长篇里，可以看到许多 50 年代以后在文坛屡见不鲜的制约。

下半场（下午 1：30）

陈子善：上午几位文坛前辈的发言很有意思，也使我们深受启发，下午我们继续研讨。吴老先生兴致勃勃继续来倾听发言，并随时发表他的高见。关于李君维先生的作品，80 年代以来印行过几次，去年又出版了他的散文集《人书俱老》，然后我们中心策划出版了他的小说系列《伤心碧》和《名门闺秀》，以后可能的话还会继续出版他的散文、小说以及其他作品。对于这样一位 40 年代的——我不能说是比较重要、非常优秀的作家——至少就是 40 年代在创作上有个人追求的一位假定可以说是海派的作家，我们在回顾 40 年代文学创作的时候，重新来评价他的文学成就，我想对于我们拓展现代文学史研究是有意义的。到目前为止，现代文学史著作——就我所看到的——最初写入李君维先生的有两位，一位是上午发言的陈青生先生，一位就是等下请他做主题发言的吴福辉先生。其他的文学史家呢，可能出于这样那样的原因，还没有关注到像李君维这样的作家和他创作的作品。下面我们就请吴福辉先生发言。

吴福辉：各位前辈，各位新老朋友，上午听了发言很受启发，但是其中有一点芒刺在背，就是提到对李先生的研究，就提到陈先生和我。我现在不能代表陈先生，但起码可以代表我自己，就是说我的研究是很不够的，我们俩就是比较早。（陈青生：

你最早。）不不，我能够形成李先生传记，还是问了你，最后才能写成，这一点在后记中都有记载，后人都可以查清楚。实际上在座的很多研究者比我研究得更好，比如说陈学勇先生、陈青生先生、左怀建先生等，专门发了分量比较重的东方蝃蝀的研究文章。今天下午出席会议的很多学者，虽然不是专门研究东方蝃蝀的，但都是研究海派文学和海派文化的，像复旦的栾梅健先生，上海大学的王鸿生先生，还有毛尖、张新颖、刘志荣，都是研究海派文学和海派文化相当有成就的。那么我一会儿很愿意听听他们的高论。我自己临时抱佛脚，想了几点，根本谈不出什么。在我和钱理群、温儒敏合著的《中国现代文学三十年》这本书里，东方蝃蝀那部分是我写的，那本书中小说和通俗小说部分全部由我完成，包括海派。我在书里提到东方蝃蝀是"逼似张爱玲"，有的学者提到他是"张爱玲的门生"，有的提到"张派张爱玲"。（陈子善：还有"男版张爱玲"，李先生对这个说法不太满意。）最不满意的可能就是最后这个。不论是"门生"还是"男版"，都有点问题。那么我还是认为，对

此会研讨的"东方蝃蝀小说系列"两种书影

他评价并不难，深入起来难。对他进行历史定位并不难：他是海派作家的一员，20世纪40年代出现，整个风格逼似张爱玲，又有和张爱玲不同的地方。我就拿这个做题目再讲四点，总题目叫作"逼似张爱玲的海派作家"。

第一点，东方蝃蝀的产生，我想着重讲一下。总的来说，他是在海派作家发展到40年代的时候，进入中国海派小说作家的高峰写作时期产生的一位作家。海派作家有长期的发展过程，上午陈青生先生问我说你的海派概念怎么样，到目前为止我还是坚持我的海派概念，我的海派概念是比较缩容的，不能把它扩大，特别是我们刚开始要给海派正名的时候，尤其不能扩大。如果有一天扩大了，大家投票我变成少数派了，那么到时候再说。（陈子善：少数服从多数！）不一定，学术上是不能民主的，只能自

由，民主的水平是很低的。学术民主是相对学术专制而言的。王瑶先生给我们讲过好几次，我贩卖他的观点。学术民主是个很低的层次，但为了达到这个层次，我们已经费尽了九牛二虎之力，甚至有人还要为此而流血。更高的当然就是学术自由。我的海派观点为什么要缩容呢？海派最大的问题就是容易和鸳蝴派搭在一块儿，不是说鸳蝴派的名声不好，海派要和它脱离关系就好了，不可能好的，在我研究海派的时候，海派的名声照样不好。如果鸳蝴派的名声仅仅是黄色、言情、旧派，那么海派糟糕了，它在政治上封杀起来比鸳蝴派还要容易，到现在为止还可以由于汉奸原因等被封杀掉。我当初研究海派，认为它是新文学的一支，海派和鸳蝴有一定的关系，到 40 年代，它们都发展到一定程度了，两个有合流的趋向，但并不能彻底合流。大家看《万象》那个杂志里面，这个栏目一看都是旧派作家，那个栏且都是海派作家，很明显，海派就是新派中的一支。"新感觉派"。有人把叶灵凤也放在"新感觉派"里边，他也进行通俗文学创作。叶灵凤讲清楚的，我觉得新文学读者就是学生，不能扩大到市民，我就要写几个长篇，放到报刊上去。所以和通俗文学的概念并不冲突，几乎所有海派作家在先锋和通俗创作两方面都有成就。东方蝃蝀是 40 年代海派作家中的关门作家，海派创作高峰期的作家。他怎么会产生的呢？我想着重从读者方面讲讲我的看法。中国现代文学读者一代代发展，今天在座的几位老先生，都是一九二几年出生的，他们都是东方蝃蝀的同龄人。一九二几年出生，都是五四以后上小学，五四以后上的大都是新式小学，新式小学培养的读者到 40 年代就成熟了。另外再看上海，上海的市民读者也是一代代的，40 年代的上海市民读者经过了"新感觉派"的训练——当时穆时英，通俗的、画报型的报刊，比如妇女报刊，专门织毛线的，大家知道，老舍的一篇佚文就是在一个"绒线"杂志上找到的，这种杂志，包括《良友画报》，据说在穆时英出现以后刮起了一阵"穆时英风"。在中国当时其他大城市不会欢迎穆时英的，广州、洛阳、开封、西安，都不行，只有上海可以。这些读者看惯了这些文字，形成一个特殊环境，在这种环境中才能出现张爱玲，既然能出张爱玲，就能出现东方蝃蝀，他们没什么区别。如果不是到了 1949 年，也许还会有谁也不知道。从市民读者需求来看，一定会推出像张爱玲和东方蝃蝀这样的作家。从市民社会的表现者来看，上海的市民社会发展到 1935 年我认为就趋向成熟，这个时间怎么定出来的呢？大约在 1932、

1933年左右，现在的外滩基本形成了，外经过三次演变成了现在的样子，以沙逊大厦、百老汇大厦这些建筑物落成为标志。我做过小说统计，海派小说到1935年比较成熟。30年代中期，上海市民社会就很像样子，但由于抗战，一下被斩断了。我们过去印象中，抗战一爆发，小说不行了，报告文学出来了，快板戏出来了，情况并非如此。《中国现代文学研究丛刊》第六期马上要出版了，这是资料专号，其中有一篇文章是谈期刊的，这篇文章最大的优点就是做了数量分析，我们原先以为那时的期刊是在1937年跌落，1945年又上升，其实不是，现代期刊从五四前后，是一直向上的，1949年下跌。1937年后根本没有大幅度的跌落，只有小跌落，一年多，1937年"七七事变"！（罗岗：但是战争时期办的一些杂志质量已经不能和和平时期相比，单纯数量不能说明问题。）这个可以再讨论。但是我认为数量也很重要。总的来说，整个上海市民社会从1935年到40年代趋于比较像样子，虽然抗战打断了一点，但趋于成熟，因此要求和环境相匹配的文学。另外从文体来看，比如说市民传奇，挽歌情调，末世的阴影，到40年代对文体的渗透，和海派的色调有关。从张爱玲到东方蝃蝀，都有一种末世情调。这是我讲的第一点。

第二点，怎么评价东方蝃蝀的小说呢？他的小说是都市的特殊人生样式的一个表现。他写别的不行，但写这个是行家里手。从房间布置到衣服式样，各种各样的做派样子，都烂熟于心。他长于大都会上层家庭，没落的和不没落的，新旧过渡时期的，表现这种特殊人生。如果每个作家都这样写，沈从文先生表现湘西的那种特殊的人生，我们都市里有这样的作者，那么构成的现代文学的面貌是相当可观的。对张爱玲和东方蝃蝀来说，特殊的人生样式可以讲三点，第一，用张爱玲的话来讲，"去掉一切浮文，剩下的仿佛只有饮食男女这两项"。请注意，张爱玲前面用了"仿佛"两个字，就是说，都市里人与人之间的物质关系，以及由此引申出的精神关系，是她最注目的。通过上层市民的婚恋故事，来表现他们的失落和新旧交替，这是从张爱玲到东方蝃蝀共同的主题。第二，他几乎不写人生飞扬的一面，而写人生失败的一面和平稳的一面。上海有多少暴发户啊？《围城》里方鸿渐到买办家去吃饭，上海当时暴发户的生活，买办还能提出他哪句口语不会，因为买办就是口语好，而且他的英语是跟着走的，学生派的英语跟不上。这不是东方蝃蝀要写的，也不是张爱玲要写的。他要写人生颓败的一面。第三，落魄的贵族和普通的市民都进入李君维的视野。他比张爱玲要广。大家看《照相馆里的婚礼》《伤心碧》等，都关注普通市民的生活景象。

第三点，雅俗之间。比如看《金锁记》，我们看到没落贵族家庭的生活，曹七巧给这个家庭带来市井气，上层和市井互相穿透。张爱玲和东方蝃蝀能把雅俗结合。了解市井，自己又是上层出身，大俗大雅，市井对上层的穿透，欧化语和市民语相结合。《伤心碧》中有一段，女主人一件衣服，黑呢子衣料，虽然贵重却是过去的，别人的，现在捉襟见肘。她到一个外交公使的女儿家去，后者随便拿出一条缎带给了她，她虽然接受了，但是心里很难受，那段心理描写，用欧化语言，是一般章回小说家写不出来的。衣料，颜色，他写得很清楚，这个写法从传统来的。（吴劳：这是从《红楼梦》来的。）由雅入俗，他的纯文学就市民化了；从俗到雅，市民通俗小说内部就容纳了古老和现代的双重记忆。

第四点，从"新鸳蝴"和"洋场鸳蝴"这两个名词谈起。说张爱玲、东方蝃蝀是"新鸳蝴"和"洋场鸳蝴"，我认为这都是误读，但这两个名称由何而来？是当时读者提出来的。对这两个名称的探讨，我们可以想到当时的人对张爱玲和东方蝃蝀无以名之，但脑子里有"鸳蝴"，看看他们又不像"鸳蝴"，所以用这样的名称。这本身就说明，用旧文学的名词来定位不行，用"新"来定位也不行。这个提法正揭示出，海派文学发展到40年代后期第一次出现了无法区分新旧的文学，这个定名虽然我们不同意，但很值得探讨，意味深长。这是一个大问题。从这点来说，东方蝃蝀造成我们的文学新旧不分了，所以他是一个重要作家。

左怀建：我关注东方蝃蝀的创作是在2000年，当时在北大访学，钱理群先生介绍吴福辉先生，吴先生很热情地帮我和东方蝃蝀联系上了。由此慢慢地关注起来，同时关注的还有施济美。他们都是40年代后期的作家，这些作家成就并不是多高，既不能全部否定，也不能捧到天上去。但是我还是想去关注他们，心中有一种挥之不去的感情。40年代后期，张爱玲、苏青的高峰时代已经过去，虽然仍在创作，但总的来看是向下的，海派需要接续。东方蝃蝀用创作延续了海派，不能说如何圆满地完成了任务，但毕竟接住了这样一个任务，这就很不容易。我想抓住这样几点：东方蝃蝀的小说创作，特别是《绅士淑女图》，其中有一种独特的情感类型，和张爱玲非常不同，"男版张爱玲"的说法他很不认同。他的小说中有亮色，他和张爱玲都有一种世纪末的情怀，挽歌的形式，都承认非理性所造成的人生残缺。东方蝃蝀尽量符合人生的理性，他还是一种边缘性的写作，从这一点来说我觉得他靠近《围城》。我认为《围城》是对张爱玲的一种对抗。现在，很多学者都提出《围城》中对女性的刻画充满歧视，但我认为恰恰相反。我觉得随着后现代氛围的加浓，碎片式的人生逐渐逼近我们面前，像钱锺书这样一个作家，他也是边缘作家，但是他那种高雅的情趣仍有整合的趋向，他不是对女性的歧视，而是对张爱玲写作的一种调适。40年代文坛如果光有张爱玲、苏青，没有钱锺书夫妇，是不平衡的。在这个节骨眼上，东方蝃蝀的出现，也有整合的意义，至少不去破坏健康、常态的人生。张爱玲小说中也是饮食男女，但有一种极端的摆荡，对小市民生活的一种"沉溺"，有台湾学者称之为"跋扈的自恋"。很多专家都在强调张爱玲的高明之处，大家都不提她对人生的过分消解，不能说什么都去消解，有些东西不能消解。东方蝃蝀笔下的女性形象有四个类型，第一，名门闺秀型的，进不去都市，但不是疯狂的，张爱玲笔下的女性不是都疯狂，但很多带有杀伤力。第二，书香门第里的姑娘，如《河传》中的邬明蝉，嫁给飞行员想要飞翔，最终飞不起来，但她也没有过分地疯狂。第三，市民家庭的女儿，

处女作小说集《绅士淑女图》书影，封面画赵无极作

如《骡车上的少年》中的女儿，一方面谈着恋爱，一方面还由母亲安排和别人见面。最后一种，交际花似的独身女性，像《牡丹花和蒲公英》里面写到的，这样一种独身女性形象对后来的女性创作也非常有意义。东方蝃蝀达到了一种心理调适，并没有分裂，极端，变态，摆荡。《伤心碧》里面也一样，那些人物很痛苦，但是仍然讲究一种分寸。这种度当然包括艺术的度和人生的度，包含道德感，尽管人生是碎片，是非理性，是无从把握，然而并没有全都去消解，有一种担当，虽然渺小，却很宝贵——施济美的作品中也有一种担当——这并不意味着东方蝃蝀认识不到人生的悲剧性。

汤惟杰：上午和刚才听了三位和东方蝃蝀先生同辈的老先生以及各位前辈学者非常富有启发性的意见，我只能给大家一些很不成熟的看法。首先，上午三位老先生提供了很多有意思的历史，把我们带进了某种极富现场感的语境里，但是我对他们对往事的回忆当中，出于个人兴趣，特别关注回忆中涉及的当时某些体制性的东西，比如他们回忆当时的电影公司，尤其是好莱坞的电影公司在上海的办事处，他们做的广告宣传，办的杂志，还有也许是由同学、朋友所凝聚成的一个写作的人际、人脉的关系，这样的一个链条。我觉得这些老先生就是活着的文学史，所以这些回忆对我来说非常重要。其他几位前辈学者的发言，比较多地从市民心理、美学趣味，包括东方蝃蝀作品的精神意蕴等方面做了详细的分析和开掘，我在这里提供一个他们相对涉及比较少的方面，我个人的学术兴趣更多集中在文学史中某些物质化的力量，比如体制化的力量，尤其是我们研究的文学史，有很多由现代性带来的技术性的力量，进入到文学史当中。这是不同于中国古典文学的一个重要方面。比如说，上午做过精彩发言的李楠老师，她研究小报。中国现代文学和世界范围内印刷资本主义的兴起有一个非常重要的连接，实际上几位老先生的创作与很多杂志有关，这些杂志可能并不是文学杂志，老舍的作品在"绒线"杂志上出现，他们的人脉关系可能由一本好莱坞的电影杂志连接起来，证明了现代文学中技术力量的重要性。我正在研究1920年后新闻媒体和戏剧电影的互动关系。吴老师提到张爱玲、东方蝃蝀等处于半新半旧的微妙的状态之中。20世纪电影中最具有前卫色彩的是欧洲20年代的先锋电影，最后电影成为世界性新媒体，主流的形态还是好莱坞。它的模式基本上就是通俗剧的模式，这种老派的叙述模式也许是一种遗憾，但正是这种东西征服了全球的观众。我们讨论东方蝃蝀，不能离开这样一个大的早期电影史。很多电影史学者提出在经典现代主义之外，还有一个通俗现代主义，或称白话现代主义，他们这个提法不仅仅限于电影领域，也可以引申到张爱玲、东方蝃蝀，他们所表征的既是市民的，也带有现代美学意蕴的文学，也具有一定的解释力。

刘志荣：李君维先生的笔名很奇怪，但小说写得很正常。很多人把他和张爱玲放在一起，一个评论者兰儿说"张派文章中的小动作全模仿像了"，我有一个印象：小动作像，大的地方不像。张爱玲有些东西东方蝃蝀小说中是没有的。张爱玲小说有这样几点，一，她的小说有一个文明毁灭的主题，即使描写日常生活也弥漫着恐怖和虚无，但在李先生作品中不大看得出来；二，张爱玲小说中有深刻的心理的戏剧，比如对人物心理的挖掘，即使像《红玫瑰与白玫瑰》这种表现市民心理的作品，她也把人的深层心理写出来。而东方蝃蝀的作品更像素描和浅浮雕。还有一点，张爱玲小说中还有一些过目不忘的意象，东方蝃蝀也没有。从才气和灵气上看，他比张爱玲差很多；但另外一方面，可能有气质上的原因，我看了东方蝃蝀50年代的一篇作品，没想到50年代还会有这样写轻愁浅恨的作品。另外《伤心碧》可以和张爱玲的《沉香屑·第一炉香》相比，后者，葛薇龙进入梁家，张爱玲是一步步把人退到"没有光的所在"；而东方蝃蝀总是在一个关键处，戛然而止，朝着健康的方向走去。两个作家基本的人生体验和精神气质不同，所以走了两条路。总之，东方蝃蝀和张爱玲，小的方面，文笔上、心理上蛮像的，大的方面，气质上完全不一样。

毛尖：我同意刘志荣先生的意见。我从最简单的"饮食男女"上去看东方蝃蝀的作品。像谈饮食的时候，《伤心碧》中，开头在吃酱汁肉，50年后还在吃酱汁肉，食谱很简单，饮食总是吃鸡蛋，不是荷包蛋就是白煮蛋，如果饮食这么简单，"色"也好不到哪里去。小姐公子就吃奶油蛋糕、杨梅蛋糕，生活跳不出这两个东西。1946年这样，1996年也这样。对物质反复描写，粗糙描写，很影响小说的品格。而男女描写也分量不足，像《牡丹花和蒲公英》中，男女调情不够深刻，不像张爱玲《倾城之恋》，白流苏和范柳原的几个回合令人难忘。对日常细节不注意，市民生活没有饮食铺垫，高度建立不上去。情的分量不够，而张爱玲小说中处处有情。

吴劳：李君维的性格与世无争，张爱玲却吸收了弗洛伊德的思想。他比较浅的，悲天悯人的。张爱玲也不忍心把曹七巧打在冷宫，表现人生的无常。到王安忆手里不得了了。她为什么不肯给小家碧玉一个好的命运，让主人公不明不白地死了？她(指《长恨歌》中的王绮瑶)完全可以嫁给程先生。我有一个观点，不知你们是否同意，王安忆是中国真正的先锋作家。

薛羽：目前对东方蝃蝀的介绍好像都是拿张爱玲作一个标准。我在张爱玲《必也正名乎》中看到这样一段话："哦，公羊浣，他发表他的处女作的时候用的是臧孙蝃蝀的名字，在××杂志投稿的时候他叫冥蒂，又叫白泊，又叫目莲，樱渊也是他，有人说断黛也是他。在××报上他叫东方髦只，编妇女刊物的时候暂时女性化起来，改名蔺烟婵，又叫女娲。"不知是否和东方蝃蝀的笔名来由有关。这是插了一句话。阅读东方蝃蝀小说，似乎有一种与张爱玲有关的阅读期待，关于"张派"的提法，王德威写过《落地的麦子不死》，好像勾勒了一个张爱玲的谱系。我觉得他注意的是20世纪中国文学这样一条苍凉的美学线索，他没有提到同时代的作家。东方蝃蝀小说的出现，给了我们一个契机，就是重新想象40年代文学地图的可能性。以前文学史的想象中，张爱玲好像是一个特立独行的现象，但是随着研究的深入，把历史的细节重新恢复，好像张爱玲并不是一个孤立的存在，李君维的小说文本以外，是不是又获得了这么一个启发性的东西？谈到新与旧的问题，我读这些小说也有这样的感觉，我们是否要反过来想一想，新和旧的界限是不是很清晰？东方蝃蝀的小说中的人物，既要看戏，又要看电影，这样一种状况，是否给我们提供了思考新与旧的机会。《补情天》的发表贯穿了解放前后，我们以前的印象是解放后文艺状况马上发生了变化，50年代初期社会主义改造还刚刚开始，抵抗的力量还是很强的，《补情天》的发表跨度是否也为重新认识解放初期的文学状况提供了一种可能性？

晚年的李君维

郑国庆：《名门闺秀》和《绅士淑女图》的差别还是很大的。这两本书有点像张爱玲的《十八春》和《半生缘》的差别。《十八春》是张爱玲最有国家大叙述的作品，而到《半生缘》里，张爱玲又把国家大叙述全部恢复成琐碎历史，或称破碎历史。我读《名门闺秀》，觉得他的取材还是一样的，但根本性的，历史框架是以前没有的，如妇女解放、社会进步等，主人公席与蓉也要投身火热的革命，如果用老一套评价标准，对她的定位就是半殖民地半封建社会的子女如何走上革命道路，像其中出现的进化论、身体的修辞，等等，都很像80年代的口号。《绅士淑女图》，才气不如张爱玲，近乎素描，但在文学话语的谱系上还是要归入张爱玲一派，尤其在处理上仍很接近张爱玲。其中的人物非黑非白，灰扑扑的，在正统的五四新文学的话语系统中很难给他们一个说法，以前也就把他们搁置掉了。东方蝃蝀在模仿沿袭张爱玲这一套文学话语的时候，他把她背后的人生观和世界观也纳入进作品，也就是"浮世的悲欢"。这是张爱玲提出的，对笔下的人物谈不上认同还是批判，表明她对于广义的普通人的琐碎的无名目的生命的谅解。张爱玲和五四话语这种现代性话语很不一样，是在此以外创造出来的她自己的一套说法。东方蝃蝀在90年代，跟后面的整个历史语境的流行很有关系。张爱玲和东方蝃蝀都是"浮世的悲哀"。我很喜欢王安忆。王德威把她看作张爱玲的传人，她本身很抗拒这个说法。她比较接受台湾的一个说法——"共和国女儿"。她是在50年代长大的，她的理想主义与张爱玲差别很大，她自己说她是怀旧，但是怀的是50年代的旧，而不是张爱玲的旧。

罗岗：现代文学史上，李君维以外还有很多作家，是否要统统挖掘出来出版？印刷资本主义时代，大量印刷，大量传播，不可能把所有作家所有作品重新出版，为什么李君维这样的作家要挖掘出来，而出版后会有什么新的东西出现？我们有很多固定的文学史图景，当我们把一个作家加进，能否从点延伸出面，能否引起文学史地图有所拓展、有所深化？之所以做史料挖掘，意义也就在于此。李君维这个人身上有很多点值得我们注意。

其一，就是他的《张爱玲的风气》这篇文章，它是发表在《太太万岁》的演出特刊上的，这篇文章同时印证了张爱玲的出现不是偶然的，在某种程度上也修正了柯灵的论断。柯灵认为张爱玲只能在那段时间出现，实际上不是的。张爱玲的出现很有趣，东方蝃蝀文章中指出，张爱玲的作品在书店里卖，放在张恨水作品那边和巴金那边都不合适，因为他们是30年代的作品，40年代文坛已有一种风气，即对过去文学的反省，也就对是新文艺腔的反省，不同政治派别的人都在做这个工作。解放区文学很大程度上正是对整个五四以来新文学传统的反省，才会有赵树理作品的出现，同样其他人站在不同立场上也有反省。只有在这种基础上，才能出现张爱玲以及李君维这样一个小伙子，也才能说出这样的话。这样的话非常到位，也使我们对张爱玲有了准确的定位。

不如说，以前我们说张爱玲是新文学作家，是吸收了鸳鸯蝴蝶派的传统；而鸳鸯蝴蝶派的作家则说她是鸳鸯蝴蝶派作家，吸收了新文学的技法。其实不是，她是代表了40年代文学的某种风气。

其二，李君维之所以形成这种文学创作面貌，和他的阅读有关。讲一点，正好和他对30年代文学的反省的一个姿态有关。他的《人书俱老》中收入一篇文章《读〈黄心大师〉》。《黄心大师》是施蛰存的小说，这篇小说很重要，它是给施蛰存整个小说创作划一个句号的作品。在这篇小说中，施蛰存故意和现代主义的"新感觉派"创作拉开距离，虚构了一个黄心大师的故事，并且尝试在现代汉语写作中拉进以前新文学不能容纳的东西。为什么李君维15岁会读这篇小说，一下子被打动，并在多年后还产生重新写一篇文章的冲动？实际上这代表他继承了30年代上海文学的这样一路，就是对五四以来的文学发展，某种程度上不仅指新文学的发展，也包括鸳鸯蝴蝶派文学的与时俱进，包括张恨水的出现，张恨水本身就是一个传统的鸳鸯蝴蝶派作家和新文学结合的一个结果。因此这不是一个偶然的现象。

其三，李君维交友范围很广，比张爱玲要广得多。我看吴劳先生写的一些文章中提到，他跟董乐山交往，跟冯亦代交往，特别是冯亦代。冯亦代是非常关键的一个人物，因为他一下把文学史上另外一个重要的线索"二流堂"拉进来了。"二流堂"代表的当然是左翼，但它在左翼文学中又处于一个比较异端的地位。在重庆时期，"二流堂"和胡风派有紧密联系，我们看舒芜先生的回忆文章就知道，它实际和"周公馆"，和党内的秀才们如乔冠华这些人有直接关系，会导致在抗战之后有一次所谓的"文化再启蒙"。而冯亦代到了上海以后，他的背后还有一个人物，就是夏衍，因为夏衍是"二流堂"的核心人物。也就是说在这批人物里边，李君维，当然包括吴劳先生，他们基本上有一个态度，尽管在生活上受洋场风气的影响，有一些后来被称为"老克勒"的元素，他们生活的阶层决定了他们有这样一种生活方式，但他们身上或多或少都有一些年轻人追求进步的思想。"二流堂"的左翼其实和我们一般理解的正统的左翼很不一样。其实这样一条线索到50年代文艺里还是有所表现的，到了60年代初，复兴散文时，胡乔木就讲，我们以前的报纸副刊那么活泼，现在也要请那些老先生如周瘦鹃等人来搞得热闹一点，包括夏衍。在这个过程中，李君维也写过文章，冯亦代背后的左翼的一支的影响是个什么样的影响，也值得深入探讨。因为我们已有了一套、另外的一套思维的定势、阐释的系统，我们说李君维是"男版张爱玲"，很容易这样来宣传，其实仔细阅读他的文本，如《名门闺秀》的开头很像张爱玲小说的开头，但后面和40年代的张爱玲并不一样。他写了革命、进步等话语，当然可以说他要出版，要追求进步，但有很多东西也未必是作家一定要迎合时代，而是在他本人的思想中也有很多东西在冲突，也不完全是想象的那样简单。李君维当然不是现代文学史上最重要的作家，甚至也不是一流的作家，只是二流作家，但二流作家更容易体现一个时代的特色，因为一流的作家总是有超越时代的东西，不能被这个时代所理解、容纳的东西，但是在一个打上深深的时代烙印的作家身上，可能更容易反映出时代的主要特征。李君维最大的意义可能就在这里，而不是某一篇作品写得好坏。

陈青生：文学史、文学观念的改变都离不开基本的史料。我可以给你们提供一些具体的题目。比如40年代有一个重要的作家，就是纪弦（路易士）的弟弟路曼士，他比张爱玲创作还早，一直到1948年底和纪弦一起到了台湾，60年代前后退休，90年代去世。他是扬州人，他有一个遗愿死后葬在南京，最后这个遗愿被他妹妹实现了。他去世前提出一定要出版他的小说集，最后由纪弦在美国出版，编者是徐淦，封面设计是曹辛之，所以他们这一班人和他的关系是非常好的。他的小说集至今在台湾、在大陆都没有出版，你们如果有能力的话，是否可以考虑？这是一个，另外还有一个作家，是20年代的王无为，他写了一个非常精彩的中篇小说《狗史》。他在20年代到日本，和田汉住在一起，这篇小说就是用一个小狗的眼光来看和田汉住在一起的七个中国留学生的生活，文笔非常漂亮，对小狗心理的描摹甚至可以说超过《我是猫》。可是这样一篇作品在我们的文学史上没有提到，原因之一当然是作者后来跟文坛相隔比较远，他后来到了台湾，在《中央日报》担任一个很重要的角色。这部作品如果可以印出来，足以进入新的文学史。

陈子善：陈先生给我们提供了很多重要线索，值得我们进一步思考，大家还有什么意见？

陈青生：这批作家的出现也有很特定的原因，比如说抗战爆发，一大批作家到了内地，上海文坛就形成了一个相对的虚空，这个时候就允许一批文学青年登上文坛。张爱玲文笔确实是受到老一辈作家的欣赏，在她的带动下，李君维、令狐彗、沈寂等登上文坛。但这些作家都是自己有钱，沈寂办刊物，然后就发这帮小兄弟的作品，受到社会关注。也是因为有钱，他们出版作品不是出版社给钱，而是自己出钱印自己或朋友的作品。

陈子善：好，今天的李君维作品研讨会到此圆满结束，感谢大家的参与。